SOUVENIRS

DE

L'ORIENT.

TYPOGRAPHIE DE FIRMIN DIDOT FRÈRES,
IMPRIMEURS DE L'INSTITUT, RUE JACOB, 56.

SOUVENIRS
DE
L'ORIENT,

PAR

LE VICOMTE DE MARCELLUS,

ANCIEN MINISTRE PLÉNIPOTENTIAIRE.

> . . . . Libens
> Insanientem navita Bosporum
> Tentabo, et arentes arenas
> Litoris Assyrii viator.
>
> HORACE, Liv. 3, Ode 4.

TOME SECOND.

PARIS,

DEBÉCOURT, LIBRAIRE-ÉDITEUR,
RUE DES SAINTS-PÈRES, 69.

1839.

CHAPITRE QUATORZIÈME.

JÉRUSALEM.

SES ENVIRONS.

VILLE DE JUDA.

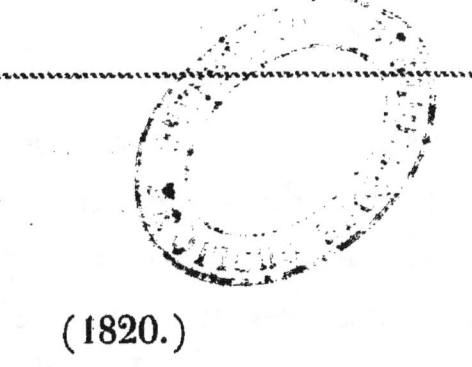

(1820.)

> *Hæccine est urbs, perfecti decoris, gaudium universæ terræ?*
>
> JÉRÉMIE, Lament. ch. II, v. 15.

C'est donc là cette ville, d'une parfaite beauté, la joie de toute la terre?

JÉRUSALEM! ce nom réveille en moi mille souvenirs qui me font battre le cœur, et ma main tremble en l'écrivant. Non, rien n'effacera de ma mémoire ces jours écoulés dans la ville sainte, ces nuits passées sur la terrasse du couvent à contempler les dômes des temples, et les montagnes du désert; ces extases près des sanctuaires, ces heures de méditations données à la voie douloureuse, et à la vallée de Josaphat. N'est-ce donc rien que l'enthousiasme des croisés, l'exaltation des pèlerins, l'impression triste et religieuse que tant de voyageurs ont unanimement ressentie? J'ai vu un pauvre Allemand, d'une existence obscure, ne parler de Jérusalem que les larmes aux yeux, couvrir de baisers son brevet de pèlerin, et dire qu'il renoncerait à la vie, plus volontiers qu'à ses souvenirs de pèlerinage; je dirais comme l'Allemand, ou plutôt je répéterais avec l'auteur de l'*Itinéraire*: « Quand « je vivrais mille ans, jamais je n'oublierais ce « désert qui semble respirer encore la grandeur « de Jéhovah. »

J'ai trouvé dans la bibliothèque du couvent de Saint-Sauveur à Jérusalem, plusieurs manuscrits de voyage aux saints lieux en diverses langues; j'en ai lu quelques-uns dans mes veillées du soir, entre autres le récit d'un Français, pèlerin au XIVe siècle : « En voyant Hiérusalem pour la

« première fois, dit-il, je me fonds tout en lar-
« mes, mon cœur tremble, mon poil se hérisse ;
« mon sang bout dans mes veines, et ma bouche
« reste muette. »

Puis vient le *dialogue pitoyable* entre l'auteur et la sainte Hiérusalem.

« Cette ville m'apparut sous la figure d'une
« dame esplorée, habillée tout en deuil, avec
« une face blême, des yeux pleins de larmes, et
« des cheveux nonchalamment épars; laquelle
« d'une voix plaintive et aigre-douce, parlant à
« nous avec un accent entrecoupé de sanglots,
« nous dit : O vous tous, qui passez par la voie,
« arrêtez-vous un peu de grâce, et voyez s'il y
« a quelque autre douleur, comme la douleur
« mienne. Hélas! quel désespoir d'être aujour-
« d'hui privée de toutes choses, excepté de l'a-
« mère souvenance d'avoir été autrefois bien-
« heureuse; mes titres sont : cité sainte, ville
« fidèle, dame des nations; mais mon état est
« celui d'une misérable esclave, et mon nom,
« c'est Hiérusalem. »

LE PÈLERIN.

« O Hiérusalem, l'amour de mon âme; c'est

« vous que je cherche, que je désire, comme le
« cerf désire les sources des eaux; c'est pour
« vous que j'ai souffert tant de mal et peine,
« traversé les mers incogneues, couru les dé-
« serts, grimpé les montagnes espineuses, et
« vagué par terres étrangères. »

HIÉRUSALEM.

« Mais dy-moi, pauvre, comment as-tu at-
« taché ton amour à une créature si misérable
« comme je le suis? est-ce point quelque fantasie
« nouvellement forgée en ta tête, qui t'a con-
« duict jusques icy?....

LE PÈLERIN.

« Hélas! nenny, madame, car cet amour est
« né avecque moy : et on tien pour certain ès
« escholes platoniques que ressemblance est
« mère d'amour; or, il y a longtemps que je
« trampe en misères, que mon cœur est abbrevé
« d'absynthe, et mon âme nourrie d'amertume;
« c'est pourquoi j'aime et chéris les misérables. »

Après cet exorde, Hiérusalem raconte au pèlerin, comment le Seigneur *arracha la couronne*

CHAPITRE XIV.

de sa tête, au lieu de laquelle il planta un bandeau de douleur et de honte; et le pèlerin répond par des soupirs et des condoléances.

Et moi aussi, je soupirais pour Jérusalem dans les montagnes de Juda; je promis au gardien de Terre Sainte de revenir au monastère de Saint-Jean, le jour de la fête du précurseur : on me donna un guide, on me fit préparer des chevaux; mais je demandai à faire la route à pied. Pendant près d'une heure, j'allai marchant sur des rocs de forme bizarre, d'une pierre dure et blanchâtre, dans des champs sans culture, où quelques gazelles fuyaient au bruit de notre approche. A chaque colline, je demandais au guide quand je verrais la ville sainte. J'en étais à ma vingtième question, lorsque, à la descente d'une dernière hauteur, des remparts crénelés, quelques minarets et les coupoles de plusieurs grands édifices frappèrent mes regards. *Voilà Jérusalem*, m'écriai-je, et je me jetai à genoux, plein de souvenirs religieux, et de vives émotions. Le cœur bat en approchant de Jérusalem, comme à la vue de sa patrie. Après un coup d'œil rapide, jeté en passant sur la belle piscine de Salomon, je m'assis un moment à l'ombre d'un vieux térébinthe, auprès des remparts. J'étais anéanti; c'était joie, tristesse, repentir. Je me perdais dans mes pensées. Je passai avec un serrement de cœur inexprimable le seuil de la porte des pèlerins; et, la tête nue, je traversai, en silence, les rues de Jérusalem.

C'était le 27 juin 1820. Il était huit heures du matin; jamais cette première image de la ville de David, telle qu'elle s'offrit à mes yeux, ne me quittera. Arrivé à la grille obscure du couvent de Saint-Sauveur, je me fis conduire aussitôt à la chapelle, où je remerciai Dieu bien sincèrement, de m'avoir permis de parvenir sans obstacle à ses sanctuaires et d'accomplir mon pèlerinage.

Les drogmans de Terre Sainte s'occupèrent sur-le-champ de me faire ouvrir le saint sépulcre; l'exhibition de mes firmans de route obtint bientôt et gratuitement pour moi cette faveur que les autres pèlerins achètent, et je m'acheminai vers le saint temple.

J'avais passé sans attention auprès des Turcs qui me saluaient de la main, des *pappas* grecs.

qui me parfumaient d'eau de rose; et même des pères franciscains qui étaient venus me recevoir à la porte de l'église. Mes regards ne cherchaient que la pierre sacrée; je ne voyais que le saint tombeau. Je me précipitai vers la chapelle; je franchis rapidement l'intervalle qui la sépare du chœur, et je m'inclinai avec transport sur le marbre vénéré. De tels moments laissent une trace ineffaçable dans l'existence; l'âme s'y nourrit d'espérance et d'amour; la foi s'y ranime, car on ne revient pas incrédule du sépulcre de Jésus-Christ; et toutes les vaines argumentations des hommes s'évanouissent devant cette tombe.

Je visitai rapidement toute l'église, le chœur des Grecs, la grotte où fut trouvée la croix, le calvaire, et la place des anciens tombeaux de Godefroy et de Baudouin. Les bons religieux répondaient à mes mille questions avec la plus complaisante exactitude; leurs expressions me rappelaient les vers d'un poëte dont je n'osais confier le nom à ces voûtes sacrées.

C'est ici la montagne, où lavant nos forfaits,
Il voulut expirer sous les coups de l'impie;

C'est là, que de la tombe, il rappela sa vie;
Tu ne saurais marcher dans cet auguste lieu,
Tu n'y peux faire un pas sans y trouver ton Dieu [1].

Après cette première inspection à laquelle devaient succéder des visites presque journalières, je pris congé des pères franciscains qui m'avaient guidé tous ensemble; et je vis bientôt fermer sur eux la grande porte de l'église, dont un Turc, concierge du saint sépulcre, emporta la clef, après ma sortie. Ils retournèrent se mettre en prières autour de la tombe confiée à leur garde; et je revins au couvent.

J'avais besoin d'être seul; il était tard, je me retirai dans la chambre des pèlerins qui m'avait été préparée, et je me livrai tout entier à mes méditations. J'étais dans un antique monastère, où tout annonce la pauvreté et les vertus du christianisme des premiers siècles; les religieux venaient de terminer leurs prières accoutumées et de se livrer au sommeil qui est pour eux la seule distraction aux douleurs de la vie : mes

---

[1] Voltaire, Zaïre, acte II, sc. 3.

CHAPITRE XIV.

compagnons de voyage goûtaient les douceurs d'un repos acheté par de longues fatigues ; moi seul, je veillais dans le couvent.

J'étais donc au sein de Jérusalem, à quelques pas de la tombe d'un dieu. J'avais enfin vu se réaliser ces songes pieux de ma jeunesse : l'image de la ville sainte, si constamment présente à mon esprit, était là, maintenant sous mes regards. La tête appuyée contre une fenêtre dont les barreaux laissaient arriver jusqu'à moi les rayons de la lune, je voyais sa pâle lueur se prolonger sur la coupole du saint sépulcre, et la montagne des oliviers m'apparaissait à l'horizon, comme une ombre. Mille souvenirs de la Bible et de l'histoire, mille pensées confuses, des rêves d'avenir, des réflexions intimes et graves m'assaillirent. Je ne sais combien de temps dura cette extase ; mais quand je revins à moi, mon âme était oppressée, et mes paupières humides.

Que dire de Jérusalem après M. de Chateaubriand? l'Itinéraire est devenu le manuel du pèlerin, et peut tenir lieu de tout autre guide. Le chrétien, le poëte, le philosophe y parlent tour à tour d'une voix sublime; et c'est encore le langage du plus exact et du plus savant des géographes. En un mot, c'est le génie commentant la Bible et le Tasse. Je m'étonnais cependant alors que si peu de jours passés en Palestine, eussent suffi à M. de Chateaubriand pour tout voir, et pour recueillir tant de traditions; mais, depuis, j'ai vécu près du grand écrivain, j'ai admiré son étonnante mémoire, et la merveilleuse promptitude de son intelligence. L'Itinéraire a si bien fait connaître Jérusalem, et si bien retracé les impressions d'une âme chrétienne en présence des sanctuaires, que souvent, pour jouir encore de ce pèlerinage, la plus heureuse époque de ma vie, je relis, de préférence à mes notes, les descriptions de M. de Chateaubriand : lui-même cédait quelquefois au charme de ces jouissances des temps passés; je l'écoutais avec délices décrire encore et peindre dans ses conversations; et celui dont la vie fut si diversement agitée par la bonne et la mauvaise fortune, celui qui a connu et exprimé si bien le néant des honneurs et le vide de l'existence, me disait qu'il ne s'était senti heureux de vivre qu'à Jérusalem.

Si donc mon récit paraissait inexact ou incomplet, l'*Itinéraire* est là pour tout corriger et tout dire.

Chaque pas dans Jérusalem, et hors de ses murs, rappelle les grands mystères de la religion, la gloire des martyrs, ainsi que les exploits des héros chrétiens. Je consacrais à mes excursions les longues journées du mois de juillet. Je partais au lever du soleil et je ne revenais qu'à la grande chaleur du jour pour recommencer le soir. Quelquefois, vers la nuit, je me délassais des heures brûlantes au haut de la plate-forme qui sert de toit au couvent de Saint-Sauveur. Accoudé sur les murs qui dominent la ville entière, je lisais le Tasse, Esther et Athalie. Les couvents grecs et arméniens construits comme des forteresses, les coupoles des églises et des mosquées pressées les unes sur les autres, les maisons des juifs, au toit arrondi, entassées dans leur quartier, étaient sous mes yeux. *Sion*, m'écriai-je,

Sion, repaire affreux de reptiles impurs,
Voit de son temple saint les pierres dispersées!
Et, du dieu d'Israël les fêtes sont cessées [1] !

---

[1] Racine, Esther, acte I, sc. I.

J'allai visiter, le lendemain de mon arrivée, la tombe de Marie et la vallée de Josaphat. J'avais toujours cru que la sainte Vierge n'était pas morte à Jérusalem; l'assomption, solennisée par tant de pompes religieuses, et retracée par de si magnifiques tableaux, m'avait fait penser même que la Vierge n'avait jamais été ensevelie. Mon guide explicateur me montra dans l'église du torrent de Cédron la pierre sur laquelle Marie fut déposée après sa mort, et, plus loin, en m'indiquant sur le mont Sion la maison qu'elle habitait, il me fit voir l'endroit où elle mourut. Mais je n'étais pas venu de si loin pour discuter.

Les tombeaux de la Vierge, de saint Joachim, de sainte Anne et de saint Joseph, sans être contigus, sont réunis dans le même temple. Les Grecs, par d'anciennes usurpations, nous ont enlevé ce sanctuaire d'où nous sommes aujourd'hui entièrement exclus; et, au moment où je m'inclinais sur le marbre de la tombe, un caloyer répandait sur ma tête un flacon d'eau de rose; je regardai ce moine avec étonnement; il parut fort surpris lui-même de ce que j'ignorais cet usage de l'Église grecque. Il est une autre coutume que je négligeai, car elle m'était également inconnue, c'était de déposer entre les mains du moine une offrande; d'autres pèlerins, de son rit il est vrai, furent plus généreux; je vis qu'on lui apportait des œufs, des fruits et de jeunes pigeons, *duos pullos columbarum*, que le caloyer reçut avec empressement et qu'il cacha derrière une pierre de la grotte.

Plus on avance dans la montagne des Oliviers, et plus Jérusalem prend un aspect à la fois imposant et pittoresque. La vue plonge par-dessus les remparts et s'attache à l'élégante coupole de la mosquée construite sur les lieux où fut le temple de Salomon. On admire cette vaste et superbe mosquée dans tous ses contours, et la pompeuse description du temple, tel que le représente la Bible, vient se placer à côté de ce grand tableau. C'est surtout auprès d'une ancienne église ruinée, à l'endroit où, suivant la tradition, le Sauveur pleura sur l'ingrate Jérusalem, que le regard embrasse la ville en entier. M. de Forbin a donné une vue remarquable de ce lieu si bien choisi; le panorama qu'on a autrefois admiré à Paris ne peut, dans sa parfaite exécution, en présenter une image plus exacte et plus vraie.

Je me suis longtemps arrêté à cette hauteur. J'apercevais à ma gauche, au point de l'horizon le plus élevé, la montagne appelée le *Mont-Français* : ce sommet fut témoin de la valeur des croisés, que les Arabes nomment encore en exaltant leur courage et en l'exagérant sans doute. C'est là, disent-ils, que quelques Français résistèrent pendant cinquante ans aux nombreuses armées de Saladin et de ses fils. Honneur à la nation qui a gravé dans la mémoire des hommes de l'Orient ces impérissables souvenirs! Jérusalem a une gloire et des douleurs pour toutes les époques.

J'arrivai à la cime du mont-Olivier; je longeai les murs d'une petite maison en ruine que mon guide me dit être l'ermitage de sainte Pélagie. Les Turcs ont établi une mosquée sur la montagne de l'ascension, au lieu même où le Sauveur s'éleva vers le ciel; on y voit, sur une pierre encadrée de plusieurs autres, l'empreinte d'un pied, que l'on assure être la dernière trace du Fils de l'Homme, quand il quitta ce monde aux yeux de ses disciples étonnés : et, à côté, se trouve la niche pratiquée pour indiquer aux Musulmans la direction de la Mecque. Cette mosquée, où les religieux latins viennent dire la messe le jour de l'Ascension, est sans doute la seule où il soit permis aux chrétiens de célébrer les cérémonies de leur culte. J'admire encore comment les Turcs, si fanatiques à Jérusalem, ont pu se soumettre à tant de tolérance, et comment cette concession du pape a été sanctionnée par le grand mufti.

Trois collines se présentent en face de Jérusalem; l'une, vers le sud, nommée la *montagne du Scandale;* Salomon y avait construit, pour plaire à ses épouses étrangères, des temples voués aux dieux de Moab et d'Ammon[1] : on n'en voit plus une seule ruine; c'est aussi là que Judas vint terminer des jours et punir un crime que le repentir aurait pu expier. L'autre, à l'est, est appelée *montagne de Galilée,* parce que c'est de là que les apôtres galiléens regardèrent leur

---

[1] *Tunc ædificavit Salomon fanum Chamos, idolo Moab, in monte qui est contrà Jerusalem, et Moloch, idolo filiorum Ammon.*

BIBL., Reg., lib. III, cap. 2, v. 7.

maître monter au ciel. Entre ces deux montagnes se trouve le *mont Olivier*, la plus haute des trois. De son sommet la vue plane sur le bassin encaissé de la mer Morte et sur la vallée lointaine du Jourdain; le territoire des Arabes voleurs paraît plus rapproché au midi; à l'ouest, Jérusalem montre ses tours, ses remparts, ses maisons dominant des rues étroites, et Bethléem la verdure de ses vignes.

J'avançai jusqu'aux lieux où l'on dit que s'arrêtèrent les disciples frappés de stupeur et éblouis à l'aspect de l'ascension de Jésus-Christ; puis, revenant sur mes pas et redescendant le mont Olivier, je visitai la voûte aujourd'hui souterraine où les apôtres composèrent le symbole de notre foi. Un peu plus haut se trouvent quelques murs ruinés, et c'est là que, malgré saint Matthieu, la tradition place l'origine de l'oraison dominicale.

En traversant le Cédron on montre, dans le lit desséché du torrent, une seconde empreinte du pied de Notre-Seigneur. Puis on voit les sépulcres des prophètes, grotte obscure et humide. Plus bas, dans la vallée, le tombeau de Josaphat et ceux d'Absalon et de Zacharie. — Ces grands monuments, creusés dans le roc et construits en forme de temples, présentent à la vue des colonnes et des pilastres où se retrouvent, grossièrement indiqués, les ordres de l'architecture grecque. L'intérieur est uniquement disposé pour recevoir une tombe. Le monument d'Absalon est surmonté d'une coupole élevée et élégante, mais qui paraît avoir été ajoutée au reste de l'édifice; tout à côté on aperçoit une frise ornée de festons : elle est au-dessus de la porte du tombeau de Josaphat, dont les fouilles ont été diverses fois entreprises et interrompues. Sur le côté droit de la tombe de Zacharie, où on ne pénètre par aucune entrée, se trouve la grotte des apôtres, percée de quelques ouvertures qui donnent sur la vallée et soutenue par des colonnes informes. On distingue, dans le fond de la voûte, quelques pierres sépulcrales, et c'est, dit-on, dans ces catacombes que les disciples allèrent se réfugier pendant que leur maître était traîné chez Caïphe. En tout, ces tombeaux d'Absalon et de Joas me paraissent des noms bibliques donnés à des constructions romaines, comme on appelle puits de Joseph, au Caire, la citerne creusée dans la citadelle par Saladin, lequel s'appelait aussi Joseph, *Youssouf*.

Plus bas, en suivant le lit poudreux du Cédron, j'aperçus, dans une sorte de caverne, l'onde stagnante de Siloë. Je descendis par plusieurs degrés taillés dans le roc jusqu'au fond de cette espèce de citerne, et j'en goûtai l'eau, qui était fade et tiède; je retrouvai la même source un peu plus loin, s'échappant entre les fissures d'un rocher; après avoir traversé la colline par un conduit souterrain, que l'on dit être naturel, elle vient se réunir au torrent de Cédron, quand il a de l'eau, ce qui est rare, ou se perdre dans le même lit, quand il est à sec. La fontaine est presque toujours tarie vers la fin de l'été; quelques gouttes alors humectent à peine le sable.

Le village qui porte le nom de Siloë couvre les flancs de la colline du Scandale. Ses habitants ont choisi pour retraite les anciens tombeaux que les Juifs construisaient à grands frais dans la vallée de Josaphat. Les sépulcres d'autrefois sont les maisons d'aujourd'hui; quand une nouvelle famille, attirée par la source de Siloë, cherche à fixer sa demeure sur les bords du Cédron, elle creuse une tombe, et les vieux ossements des Hébreux se dérangent pour faire place à la jeune Arabe qui va mettre au monde le fruit de son premier amour. Ainsi passent les générations!

Dans la vallée, quelques champs fertiles reposent les yeux fatigués de l'uniformité aride des montagnes de Jérusalem. Le puits de Néhémie fournit aux troupeaux et à quelques jardins une eau abondante et fraîche. De là, remontant la colline du champ *Haceldama*; passant les ruines de l'antique enceinte et les fossés qui défendaient Jérusalem, je me trouvai sur la montagne de Sion, qui est aujourd'hui hors de la ville. Je fis de vains efforts pour visiter l'ancien couvent, où habitèrent les premiers gardiens de Terre Sainte; les Turcs n'y laissent pénétrer aucun pèlerin; on me montra seulement du doigt la fenêtre du cénacle où les apôtres étaient assemblés le jour de la Pentecôte; au-dessous est le sépulcre de David, interdit à la dévotion des chrétiens. Les Musulmans seuls peuvent porter leurs hommages à la tombe de ce roi qu'ils vénèrent comme un grand prophète.

Je traversai le champ destiné à la sépulture des catholiques qui meurent à Jérusalem, et je rentrai dans la ville par la porte de David. On nomme encore aujourd'hui Château de David la forteresse voisine de cette porte, où se tiennent quelques soldats turcs. J'ai vu le bassin où se baignait Bethsabée, quand elle fit n^itre une fatale passion; on me montra la fenêtre du palais d'où l'on prétend que le roi aperçut la femme d'Urie; on montre aussi une lucarne qui éclaire la chambre où il jeûna, fit pénitence, et composa plusieurs de ses chants de douleur et de repentir.

Ici les traditions vont plus loin que la Bible. David n'était point à la fenêtre, mais bien sur le toit aplati du palais, *in solario domûs regiæ*, quand il vit Bethsabée, laquelle ne se baignait point dans un bassin. Mais les récits des nations ont prévalu sur les détails de la sainte chronique. Il serait aussi bien plus raisonnable de penser qu'après tant de siéges, de révolutions et de ruines, le palais de David n'a plus ni fenêtres ni murs; et il est probable que cette indication, comme tant d'autres, repose sur l'exagération superstitieuse de quelque ancien voyageur: mais je me sentais à Jérusalem bien plus disposé à partager la crédulité des pèlerins qu'à compulser les commentaires des savants [1]. En revenant au monastère, je remarquai derrière la maison des deux ou trois janissaires qui sont à la solde des religieux latins, plusieurs larges pans de mur d'une construction antique; ce fut, me dit-on, la tour des Pisans.

Après cette longue promenade autour et dans la ville sainte, ma première ardeur une fois apaisée, je voulus, pour jouir de l'aspect complet du territoire de Juda, escalader le *mont Français*. J'y arrivai péniblement, après avoir traversé le torrent de Cédron et le village de Siloé. Cette cime, comme toutes celles que j'avais sous les yeux, est pierreuse

---

[1] . . . better had they never been born,
 Who read to doubt or read to scorn.

« Il vaudrait mieux pour ceux qui lisent ce livre en doutant et méprisant, qu'ils ne fussent jamais nés. »

LORD Byron's Works.

Et ces deux vers, le croirait-on, furent écrits par lord Byron sur sa Bible.

et sans verdure. Je portai d'abord mes regards vers les montagnes de l'Arabie Déserte et de Moab, qui terminaient l'horizon à l'orient par une ligne jaunâtre et ondulée; puis vers la vallée du Jourdain, dont les dunes sablonneuses cachant le lit du fleuve et sa riche végétation se montraient seules. La mer Morte paraissait ensuite dans sa prolongation vers les villes détruites de l'Arabie Pétrée; mais ces ondes, comme une masse de plomb, blanchissaient sans briller au soleil. Au midi, les vignes d'Engaddi, les hauteurs de Béthulie, et par-dessus, dans le lointain, les roches stériles d'Hébron : vers l'occident et le nord, le cercle plus rétréci ne me laissait voir que la route de Naplouse, les tertres rocailleux qui entourent Sion à peine ombragés par quelques vieux troncs d'oliviers, et des térébinthes rabougris; enfin à mes pieds, Jérusalem, ses temples, ses vastes cimetières, et, plus près encore, la vallée de Josaphat muette et inanimée.

J'avais promis au Gardien de Terre Sainte de le rejoindre dans les montagnes de Juda. Sa gestion spirituelle, après trois ans de durée, venait d'expirer; et don Thomasso, que j'avais amené avec moi, avait apporté de Rome les lettres qui nommaient supérieur des couvents le père Ugolino missionnaire à Alep. Le père Antonio de Malte, pressé par sa santé de s'éloigner de la Palestine, avait déjà quitté Jérusalem, et il attendait au monastère de Saint-Jean l'arrivée à Jaffa de quelque vaisseau qui le ramenât dans sa patrie. Ce zélé supérieur avait différé son départ à ma prière, plus tard il voulut même revenir avec moi à Jérusalem. Je me rendis auprès de lui dans la ville de Juda, pour y passer la journée de la fête du Précurseur.

Je n'eus pas le temps d'aller au désert et à la grotte de saint Jean, éloignés d'une lieue du monastère; aussi mon brevet de pèlerin, en énumérant mes visites aux saints lieux, ne fait aucune mention de l'autel du désert, seul monument pieux que je n'aie pu voir dans les environs de Jérusalem.

Je fus conduit à la maison de sainte Élisabeth et aux ruines de la chapelle de la Visitation par le révérendissime lui-même. Il y récita le cantique de la Vierge, le *Magnificat,* aux lieux mêmes où furent prononcées ces humbles paroles. Les rochers qui bordent le torrent de Juda répétaient les accents de ce pauvre prêtre italien, quand il me disait d'une voix attendrie : *La miséricorde de Dieu s'étend d'âge en âge sur tous ceux qui le craignent.* Ces ruines, ou plutôt ces grottes sont en face du couvent de Saint-Jean, situé sur le bord d'un ravin profond. C'étaient les lieux dont parle la Bible sous le nom de *montana Judææ*; et le hameau, tout peuplé de catholiques, porte encore le nom de *ville de Juda.*

Dans l'église du monastère, église rétablie et restaurée par les ordres de Louis XIV, est la grotte où naquit le précurseur. Le 29 juin fête de Saint-Jean, dès le point du jour, le révérendissime vint y célébrer la messe. Un jeune Arabe, que ces patients missionnaires ont initié à nos cérémonies, l'accompagnait à l'autel. Bientôt après, le père gardien des couvents, faisant les fonctions d'évêque de la Palestine, et cachant la robe grossière de son ordre sous la richesse des ornements pontificaux, s'assit dans une stalle du chœur. Un Suisse calviniste qui venait d'abjurer ses erreurs, reçut à ses genoux le sacrement de la confirmation; et, suivant l'usage d'Italie, on me demanda de lui servir de parrain [1].

Après les grandes solennités de ce jour, le supérieur désira dîner avec moi; c'est ce que les règlements ne permettent pas au couvent de Jérusalem, où se trouve une chambre réservée particulièrement pour les pèlerins. La table du gardien posée au milieu du réfectoire, était un peu plus élevée que les autres. Après la bénédiction, et une lecture de l'Évangile, on nous apporta des œufs, des melons, une poule bouillie, puis quelques fruits. Ce festin et ces apprêts extraordinaires avaient lieu en l'honneur de la fête annuelle du monastère. Le repas fut court, et suivi d'une conversation que nous allâmes terminer dans la cellule où se réunissent tous les pères. Cette vie intérieure des couvents me semblait douce et heureuse; c'était une pieuse et modeste hospitalité; tout autre accueil à Jérusalem m'eût paru peu digne de ce séjour.

Le soir, nous passâmes les collines qui séparent Juda de Benjamin pour retourner à Jérusa-

---

[1] Ce Suisse se nommait Jean Preising; il était du district de Schwellbrunn, dans le canton d'Appenzel.

lem, où mes sorties recommencèrent. Je n'allais plus avec un janissaire ou un guide; je m'étais familiarisé avec la ville dont je connaissais les rues obscures, les détours, et je n'ai jamais été inquiété dans ces excursions. Une seule fois mon domestique François, se laissant aller à un accès de curiosité dont il ignorait le danger, pénétra dans la cour du temple; il en fut chassé aussitôt par une grêle de pierres, et ne dut son salut qu'à la rapidité de sa fuite. Je sortais seul avec la Bible, le Tasse, Racine ou l'*Itinéraire;* c'est ainsi que je visitai la prison de saint Pierre, la maison de Zébédée, le quartier juif, l'hospice de saint Marc, la maison de Simon le Cyrénéen, et les ruines redoutées du couvent de Saint-Jean de Jérusalem, berceau des chevaliers de Malte. Les Turcs d'aujourd'hui, tremblants encore devant leurs ennemis d'autrefois, défendent sévèrement qu'on ne relève ces décombres, comme s'ils prévoyaient des vengeurs.

Je fis, un autre jour, le tour entier des murailles de Jérusalem; elles sont peu endommagées, et garnies de tours de distance en distance. Je sortis par la porte de Jaffa, *Bab-el-Khalil*, et je rentrai par cette même porte, après avoir parcouru le circuit entier, en une heure cinq minutes d'un pas ordinaire. J'avais longé les murs au plus près possible, passant la porte de David, puis celle des Maugrébins, et la porte Dorée, murée aujourd'hui. J'avais traversé les tombes musulmanes accumulées sous cette partie des remparts qui regarde le torrent de Cédron, et borne la grande mosquée; puis, après la porte *Sitti Mariam*, j'étais arrivé à la grotte et à la prison de Jérémie. C'était là une de mes stations favorites; je ne pouvais me lasser d'y relire les touchantes Lamentations, en face de cette ville *pleine de peuple, aujourd'hui si solitaire; de cette ville accablée d'amertume, dont les vierges sont tristes, abattues, et les prêtres gémissants.* J'ai lu Homère à Troie, Sophocle à Colone, Horace à Tivoli, Virgile à Naples; mais quelle poésie peut égaler les sublimes chants de douleur de Jérémie à Jérusalem!

Je me préparais à visiter la mer Morte; je voulus auparavant recommander mon voyage au gouverneur turc. Il me reçut dans la maison de Pilate, dont les fenêtres donnent sur la cour de

la mosquée du temple de Salomon. « Voilà, me
« dit-il, tout ce qu'il vous est permis de voir de
« ce saint édifice; regardez-le donc à votre aise.
« Je voudrais faire mieux, mais je ne suis pas le
« maître : c'est le mollah qui domine; et il est en
« ce moment très-irrité de la ruse qu'un Euro-
« péen vient d'employer pour pénétrer dans le
« temple. Revêtu d'habits orientaux, cet Anglais,
« parti de Jaffa la veille, arriva à Jérusalem le
« matin; il passa quelques heures de l'après-midi
« dans la mosquée, et repartit le soir même pour
« Jaffa où une barque l'attendait. Toute pour-
« suite fut inutile pour venger cette profana-
« tion. »

Cet Anglais que désignait Mohammed-Aga,
était ce même M. Banks dont m'avait parlé lady
Stanhope. Je l'avais connu à Constantinople; je
le retrouvai à Londres où nous avons ri ensemble
de la colère du mollah de Jérusalem. L'intrépide
voyageur avait visité la mer Morte, le désert et
les ruines éparses dans l'Arabie Pétrée. Il aurait
à raconter les plus curieuses découvertes, et son
portefeuille contient les plus rares dessins. Mais
il n'a encore rien publié; deux de ses compa-

triotes, qui l'ont accompagné dans une partie de ses voyages, en ont fait paraître récemment un récit incomplet.

Le gouverneur de Jérusalem, dont les religieux latins m'avaient fait l'éloge, se loua beaucoup, à son tour, de leur conduite et plaignit leurs malheurs. « Mais, que puis-je faire? répétait-il ; « je ne suis qu'un soldat. Les juges de la loi et « nos imans ont ici toute l'autorité : je vois les « injustices sans pouvoir les réprimer, et je passe « ma vie à regretter les ombrages du Bosphore, « et le village de *Kandili* où je suis né, et où je « fus si heureux. Le pacha de Damas m'a envoyé « pour commander à des soldats; je ne me suis « mêlé jusqu'ici qu'à des intrigues de caloyers et « à des disputes de derviches. Enfin, s'il n'y avait « pas de temps à autre quelques Arabes voleurs « à poursuivre vers le désert, ma troupe et moi « nous n'aurions rien à faire. »

J'avais appris en effet que ce gouverneur de Jérusalem était sans force et sans crédit au sein de sa ville déchirée de puissantes factions. Dans une querelle entre les Arméniens et les Grecs, craignant de mécontenter un des deux partis qui avaient recouru à son autorité : « Arrangez-vous « ensemble, leur dit-il, après les avoir patiem- « ment entendus, et quand vous serez d'accord, « je prononcerai. » Le Moutselim me promit obligeamment une escorte pour m'accompagner à Jéricho; et après avoir longtemps considéré les cyprès et les palmiers de la cour du temple, ainsi que l'élégante coupole, les nombreuses rotondes, et les portiques où paraissaient quelques derviches solitaires, je me retirai. Dans une seconde visite, je fis hommage à Mohammed-Aga d'une paire de pistolets d'un assez beau travail; il parut les recevoir avec plaisir et reconnaissance.

CHAPITRE QUINZIÈME.

LA MER MORTE.

LE JOURDAIN. JÉRICHO.

BETHLÉEM.

(1820.)

> *Omnia muta,*
> *Omnia deserta, ostentant omnia mortem.*
>
> CATULLE, Epith. de Th. et Pel.

Tout est muet, tout est désert; la mort se montre partout.

Les légions d'Arabes qui errent sans cesse sur les collines autour de la cité sainte rendent fort périlleux le voyage à la mer Morte: il n'est qu'une saison de l'année où cette excursion ne présente aucun danger; c'est au printemps, quand des milliers de pèlerins grecs, après les cérémonies de leur semaine sainte, se réunissent pour visiter le Jourdain : toute tentative pour y parvenir à une autre époque est regardée, à Jérusalem, comme une imprudence dont les Européens seuls sont capables; et, pour les en détourner, on accumule toutes les vieilles chroniques et des récits effrayants. Quand les conteurs de la Palestine ne disent pas quelque amoureuse histoire d'un cheik puissant et d'une Bédouine aux lèvres bleues, ils ne trouvent d'autre texte aux écarts de leur imagination que les exploits des Arabes voleurs.

Lorsque j'arrivai à Jérusalem, je trouvai tous les esprits occupés de deux événements qu'on me racontait sous des formes diverses, et, chaque fois, surchargés de plus tristes détails. Le colonel *Anders*, qu'on me citait d'abord, cherchant à prouver l'absurdité de ces terreurs, partit seul pour les rives du Jourdain, et ne tarda pas à en revenir dépouillé de tous ses vêtements; plus récemment encore, M. *Henniker*, voyageur anglais, qui s'était fait suivre dans le même pèlerinage d'un seul domestique et d'un seul soldat, fut entièrement mis à nu et blessé grièvement à la tête de plusieurs coups de sabre. C'était la même mésaventure encourue par le voyageur de l'Évangile [1]; et, depuis le bienfaisant Samaritain jusqu'à nos jours, les environs de Jéricho sont très-justement mal famés.

Ces exemples, qui m'étaient rapportés journellement, ne me détournaient pas du projet de voir la mer Morte; je m'entourai seulement d'un peu plus de précautions, et, le 30 juin, à quatre heures du matin, je partis avec quatre soldats que le gouverneur de Jérusalem avait désignés parmi ses gardes pour m'accompagner. Ces soldats étaient munis chacun de quatre pistolets, d'un ou deux poignards, et d'un sabre recourbé. Nous montions tous d'excellentes juments arabes.

« C'était l'heure où la nuit ne cède pas encore
« au jour tout son empire, mais où déjà l'Orient
« rougit, et le ciel se pare encore de quelque

---

[1] Homo quidam descendebat ab Jerusalem in Jericho, et incidit in latrones, qui etiam despoliaverunt eum, et plagis impositis, abierunt, semivivo relicto.

SAINT LUC, c. x.

« étoile; Renaud dirigea ses pas vers le mont
« Olivier; ses yeux contemplaient en s'élevant les
« beautés incorruptibles et divines de la fuite de
« la nuit et de l'approche du matin [1]. »

A cette heure, si poétiquement décrite par le Tasse, à ce passage de l'obscurité au jour, dont la grande transparence de l'air en Orient fait un si pompeux spectacle, je me dirigeai, comme Renaud, vers le mont des Oliviers; je traversai le torrent de Cédron, je longeai les flancs de la colline du Scandale et j'arrivai à Béthanie; je m'y arrêtai quelques moments pour voir le tombeau de Lazare et l'autel dressé dans la grotte témoin du miracle de sa résurrection. J'avais toujours été frappé, dans la touchante narration de saint

---

[1] Era nella stagion ch'anco non cede
Libero ogni confin la notte al giorno,
Ma l'oriente rosseggiar si vede,
Edanco è il ciel d'alcuna stella adorno;
Quando ei drizzò ver l'Oliveto il piede,
Cogli occhi alzati contemplando intorno,
Quinci notturne, e quindi matutine
Bellezze incorruttibili e divine.

Le Tasse, Jérus., ch. XVIII, st. 12.

Jean que je relus au pied de l'autel, de cette confiance assurée, de cette haute prescience que montre Jésus-Christ avant d'accomplir son œuvre en remerciant déjà son père de l'avoir exaucé; et j'admirais, dans la forme comme dans le fond de cet éclatant miracle, le caractère le plus irrécusable de la Divinité.

En quittant Béthanie, je laissai sur la droite le village où naquit Marie-Madeleine, *Bethphage*, et sa maison, où l'on ne voit plus que les ruines d'une église. Là, finit toute verdure, toute végétation. Il n'y a plus après que des tertres pierreux et des dunes sablonneuses; je suivis un chemin tracé dans les rochers et sur le penchant d'un ravin où coulait un faible ruisseau nommé *la Source des Apôtres*. C'est là que Notre-Seigneur se reposait avec ses disciples quand il allait de Jéricho à Jérusalem.

Au bout de trois heures de marche j'aperçus le kan qui indique la moitié du chemin. Il est situé sur la limite du désert *Adonim*, où l'Évangile place la touchante parabole du Samaritain; c'est le lieu *du sang, parce que, dans leurs incursions fréquentes, les voleurs y commettaient des meurtres nombreux*[1]. Ainsi dit saint Jérôme, et la tradition a fait une chronique véritable de ce saint épisode. Quelques chaumières tombées, un ancien caravanserai ruiné, et des grottes que la nature seule a creusées, servent de retraite aux Arabes voleurs, dont le domaine commence plus spécialement à ces confins. Par une attention du gouverneur de Jérusalem, je rencontrai à cette halte dix cavaliers qui m'attendaient, et qui se réunirent à mon escorte en faisant retentir de leurs cris ces tristes solitudes; alors nous serrâmes nos rangs : quatre soldats nous précédèrent en éclaireurs; le reste se pressait autour de moi, et mon janissaire fermait la marche.

Le soldat que le voyageur anglais avait eu pour guide avait montré le plus grand courage dans l'attaque des Arabes; et si M. Henniker ne l'eût pas quitté en mettant pied à terre, sans doute son défenseur l'aurait garanti, sinon d'une spoliation totale, au moins de coups et de blessures. J'avais désiré que ce brave cavalier m'ac-

---

[1] Locum *Adonim* quod interpretatur *sanguinum*, quia multus in eo sanguis crebris latronum fundebatur incursibus.
SAINT JÉRÔME, Epis. Paulæ matris.

compagnât, et le gouverneur de Jérusalem y avait consenti. Le fidèle janissaire fit en effet partie de mon escorte; il prit son poste auprès de moi et ne le quitta jamais : il m'indiquait pendant la route les lieux témoins de la scène où il avait joué un rôle si périlleux.

Je cheminai pendant deux heures dans ces montagnes coupées de gorges étroites, de défilés sinueux et d'arides vallons. Ce sont tantôt des pics avancés sur de profonds précipices, tantôt des colonnes d'un sable solide s'élevant le long des tertres; des images bizarres, des tours, des pyramides de craie ; quelquefois des ravins creusés dans le roc comme d'immenses piscines, et des étages d'une terre argileuse et blanche figurant les fortifications d'une citadelle. Mais bientôt ces sauvages merveilles du désert se retirèrent derrière moi, et laissèrent mes regards s'étendre sur la vaste plaine du Jourdain et sur les ondes pesantes de la mer Morte. Mon escorte qui, jusque-là, avait gardé une attitude silencieuse, fit éclater de longs accents de joie à la vue de Jéricho, et se précipita dans la campagne : plus de rang, plus de discipline; chacun courait à sa guise, puis revenait vers la troupe, qui, bientôt, s'élança toute au galop.

Je pressai comme les autres les flancs de ma jument arabe, et, en un clin d'œil, j'atteignis un immense champ disposé en amphithéâtre. Là on me fit faire halte pour me donner le spectacle d'un combat à la mode du désert. On préluda par de nombreux coups de pistolet, et les cris des soldats animèrent les chevaux. Bientôt les guerriers se divisent; les uns attaquent, d'autres fuient; on se défie, on se croise; on court en rond l'un sur l'autre comme dans la lice d'un tournoi; les balles sifflent, des nuages de poussière s'élèvent; les nobles coursiers du désert déploient dans ces jeux une force et une agilité admirables. Abandonnés au plus rapide galop, ils s'arrêtent à l'instant, puis reprennent aussitôt toute la vitesse de leur course.

Trois Arabes de l'escorte portaient, au lieu de carabines, des lances formées de longs roseaux de l'Euphrate [1]; ils les maniaient avec une grande

---

[1] Lunghe canne Indiane arman di corte
Punte di ferro, e'n su'destrier correnti
Diresti ben che un turbine lor porte.
LE TASSE, Jérus. ch. XVII, st. 21.

dextérité. Dans un coin du champ, quelques femmes de Jéricho, droites et élancées, paraissaient comme des statues sur les margelles des citernes, et, sans s'effrayer du bruit des armes, elles chantaient à deux notes, pour encourager le combat, des airs d'une dissonance et d'une monotonie déchirantes; un chalumeau à deux tuyaux accompagnait aigrement ces fredons continus; dès qu'une moitié du chœur, épuisée d'haleine, laissait tomber sa voix, l'autre moitié chantait sur un nouveau ton; et cette alternative, que les Muses cette fois n'eussent pas avouée, composait l'ensemble le moins harmonieux.

Cependant les jeux cessèrent; nous approchions de Jéricho; chacun reprit son rang dans le cortége, et nous arrivâmes à la maison de l'Aga. C'est une vieille tour carrée, surmontée d'un toit de feuillage, qui domine tout le hameau, et s'aperçoit de très-loin dans la plaine. Le chef, prévenu de mon passage par le Moutselim de Jérusalem, reçut dans sa maison et dans sa cour tous mes gens et mes chevaux. Pour moi, je choisis mon quartier auprès d'un bassin qui fournit de l'eau à tout le village, et que vient remplir la source purifiée par le prophète Élisée. Je pris quelques instants de repos à l'abri d'un toit de chaume qui recouvrait la fontaine; puis je demandai à continuer ma route vers la mer Morte.

La chaleur était extrême. L'Aga de Jéricho craignant pour moi, disait-il, ce brûlant soleil, fit tous ses efforts pour me détourner de ma résolution, et, à cet effet, il exagéra les distances et les fatigues. Je fus inébranlable; je déployai ma carte sous ses yeux, et je lui expliquai toutes mes volontés pour mon itinéraire. Je désirais visiter l'embouchure du Jourdain dans le lac Asphaltite; M. de Chateaubriand avait regretté de ne pouvoir reconnaître ce point, et j'étais décidé à y parvenir. Après ma démonstration géographique qui fut assez bien comprise, je déclarai à l'Aga que j'allais partir et ne voulais point fatiguer mon escorte; que j'emmènerais les soldats de bonne volonté, et que je laissais chacun libre de m'attendre à Jéricho où je ne manquerais pas de revenir dans la soirée. A cette détermination bien prononcée, mon hôte se leva, disparut quelques minutes, et revint dans la cour du château, à cheval, prêt à me suivre partout où je trouverais bon d'aller. Cet exemple de l'Aga toucha le reste de la troupe, et, tous ensemble, nous nous mîmes en route pour l'embouchure du fleuve sacré.

J'avais déjà, plus d'une fois, reconnu qu'en Turquie les voyageurs doivent éviter presque toujours de se soumettre pour leur itinéraire aux volontés des indigènes, souvent même à celles de leurs guides. S'ils sont munis d'une bonne carte et s'ils ont étudié d'avance le pays qu'ils veulent parcourir, c'est à eux à donner des directions et à ne pas souffrir qu'on s'en éloigne.

En quelques instants je me trouvai dans une plaine dont rien ne saurait donner une juste idée. Aucune description ne peut retracer fidèlement dans tous ses effets cette absence totale de végétation et de vie. Une boue fétide et sèche, recouverte d'une croûte de sel toute crevassée, cède aux pas des chevaux; quelques arbustes nains et sans feuilles cachent sous une écorce noire une séve acide. Un vent salé porte sur la surface de ces champs de mort une poussière empreinte de bitume. Les lèvres se dessèchent à cette brise et se gonflent comme touchées d'un suc venimeux : les rayons du soleil, réfléchis par ce sol ardent, renvoient des bouffées d'une chaleur étouffante et malsaine.

Je vis toute ma troupe, dans ces campagnes désolées, se couvrir le visage et le front d'une écharpe, en ne laissant à nu que les yeux. Persuadé que les habitants de ces régions brûlantes ont plus d'adresse et d'instinct pour se garantir de leur influence, je les imitai machinalement; je ne tardai pas à reconnaître que toute la chaleur renvoyée par le sable venait s'amortir contre ma ceinture dont je me servais comme eux pour préserver mon visage, et que le vent, en traversant cette sorte de tamis, n'arrivait à ma figure que dégagé de poussière et d'exhalaisons insalubres : un éventail nous eût moins rafraîchis.

Après deux heures d'une marche pénible, parvenu au but que j'avais fixé, je mis pied à terre et je suivis quelque temps les bords de la mer Morte. Tout est sans vie sur cette plage déserte, où règne en effet un silence de mort; pas un oiseau, pas une herbe, pas un jonc sur la grève. Quelques roseaux flétris, que le Jourdain roule vers la mer, et que la mer, à son tour, rejette sur la rive. Quelques coquilles argentées, et un rebord de sel là où le flot vient mourir. Je recueillis sur le sable une de ces belles pommes de Sodôme, pareilles aux plaisirs du monde; heureux de cette bonne fortune de voyageur, je songeais déjà aux précautions à prendre pour la conserver; mais en la touchant elle ne laissa dans mes doigts qu'une cendre noire et fétide; *le reste, qu'on croyait tenir, échappe : semblable à de l'eau gelée, dont le vil cristal,* comme parle Bossuet, *se fond entre les mains qui le serrent, et ne fait que les salir* [1]. Ces fruits, assez semblables à la pomme d'api, ne croissent pas sur les bords de la mer Morte où j'étais; ils parent de leur éclat trompeur la rive méridionale; et sans doute les brises et les flots les avaient jetés sur cette plage. Il régnait alors un vent très-fort, et cependant les vagues, à peine soulevées, retombaient sur ce lac de plomb, et venaient, sans se briser et presque sans bruit, expirer sur la rive. Je garnis mes poches de pierres ponces, d'écume durcie,

---

[1] BOSSUET, Oraisons funèbres. Anne de Gonzague.

et de ce bitume poli par les eaux qui servait aux Égyptiens pour embaumer leurs momies.

A quelques pas de l'embouchure du Jourdain, je m'avançai dans les flots presque noirs du lac; ils déposèrent sur mes jambes nues une espèce de sel piquant dont j'allai me dégager dans le fleuve. Là, le Jourdain n'a pas plus de cent pieds, et nulle part il n'est aussi large. Je vis au travers de ses ondes quelques petits poissons qui remontaient le courant, et qui, chassés par l'eau salée, cherchaient de plus doux parages. Le lit du fleuve est un vaste sillon profondément tracé dans une plaine de sel et de sable; ses deux rives escarpées cachent presque partout son cours. Le bruit de notre marche, et les conversations de mon escorte, effrayèrent quelques hérons bleus debout dans les joncs du rivage. Ces beaux oiseaux, déployant au soleil leurs ailes d'azur, cherchèrent une retraite dans les îles, petits bancs d'une terre limoneuse et féconde : ces îles semblent être le refuge de la végétation. Des ramiers et des tourterelles blanches y suspendent leurs nids aux branches des grenadiers sauvages. J'ai entendu dans ces touffes d'arbustes le chant du rossignol si rare en Palestine. Ces mêmes halliers du Jourdain cachent, dit-on, quelques tigres, et j'ai vu empaillés à Jérusalem deux jeunes crocodiles que l'on avait surpris dans ses ondes.

Tous les arbres du midi croissent confusément sur les boues si fertiles que les eaux accumulent au milieu du fleuve; mais j'y reconnaissais à peine ceux de mon pays; la feuille du saule, plus pâle encore et plus aiguë, se dessine mieux sur la feuille plus dentelée et plus large du platane. L'arbre épineux de Jéricho présente partout ses bouquets de verdure; et mille arbrisseaux à basse tige offraient à mes observations des fruits nouveaux, variés de forme et de couleur.

Nous avions remonté le Jourdain pendant plus d'une heure; je le traversai pour aller jouir de l'ombrage qui couvrait la rive opposée; cet endroit était celui où les Israélites passèrent à sec (*per siccam humum*), sous la conduite de Josué, où l'autel fut dressé au milieu des ondes, et où, suivant la tradition, Jésus-Christ reçut le baptême des mains de son précurseur. Le lit n'est pas profond; nos chevaux le traversèrent sans nager. C'était le temps de la moisson et de la fonte des neiges du Liban. C'était donc aussi le moment où le fleuve *qui traverse deux lacs pour se perdre dans le troisième*, suivant l'expression de Tacite [1], roule le plus d'eau [2]. Cette eau me parut plus fade que douce. Elle était chargée d'un sable jaune.

Après quelques instants passés dans les ondes rafraîchissantes du Jourdain, et à l'ombre de ses arbres, nous reprîmes le chemin de Jéricho, en coupant par une ligne droite la plaine stérile de Galgala. Nous y rencontrâmes deux Arabes nomades. L'Aga de Jéricho, qui se tenait toujours à ma gauche pour me faire honneur, et pour veiller de plus près à ma sûreté, me prévint que ces hommes appartenaient aux tribus voleuses; mais que, ne les trouvant pas en délit, il n'avait aucune justice à exercer contre eux. Du plus loin

---

[1] Unum atque alterum lacum integer perfluit, tertio retinetur.

TACITE, Histoires, liv. 5, § 6.

[2] Jordanis autem ripas alvei sui, tempore messis, impleverat.

BIBL., JOS., c. III, v. 16.

que ces deux Bédouins aperçurent l'Aga, ils se précipitèrent vers lui, pressèrent ses genoux, et baisèrent ses mains noires et nerveuses. Celui-ci laissa échapper de ses lèvres un dédaigneux sourire, et sans leur adresser une parole, il continua sa route.

Nous étions revenus de bonne heure à Jéricho; j'allai reprendre ma place dans la cour du gouverneur, près de la fontaine du Prophète; les habitants de Jéricho dirent à Élisée : « Le séjour « de cette ville est bon, ainsi que vous le voyez « vous-même, Seigneur; mais les eaux y sont « mauvaises, et la terre stérile. . . . . » Élisée vint à la source, y mit du sel, et dit: « Le Sei- « gneur a parlé ainsi : j'ai guéri ces eaux, et il « n'y aura plus en elles ni mort ni stérilité [1]. »

A l'heure où le repas du soir s'apprête, les jeunes Bédouines viennent faire la provision d'eau pour chaque famille; elles sont remarquables par une grande taille droite, et de beaux yeux noirs; leur teint est fortement basané; elles n'ont pour tout vêtement qu'une toile bleue;

---

[1] BIBLE, Livre des Rois, ch. II.

une large ceinture de cuir la serre autour de leurs reins; elles ne cachent point leurs visages comme les Turques et les Arméniennes. Elles couvrent leurs lèvres, leur menton et leur sein de festons bleus, qu'une décoction d'alcool imprime sur la chair et rend ineffaçables. Elles portent aux bras et aux jambes des anneaux de verre violet ou d'argent qui, une fois passés, ne se détachent plus, parce qu'elles adoptent cet ornement de bonne heure et grandissent avec lui. Ces jeunes filles avaient une démarche libre, et une contenance fière; elles répondaient volontiers aux agaceries arabes des soldats de mon escorte, les excitaient quelquefois, et quand les plaisanteries avaient cessé de part et d'autre et que leur cruche était remplie, elles s'aidaient mutuellement à en charger leurs épaules, et reprenaient toutes ensemble le chemin de leurs chaumières; elles ressemblaient de loin à des canéphores drapées.

Le soleil allait se coucher derrière les hautes montagnes de l'Arabie : les collines de Moab paraissaient à l'horizon sans arbres, sans village, sans culture. Les ondulations d'une couche de rochers jaunâtres marquent seules la limite où l'espace d'azur commence. Je profitai de la lumière qui restait encore après ce jour brûlant pour visiter *Rihhah*; c'est le nom moderne de Jéricho. Je vis une trentaine de cahutes bâties en terre, et séparées par des haies d'épines sèches. Ici point de ces nopals hérissés de dards redoutables; point de ces beaux arbres qui firent surnommer Jéricho *la ville des palmiers* (*civitas palmarum*)[1]. Quelques grands lévriers blancs paraissaient sur le toit des maisons, qui sont toutes très-basses, pour en défendre l'approche. Ces légers compagnons de l'Arabe exercés à la chasse de la gazelle, sont, après leurs juments, ce qu'ils aiment le mieux. Chaque Bédouin en a un; leurs femmes, plus nombreuses et non moins fidèles sans doute, ne tiennent que le troisième rang dans leurs affections.

Mes regards, en s'élevant, rencontrèrent à l'ouest le mont dit de la *Quarantaine*, où le Sauveur jeûna et rendit le désert témoin des premières austérités du christianisme. La montagne

---

[1] BIBLE, Deutér., ch. XXXIV, v. 3.

est aujourd'hui assez escarpée pour paraître inaccessible. J'avais à ma gauche, dans l'éloignement, le lieu que les Turcs nomment mal à propos *le tombeau de Moïse* ; ce qu'ils désignent ainsi est un tertre en face de la montagne *Nebo*, de l'autre côté du Jourdain. De là, au haut du sommet nommé *Phasgar* ; Moïse aperçut la terre promise avant de mourir. Devant moi, je voyais les débris d'un aqueduc qui portait une eau abondante à Jéricho, quand elle était ville populeuse : aujourd'hui la très-petite source qui traverse *Rihhah* suffit aux besoins de ses rares habitants.

La plaine de Jéricho était autrefois couverte d'arbres à fruits et de palmiers ; on y cultivait le balsamier dont Strabon fait une description assez semblable à celle du térébinthe et du cytise : on en retirait un suc précieux pour la médecine [1]. Plusieurs des arbustes qui croissent dans la plaine de Galgala concourent encore aujourd'hui à la confection du baume de Jérusalem,

---

[1] Balsamum, modica arbor ; humor in usu medentium est.

TACITE, loc. cit.

que nos religieux latins préparent eux-mêmes, et que l'on estime presque à l'égal de celui de la Mecque.

La plante assez rare dans ces campagnes, que l'on appelle *rose de Jéricho*, ne ressemble en rien à la reine des fleurs. C'est plutôt un petit chardon sans couleur ni parfum. Elle présente en sortant de terre un faisceau de fils hérissés et arrondis qui s'épanouit ou se ferme suivant les temps chauds ou pluvieux. Elle prédit ainsi la sérénité ou l'orage; les Arabes la consultent pour leurs alliances, leurs voyages, leurs amours; et de là vient sa célébrité.

Fatigué du bruit des chevaux qui m'entouraient pêle-mêle avec leurs cavaliers, je quittai la cour de l'Aga, et je transportai ma natte tressée de joncs du Jourdain en dehors de la porte, pour y jouir de quelques instants de repos. A peine m'y étais-je étendu, que deux de mes compagnons, inquiets, vinrent me prier de rentrer dans le château afin d'éviter les attaques des Bédouins qui, la nuit, se glissent de buisson en buisson jusque dans le village. J'essayai de faire comprendre à mes soldats qu'appuyé contre les murs du corps de garde, et à trois pas de la porte, je n'avais rien à craindre des Arabes du désert; et que si le danger existait réellement, il ne serait guère moindre dans l'intérieur de la cour. J'avoue que ces précautions me donnèrent une grande idée de la hardiesse et de l'habileté des brigands nomades, comme de la pusillanimité de mes défenseurs. Je ne quittai pas néanmoins ma natte, et je m'y recouchai.

Mes deux Turcs, n'ayant pu réussir à vaincre mon obstination fort déraisonnable peut-être, vinrent se placer auprès de moi pour me préserver de tout péril; rien n'égale le zèle de ces dévoués gardiens de l'étranger en Orient. Le voyageur qui s'est livré à leur conduite, ou qu'un chef a confié à leurs soins, devient à la fois leur maître, leur frère et leur ami. Un seul cheveu ne peut tomber de sa tête sacrée que lorsque tout le sang du fidèle garde du corps a cessé de couler.

A minuit, je réveillai moi-même mon escorte; nous fûmes bientôt à cheval, et à la lueur de la lune je repris la route de la veille. Je passai de nouveau les détroits et les collines de sable du désert *Adonim ;* ma caravane s'avançait silencieuse ; l'avant-garde interrogeait à droite et à gauche, les tertres, les grottes, les rochers ; et l'ombre trompeuse de quelques arbustes sur le bord de la route nous donna plus d'une alerte. Les premiers rayons du soleil m'atteignirent à Béthanie. Après vingt-six heures d'absence, je me retrouvai à Jérusalem, avant que les pères de Terre Sainte, faciles à s'alarmer pour leurs hôtes, eussent pu s'inquiéter de mon voyage.

Les courses lointaines que je m'étais prescrites dans les limites de mes loisirs étaient terminées ; il ne me restait que quelques excursions autour de Jérusalem ; de ce nombre, et avant toutes était Bethléem.

Je partis un peu avant le coucher du soleil par la porte *Bab-el-khalil ;* je passai le conduit des eaux qui viennent des citernes de Salomon ; et, laissant à gauche la colline du *mauvais Conseil,* où le pontife Anne forma le projet de se saisir du Sauveur, je fis ma première station au puits des mages ; c'est là qu'ils revirent *à leur grande joie,* l'étoile miraculeuse qui devait les guider jusqu'à l'humble crèche. Le monastère de

Saint-Élie, occupé par les Grecs, est situé dans la gorge que forment deux petites collines couvertes d'oliviers; ces bois offrent un ombrage agréable et une halte commode à cette moitié de la route. On montre dans le roc qui borde le chemin l'empreinte laissée par le corps d'Élie sur la pierre où il reposa, lorsque, fuyant la colère de Jésabel, il se dirigeait vers le désert. J'arrivai après quelques moments de marche à un champ où mon guide se mit à chercher de petits cailloux ronds comme des pois; il me les présenta, et y joignit un commentaire long et confus pour m'expliquer la tradition qui s'y rapporte. « Un « jour, disait-il, la vierge Marie passant par ces « campagnes rencontra quelques paysans qui re- « cueillaient des pois chiches. Elle leur demanda « ce qu'ils faisaient dans les champs; ceux-ci, « cherchant à la tromper, répondirent qu'ils ra- « massaient des pierres : mais à l'instant même, « les légumes se pétrifièrent dans leurs mains; et « on trouve encore en grand nombre les petits « pois qui subirent cette métamorphose. »

Je continuai ma route vers ce qu'on appelle le tombeau de Rachel; il est au bas de la colline qu'habitait Jacob, et dans une vallée mieux cultivée que le reste des alentours de Jérusalem. C'est bien là que Rachel, *son âme s'envolant, et la mort étant proche*, nomma l'enfant à qui elle donnait le jour, *le fils de sa douleur; puis elle fut ensevelie dans la voie qui conduit à Ephratam, qui est Bethléem* [1]; mais le monument qu'on voit aujourd'hui n'a rien qui puisse attester cette antique origine. C'est une mosquée turque, sous la garde d'un santon. Sur la colline opposée, se présente en amphithéâtre le village de Rama, témoin des inconsolables douleurs de cette Rachel, si chérie de Jacob, pour laquelle il servit sept ans, *ce qui lui parut peu de jours, tant était grand son amour pour elle* [2]. » J'allai rejoindre le chemin tracé qui mène à Bethléem, et je m'en écartai de nouveau pour visiter la citerne de David.

C'est un souterrain large et profond qui tient

---

[1] BIBLE, GENÈSE, ch. 35.

[2] Et videbantur illi pauci dies, præ amoris magnitudine.
GENÈSE, ch. XXIX.

à peu près tout le dessous de la colline; l'eau se conserve encore sous quelques-unes de ses voûtes.

« Les Philistins étaient campés dans la vallée « des Géants; et David était cerné dans la grotte « d'*Odollam*, par le poste des Philistins qui oc- « cupait Bethléem; le roi fut pris d'une violente « soif, et dit: *Oh! si quelqu'un me donnait à* « *boire de l'eau de la citerne qui est à Bethléem* « *auprès de la porte*. Aussitôt, trois vaillants « hommes passèrent au travers du camp des « Philistins, allèrent puiser de l'eau à la citerne « de Bethléem, et la rapportèrent au roi; mais « David ne voulut point en boire; et il l'offrit « au Seigneur, en disant: *Dieu me préserve* « *d'une telle chose! Boirais-je jamais le sang de* « *ces hommes, et ce qu'ils ont acheté au péril* « *de leur vie* [1]?»

Lucain raconte aussi de Caton qu'au milieu des brûlants déserts de l'Afrique, un soldat lui offrit un peu d'eau dans son casque.

---

[1] BIBL., Regum, lib. II, cap. XXIII, v. 15, 18.

CHAPITRE XV.

« Guerrier dégénéré, lui dit Caton, me crois-tu
« le seul de l'armée privé de courage? ai-je donc
« l'air si faible et si accablé des premières cha-
« leurs? n'es-tu pas plus digne qu'on te juge
« ainsi, toi qui bois seul quand toute la troupe
« a soif [1]?

> Il finit; et cette eau qu'il répand de courroux,
> Ne profite à personne, et leur suffit à tous [2].

Quelle distance entre la naïve narration de la Bible, et l'amplification du poëte romain! Toutes les antithèses, et la colère de Caton valent-elles la religieuse simplicité de David? Plutarque fait honneur à Alexandre poursuivant Darius dans

---

[1] . . . . Mene, inquit, degener, unum
Miles in hâc turbâ vacuum virtute putasti?
Usque adeò mollis, primisque caloribus impar
Sum visus? quanto pœna tu dignior istâ
Qui, populo sitiente, bibas! sic, concitus irâ
Excussit galeam, suffecitque omnibus unda.

LUCANUS, lib. IX, v. 510.

[2] BRÉBEUF, trad. de la Phars.

les solitudes de l'Asie, d'un trait à peu près pareil.

En revenant de la citerne, mon guide me montrait du doigt la grotte d'Odollam, au bout des vignes d'Engaddi. J'approchais de la patrie de David, et je traversais les champs où Ruth glanait au milieu des moissons de Booz. Bientôt, suivant la rue de Bethléem dans sa longueur, j'arrivai à une place publique qui précède le couvent latin. On se courbe pour passer la porte d'entrée des sanctuaires, tenue très-basse afin que les Arabes ne puissent y pénétrer à cheval; puis, on voit le péristyle, et la grande église, le plus beau monument d'architecture chrétienne qui soit en Palestine. Quarante-huit colonnes d'ordre corinthien soutiennent une large nef, et forment la première partie de l'édifice construit par la mère de Constantin. Ces colonnes d'un marbre blanc veiné de rouge, tel que le produisent les montagnes de la Judée, sont couvertes d'inscriptions latines, et de peintures grecques, où j'avoue que je ne pus voir autre chose que de très-imparfaites esquisses.

Je passai encore une porte, et je me trouvai

dans l'enceinte du couvent. Il était tard ; j'avais mis un peu plus de deux heures pour venir à pied de Jérusalem. Nos religieux m'accueillirent avec cette cordialité, et cet enjouement que j'ai trouvés dans toutes les communautés de terre sainte. Leur joie de voir un pèlerin catholique est vive et sincère. Persécutés chaque jour, constamment en butte aux outrages et aux injustices, ils conservent un maintien calme au milieu des douleurs, et racontent en riant les coups et les blessures dont ils portent les cicatrices. En les écoutant, je me souvenais des beaux vers de M. de Fontanes :

La voix des passions se tait sous leurs cilices,
Mais leurs austérités ne sont pas sans délices ;
Le Dieu qu'ils ont cherché ne les oublîra pas [1].

Le supérieur de Bethléem était Portugais : mais, pendant son long séjour en Palestine, il avait fait un tel mélange de son idiome maternel avec l'espagnol et l'italien, qu'il était souvent inintelligible même pour ses confrères les plus fa-

---

[1] FONTANES, Chartreuse.

miliarisés avec ce jargon. Il me conduisit au réfectoire, où, après une légère collation, une lecture et une méditation abrégées en ma faveur, commença une conversation douce et innocente; je me retirai bientôt; mon lit était dressé dans la plus belle cellule de ce monastère, qui est une véritable forteresse : et je m'endormis en pensant à mes hôtes, à cette vie qui leur semble si heureuse parce qu'ils ignorent le monde et ne connaissent que Dieu.

Le lendemain, au point du jour, je gagnai au travers de la plaine, la grotte des pasteurs; elle est éloignée de Bethléem d'une demi-lieue. Un champ d'oliviers couvre l'antre désert où l'ange annonça à de pauvres bergers la naissance du rejeton de David. Ce champ, antique propriété des pères de Terre Sainte, leur a été récemment enlevé par les intrigues des Grecs qu'un ordre du sultan Mahmoud a investis de cette possession. C'est surtout à Bethléem que s'exercent annuellement les usurpations des schismatiques: heureux encore nos religieux, s'ils ne perdaient dans ces luttes, que les lieux voués à notre vénération! Leurs adversaires savent leur porter de plus rudes atteintes; aidés de leur crédit, et de leur or, ils attaquent aussi les consciences, et amènent à leur schisme les âmes faibles, et les ménages pauvres. La population catholique de Bethléem a diminué sensiblement. Ce sont là pour nos zélés missionnaires les pertes amères et vraiment irréparables.

Je vis encore, en m'avançant vers les montagnes pierreuses d'Hébron plus loin que la grotte des Pasteurs, d'anciennes constructions qu'on attribue à Salomon, et dont l'architecture en effet est assez semblable à celle de la grande piscine à Jérusalem : on veut retrouver dans ces débris, *les piscines des eaux*, que le roi fit creuser, *pour arroser la forêt de ses arbres* [1]; et qu'il place lui-même au rang de tous ces grands travaux dont il reconnaît si humblement la vanité et le peu de durée.

A mon retour au couvent, je fus conduit aux sanctuaires; un escalier sombre et étroit m'a-

---

[1] Et exstruxi mihi piscinas aquarum, ut irrigarem sylvam lignorum germinantium.

ECCLÉSIASTE, ch. II, v. 6.

mena d'abord à la grotte de la Nativité : là, s'est accompli le plus touchant mystère de notre foi, et le plus grand événement de l'histoire.

HIC DE VIRGINE MARIA
JESUS CHRISTUS NATUS EST.

On lit ces mots si simples sur les murs de l'antique monument : la crèche et l'autel de l'Adoration des mages sont sous la même voûte; et cette voûte est éclairée par les lampes d'argent que les rois de France y envoyaient en hommage. J'admirai successivement les pieuses offrandes de Henri II, et de ses descendants, jusqu'à Louis XV. Là, les dons s'arrêtent; et à cette époque, la munificence des Bourbons envers la Terre Sainte eût été pour jamais interrompue, si la pieuse fille de ces rois n'en avait renoué la chaîne. La Dauphine de France a pensé à Bethléem; des lampes, des vases sacrés donnés par elle ornent la crèche sainte, comme les riches ornements qu'elle a fait déposer sur le saint tombeau ajoutent à l'éclat de nos cérémonies à Jérusalem.

Je suivis un corridor latéral, et je vis les monuments de sainte Paule et de sainte Eustochie, petites-filles de Scipion, puis le tombeau de saint Jérôme et l'étude où il composa sa traduction de la Bible. Cet endroit s'appelle, *l'École de Jérôme*; comme on dit l'École d'Homère à Scio, et l'École de Virgile à Naples. En remontant, on me montra l'autel et la tombe des saints innocents; *ces fleurs des martyrs, enlevées sur le seuil même de la vie, comme la tempête brise des roses naissantes* [1]. Tous ces sanctuaires appartiennent à une église souterraine, construite sous la grande église, à peu près comme la chapelle basse qu'on voit à Saint-Pierre de Rome repose sous le grand autel. En revenant dans la nef du temple, je visitai les chapelles grecques et arméniennes réunies sous la même voûte.

Ensuite, je montai sur le toit aplati du couvent. Presque partout en Palestine, ces terrasses, pratiquées pour distraire les reclus des monastères, jouissent d'un aspect étendu. A Bethléem, la vue est très-remarquable. On aperçoit à gau-

---

[1] *Ceu turbo nascentes rosas.*
Hymne du jour des Saints-Innocents.

che, les ruines de l'impie cité de Zorobabel; à droite, le mont des Français, dont le cône allongé se perd dans les nues; plus près, les vignes d'Engaddi, les collines et la vallée de Térébinthe, étalent leur verdure; et les hautes montagnes d'Hébron, du territoire de Moab, et de la mer Morte, élevant à l'horizon leurs cimes sauvages viennent clore ce vaste amphithéâtre.

On me fit voir aussi hors du couvent, la grotte de Notre-Dame du Lait, (*la madonna del Latte.*) La tradition rapporte que la vierge Marie, au moment de sa fuite en Égypte, ayant senti tarir son lait, inquiète pour la nourriture de son divin fils pendant le voyage, passa quelques heures en prières dans cette grotte, et le lait revint aussitôt. Cette chapelle est dévotement visitée par les jeunes mères de Bethléem.

L'heure de la prière avait sonné; je me rendis à l'église, où l'office du soir commença : je fus frappé de la pompe religieuse et du saint recueillement qui présidaient à ces cérémonies. Au-dessus de la voûte où naquit le Sauveur du monde, de pauvres Arabes, dont la voix sonore accoutumée aux cris du désert se plie difficilement aux chants de l'Église latine, imploraient la reine des anges; des femmes, des enfants aux voix douces et tendres répondaient en chœur, et les sons majestueux de l'orgue accompagnaient cette simple mélodie. Et moi aussi, je répétai ces invocations *à la Vierge fidèle, à la Rose mystérieuse, à l'Étoile du matin, à la Consolatrice des affligés.* Nobles et touchantes prières!

Je repris le chemin de Jérusalem. L'évêque grec, prévenu de mon passage, m'attendait au couvent de Saint-Élie, avec des sorbets et des parfums; je m'arrêtai pendant quelques moments auprès de lui sous les arbres voisins de la route; de beaux oliviers, taillés et cultivés soigneusement par les caloyers du monastère, ont remplacé le genevrier du désert, à l'ombre duquel le Prophète désira la mort : « J'en ai assez, « Seigneur, dit Élie; emportez mon âme : car, « je ne suis pas meilleur que mes pères [1]. » Mais Élie ne devait pas mourir.

---

[1] Sufficit mihi, Domine; tolle animam meam : neque enim melior sum quàm patres mei.

BIBLE, Livre des Rois, c. XIX, v. 5.

La nuit approchait : je hâtai mes pas, et je touchais la cité sainte à l'instant où le soldat arabe qui veille sur les remparts de Sion allait en fermer la porte.

CHAPITRE SEIZIÈME.

DERNIERS JOURS A JÉRUSALEM.

LE PÈRE MUÑOZ.

LETTRES

DE M. DE CHATEAUBRIAND.

(1820.)

—

*Si oblitus fuero tuî, Jerusalem,
oblivioni detur dextera mea.*

Psaume cxxxvi, v. 6.

Si je t'oublie jamais, ô Jérusalem, que ma main droite s'oublie elle-même.

J ÉRUSALEM contient environ seize mille âmes, de tout culte et de toute nation. Cophtes, Abyssins, Maronites, Géorgiens, Arméniens, Grecs,

Turcs, Juifs et catholiques. C'est comme au temps d'Aladin :

> Pero che dentro a una città commisto
> Popolo alberga di contraria fede :
> La debil parte e la minore in Cristo,
> La grande e forte in Macometto crede [1].

Les Juifs sont à peu près cinq mille. Ils ont des synagogues, des écoles, et ils attendent le Messie à quelques pas de sa tombe : ils aiment Jérusalem comme s'ils y régnaient encore, séduits par une ombre de patrie. De leur côté, les Musulmans, à qui le Coran ordonne de croire que Jésus-Christ *est un grand prophète*, en vénérant sa tombe, cherchent à habiter près d'elle. « Jésus, « dit le Coran, est le fils de Marie, l'envoyé du « Très-Haut, et son Verbe ; Dieu l'a fait descen- « dre dans Marie ; il est son souffle. » Et plus loin :

---

[1] La ville renferme pêle-mêle une population dont les croyances sont toutes opposées : la portion la plus faible et la moindre adore le Christ ; la plus forte et la plus nombreuse ne reconnaît que Mahomet.

Le Tasse, Jér. dél., c. 1, st. 85.

« Dieu a donné à Jésus l'Évangile, qui est le flam-
« beau de la foi [1]. »

Je reçus la visite des chefs des principales nations qui habitent Jérusalem ; les Arméniens m'envoyèrent d'abord un présent d'eau de rose ; puis ils vinrent me raconter tous leurs griefs contre les Grecs. Les Grecs, bientôt après, m'apportèrent des confitures de Damas, des colliers de fruits de Jéricho, et ne manquèrent pas de se plaindre des Arméniens. Les Juifs, à leur tour, me complimentèrent ; ils ne me donnèrent rien, mais ils m'offrirent de me prêter de l'argent. C'est là leur politesse habituelle : « Rien ne res-
« semble plus à un juif d'Asie qu'un juif européen, » a dit Montesquieu [2]. A Jérusalem comme partout ailleurs, ils sont banquiers, et prêtent à tous les chrétiens, sous de gros intérêts, les sommes nécessaires pour acheter des Turcs les prérogatives des sanctuaires.

L'Aga des janissaires de la ville, troupe très-peu nombreuse, vint aussi me proposer de por-

---

[1] Coran, chap. IV, dit la Table.
[2] Montesquieu, Lettres Persanes, lettre 60.

ter témoignage à la Sublime Porte, ou auprès du pacha de Damas, en faveur de nos religieux, lesquels me prièrent de décliner poliment ces attestations; ils savent par expérience qu'il faut les payer fort cher.

L'Arabe Abou-Gosh, qui, suivant sa promesse, était venu me rendre visite ce même jour, assistait à nos cérémonieux entretiens : accroupi près d'une pipe persane, il souriait malicieusement et peignait sa barbe noire pendant ces diverses conversations; puis, quand tous mes visiteurs furent partis : « Ces gens-là sont bien
« méprisables, me dit-il; ils prétendent qu'ils
« sont frères, et ils vivent comme des ennemis.
« Vous-mêmes vous n'êtes guère plus sages. Imi-
« tez au moins nos Arabes. J'adore Dieu autant
« qu'un autre, et à ma façon; mais je ne me bats
« avec aucun de mes frères parce qu'il l'adore
« autrement. Votre manie a gagné même nos
« Turcs à qui je croyais plus de bon sens. Ne
« viennent-ils pas de traverser les déserts pour
« punir des hommes qui ne prient pas Mahomet
« tout à fait comme eux? Ils sont fous, vraiment.
« Mais ces dissensions intestines des Européens

« sont vieilles; et je me rappelle qu'un jour,
« comme nous accompagnions à Jéricho des mil-
« liers de pèlerins, mon grand-père me dit :
« Quand tu verras tous ces frères chrétiens ado-
« rer Dieu de la même manière, tremble, mon
« fils, la fin du monde est proche. »

Abou-Gosh me reprocha de ne pas l'avoir averti de mon excursion à la mer Morte; il m'aurait accompagné lui-même; il avait donné l'ordre à toute sa tribu de ne m'inquiéter nullement dans mes voyages. Je fus très-surpris de ses attentions, et plus encore de son refus obstiné de toute récompense et de tout présent. J'attribuai cette conduite désintéressée au sauf-conduit que m'avait remis le pacha de Ptolémaïde, et surtout à l'influence de *Haïm-Fahri.*

J'avais porté aux Grecs des lettres d'introduction de la part du patriarche Grégoire de Constantinople et de leur chef direct, Polycarpe, patriarche de Jérusalem, lequel réside constamment au Fanal. J'avais vu fréquemment ces deux dignitaires; et le patriarche Grégoire, avec qui j'étais en relations directes, m'avait exprimé souvent combien il désirait une paix solide entre les Grecs et les Latins. Sur une plainte de l'évêque grec de Jérusalem, qui accusait nos prêtres d'avoir ajouté quelques tuyaux à leur orgue, Grégoire répondit : « Ajoutez quelques chantres « à vos cérémonies et la partie sera égale. » — L'union, la paix! me répétait-il dans tous nos entretiens; et je me souviens qu'un jour, y joignant une démonstration allégorique, il me prouva qu'il connaissait les apologues orientaux et savait en faire l'application. Il prit la canne que j'avais à la main pour me défendre des chiens hargneux des faubourgs. « Voyez-vous ce bois, « me dit-il; il est faible; joignez-en un autre à ce « premier, les voilà forts. S'ils restent ensemble, « ils se protégent mutuellement; s'ils se quittent, « ils s'affaiblissent; le ver se mettra entre eux et « les rongera. C'est ainsi que mille sectes impures « ont attaqué nos deux Églises depuis qu'elles « sont séparées : elles ne seront heureuses et « puissantes qu'en se réunissant. C'était à peu près le langage du vieillard de la Fontaine, mais moins poétique et peut-être moins sincère :

Vous voyez, reprit-il, l'effet de la concorde :
Soyez joints, mes enfants; que l'amour vous accorde [1]!

---

[1] La Fontaine, Fable XVIII, liv. 4.

Je trouvai, parmi les Grecs qui entourent l'évêque de Jérusalem, de jeunes prêtres et quelques laïques instruits de leur littérature. Ils sortaient des écoles de Scio et de Cydonie. Quelquefois ils essayaient d'argumenter contre nos droits à la possession des saints lieux ; ils me citaient des textes latins qu'ils ne comprenaient pas, et tous en notre faveur ; d'autres fois, ils parlaient du concile de Florence, semblaient regretter leur schisme, et appelaient de leurs vœux une réunion. Puis ils me parlaient de la politique, et me demandaient des nouvelles de leurs princes du Fanal, de la Valachie et de la Moldavie, seules provinces où ils eussent conservé une ombre de pouvoir. C'est dans une de ces conversations sur la situation de la Grèce qu'il m'échappa de leur dire : « Les troubles approchent, et l'orage n'est « pas loin. » Ces mots, qu'ils ne pouvaient deviner à Jérusalem, mais qu'ils eussent compris à Corinthe et à Yassi, furent transmis à Constantinople comme une menace énigmatique dont ils demandaient l'explication. Avant la réponse de Constantinople, la révolution grecque avait éclaté.

Le temps que j'avais prescrit à mon séjour à Jérusalem s'écoulait rapidement; je voulus encore visiter les lieux témoins de la *Passion*, mais, cette fois, dans l'ordre du récit de l'Évangile, que je feuilletais en marchant. Je traversai donc Jérusalem dans sa longueur; passant la grande piscine, la porte de *Sitti Mariam*, le lieu du martyre de saint Étienne, et, laissant à droite le sépulcre de la Vierge, j'arrivai dans la vallée de Josaphat; puis, m'élevant sur les flancs de la montagne, j'allai me placer au jardin de *Gethsémani*, où commence cette sublime histoire.

Quelques oliviers, vieux comme elle, couvrent encore de leurs troncs énormes ce lieu sacré. Ces arbres, qui se succèdent par des rejets nombreux et toujours respectés, portent une marque distinctive; ils sont vénérés des Turcs et exempts d'une partie de l'impôt. J'ajoute que la piété des pèlerins laisse rarement parvenir leurs fruits à maturité.

Ici, s'endormirent les disciples; là, Jésus-Christ pria, languit et s'affligea dans la grotte dite de l'*Agonie*, où sont dressés quelques autels; on montre la place du baiser de Judas et de l'arrestation de Notre-Seigneur. Toujours dans ce même jardin des Olives qui est un seul grand champ aujourd'hui, le cortége descendit la vallée de Josaphat, tandis que les fils de Zébédée se cachaient dans les grottes des tombeaux, lesquelles sont à droite sous la montagne qui fait face à Jérusalem. On traversa le lit pierreux du Cédron, et, montant la colline de Sion par un sentier tracé sur ses flancs entre le torrent et les nouveaux remparts de la ville, on parvint à la maison d'Anne qui est aujourd'hui un couvent arménien.

Je continuai sur la montagne mon pieux itinéraire, et, de la maison d'Anne pontife, je passai au palais de Caïphe son gendre prince des prêtres, lequel était situé un peu plus haut sur le sommet de Sion; puis, comme je descendais vers la ville et rentrais par la porte des Maugrebins, autrefois la porte *Sterquiline*, les hautes murailles de la mosquée qui a remplacé le temple de Salomon m'obligèrent à un long détour pour arriver au prétoire compris dans la nouvelle enceinte de la ville.

C'est encore là qu'habite le gouverneur, mais

ce n'est plus Rome qui l'envoie, c'est Constantinople; les mêmes portes qui conduisaient chez Pilate s'ouvrent aujourd'hui pour mener chez le Moutselim : ces murs qui virent Jésus-Christ, ont vu Titus, Cosroës, Omar, Saladin, des rois de France et d'Angleterre, des soudans d'Égypte, Godefroy, Lusignan, et Yacoub Mohammed-Aga, gouverneur actuel de Jérusalem la Sainte. O Providence!

La fenêtre de l'*Ecce Homo* domine encore ces ruines, et la voûte qui la supporte traverse la rue comme un pont. Le lieu de la flagellation est une grotte qu'on laisse à droite, en remontant la Voie Douloureuse; les tchaouch (soldats-gardes) du gouverneur y mettent leurs chevaux. La colonne à laquelle Jésus-Christ fut attaché pendant l'ignoble torture s'y trouvait autrefois; elle se conserve aujourd'hui dans l'intérieur de l'église du Saint-Sépulcre.

Je suivis, en quittant le prétoire, la rue nommée en arabe *Harat-el-allam*, Chemin de douleur. Elle est au centre de Jérusalem. Des signes tracés sur les murs, à diverses distances, indiquent les lieux où Notre-Seigneur tomba sous le faix de la croix, et une croix rouge marque l'endroit de la rencontre avec Simon le Cyrénéen. Plus loin, à un coude que fait la rue, la tradition qui se mêle partout aux récits de l'Évangile raconte que Marie aperçut son fils courbé sous le honteux fardeau et s'évanouit : sainte Hélène avait fait construire à ce même endroit une chapelle, qui n'a jamais été achevée, sous le nom de *Défaillance de la Vierge*. En face, est une chambre basse et obscure assez semblable à une prison : c'est la maison du pauvre Lazare; car la tradition veut encore que cette parabole soit le récit d'une histoire véritable. On voit, dans l'angle gauche de la rue qui se replie à cette hauteur, la maison du mauvais riche. C'est aujourd'hui une des plus belles de Jérusalem, toute vieille qu'elle soit en apparence. Elle est encore habitée par un juif opulent.

Plus haut, le Sauveur rencontra les filles de Jérusalem et leur adressa des paroles prophétiques. Puis viennent la maison de Sainte-Véronique et la porte Judiciaire; il n'y a plus alors que quelques pas jusqu'au lieu du supplice. Je me fis de nouveau ouvrir la porte de l'église du Saint-

Sépulcre, et là, sous la voûte, montant les dix-neuf degrés qui vont du sol au sommet du Golgotha, je me trouvai sur le Calvaire où tout fut consommé. Je redescendis ensuite auprès de la tombe, sublime dénoûment de cette histoire si simple et si touchante. Ainsi se termina ma sainte promenade où je n'avais eu pour guide que l'Évangile.

Je vis dans une matinée *les tombeaux des Juges* situés sur le chemin de Naplouse, et ceux *des Rois* plus rapprochés de Jérusalem. Les premiers, vastes souterrains creusés dans le roc, présentent une multitude de cellules et de niches où se plaçaient les cercueils destinés sans doute à bien d'autres familles qu'à celles des juges d'Israël. Les *tombeaux des Rois*, grandes catacombes pratiquées également sous les rochers à quelques pieds au-dessous du sol, offrent des vestiges d'une architecture plus riche, et des sarcophages ornés de festons de fleurs et de fruits d'une certaine élégance. Ces dernières sculptures me semblent se rattacher à l'époque de la domination romaine. La route de Naplouse qui conduit aussi à Damas est poudreuse, sans ombrage, sans végétation, et souvent infestée par les Arabes du désert. Naplouse, l'antique Samarie, est toujours une rivale pour la ville de Juda; ses habitants passent pour les plus sauvages et les plus indomptés de la Palestine.

Le même jour, je me renfermai dans l'église du Saint-Sépulcre avec le Gardien, qui, partant pour Malte, voulait aussi porter un dernier hommage à la grande tombe :

Il gran sepolcro adora, e scioglie il voto [1].

« Je pars avec une profonde douleur et de tris-
« tes pressentiments, me disait le bon évêque
« de la Palestine. Que deviendront nos saintes
« propriétés et nos pieuses prérogatives, quand
« nos frères d'Europe nous laissent sans force et
« sans secours en présence de nos turbulents en-
« nemis? On m'avait dit que le règne de l'impiété
« et de l'athéisme avait pris fin en France; que
« la foi s'était réveillée dans les cœurs; qu'on re-
« commençait à se découvrir le front et à fléchir
« le genou devant la croix! D'où vient donc qu'on

---

[1] Dernier vers de la *Jérusalem délivrée*.

« y oublie le saint tombeau? Votre pays ne nous
« a envoyé ni un prêtre, ni un souvenir...., et
« de si rares pèlerins!!! » Je restais muet à de si
justes plaintes, et je disais en moi-même :

Le Seigneur a détruit la reine des cités.
Les prêtres sont captifs, les rois sont rejetés :
Dieu ne veut plus qu'on vienne à ses solennités [1].

J'avais demandé la célébration d'un service funèbre pour le duc de Berri ; car j'avais annoncé à nos religieux sa mort douloureuse, et ils avaient pleuré avec moi le prince qui passa en faisant le bien et mourut en pardonnant. Cette auguste victime de nos révolutions me rappelait une stance du Tasse, toute prophétique, dont j'avais toujours été profondément frappé; c'est dans *la Jérusalem conquise*, ouvrage trop peu connu, que le poëte inspiré s'écrie :

« Cette France, aujourd'hui si embellie par
« l'art et la nature, un jour on la verra pâle dé-
« faite et voilée de deuil. Elle n'aura pas un tem-
« ple qui ne soit violé, pas une retraite que la

---

[1] RACINE, Athalie, acte III, sc. VII.

« fureur ne souille. La couronne sera veuve, sa
« richesse dissipée, le royaume triste et malade:
« enfin, le plus beau rejeton de l'arbre royal sera
« coupé, retranché, et la tige foudroyée [1]. »

Le 8 juillet avait été désigné pour nos prières et pour la lugubre cérémonie. Je devais être armé chevalier du Saint-Sépulcre après la messe, et je désirai, suivant l'antique usage, me soumettre à *la veille des armes*. Nos chants et l'office durèrent une partie de la soirée. Vers minuit, chaque religieux se retira dans son étroite cellule; je restai seul sous la grande voûte latérale du temple. Là, plongé dans une profonde rêverie, je portais mes pas incertains d'un pilier à l'autre; je repassais les âges et j'évoquais les âmes

---

[1] La Francia adorna or da natura ed arte,
Squallida un di vedrassi, e in manto negro,
Ne tempio illeso, o inviolata parte,
Ne loco da furor rimaso integro :
Vedova la corona, ovunque sparte
Le sue sostanze, e il regno afflitto ed egro :
Della stirpe Real reciso e Monco
Il più bel ramo, e fulminato il tronco.

LE TASSE, *Jérusalem conquise*, ch. III.

de tant d'illustres pèlerins, de tant de pieux guerriers. Le Calvaire était devant moi; j'allais m'agenouiller sur le marbre du crucifiement, et je revenais à mes méditations près de la tombe: enfin les prêtres arméniens et les cophtes entonnèrent leurs cantiques du matin.

Bientôt l'horloge sonna trois heures. Le jour s'annonçait; les apprêts du sacrifice commencèrent. Des crêpes funèbres couvrirent le sépulcre. Les pères de Terre Sainte, au nombre de trente, assistèrent à la cérémonie qui fut solennisée avec un profond recueillement. Pendant sa durée, un des Turcs gardiens de la première porte de l'église s'approcha de nous, et, surpris de ces chants inusités comme de notre tristesse, il en demanda la cause. « Le fils du roi de France est « mort, » lui répondis-je.— *Dieu seul est grand!* répliqua-t-il; et il s'éloigna.

Ce mot, *Dieu seul est grand!* (*Allah bouyouk dur*) que les Turcs répètent souvent dans leurs entretiens les plus familiers, me frappa sous la coupole du Saint-Sépulcre et retentit dans mon âme comme si j'eusse entendu Massillon le prononcer sur la tombe du grand Roi.

CHAPITRE XVI.

Après les lugubres invocations qui terminent la messe des morts, je fus conduit dans la chapelle de sainte Marie-Madeleine; mon cœur se souvenait que ce dernier nom est le nom de ma mère. Celui qui allait être armé chevalier resta seul avec le prêtre, gardien de la Terre Sainte :

> E quel prima in se stesso,
> Pianse i superbi sdegni, e i folli amori;
> Poi, chinato a suoi piè, mesto, e dimesso
> Tutti scoprigli i giovenili errori [1].

Bientôt on apporta le glaive, les éperons et les gants de Godefroy de Bouillon, fondateur de l'ordre, qui fut le roi des preux conquérants de Jérusalem; les portes se fermèrent; la cérémonie fut imposante, et finit par la lecture des statuts qui indiquent aux chevaliers leurs devoirs et leurs prérogatives.

Le lendemain, veille de mon départ, je m'é-

---

[1] Recueilli en lui-même, Renaud pleura d'abord son vain orgueil, et ses folles amours; puis, agenouillé aux pieds du solitaire, triste et soumis, il lui dévoila toutes les erreurs de sa jeunesse.

Le Tasse, Jérusalem, ch. XVIII, st. 9.

chappai seul du couvent; je descendis rapidement la Voie Douloureuse; j'allai cueillir sur les vieux oliviers de *Gethsémani* quelques fruits et quelques feuilles; puis, traversant le chemin de Béthanie, je vins m'asseoir sous l'ombre d'un térébinthe, en face de Jérusalem. Là je voulus lire en entier les Lamentations de Jérémie, et mes yeux ne quittaient le livre saint que pour se porter sur les murailles du temple, le dôme du Saint-Sépulcre, la colline lointaine de Sion et ses cyprès, le Cédron desséché, et la vallée de Josaphat triste et inhabitée.

Devant ce saint amphithéâtre je lisais ceci :

« Toute la beauté de la fille de Sion s'est éva« nouie, ses princes sont devenus comme des « troupeaux sans pâturages. . . . . . Sion a « tendu les mains, et il ne s'est trouvé personne « pour la consoler. . . . . Le Seigneur m'a « remplie d'amertume et m'a enivrée d'absin« the. . . . . Et cependant le Seigneur est « bon à ceux qui espèrent en lui, il est bon à « l'âme qui le cherche. . . . . Mais il a ré« pandu sa colère et son indignation, et il a al« lumé dans Sion un feu qui l'a dévorée jusqu'aux

« fondements. . . . . A cause des péchés de
« ses prophètes, et des iniquités de ses prêtres
« qui ont versé au milieu de la ville le sang des
« justes. . . Seigneur, voyez notre opprobre; des
« esclaves sont devenus nos maîtres; notre héri-
« tage et nos maisons ont passé aux mains étran-
« gères : la joie de notre cœur est éteinte. . .
« Nos chants ne sont plus que des chants de
« deuil. La montagne de Sion a péri. . . . .
« Vous seul, Seigneur, demeurerez éternellement,
« et votre trône dominera les générations. »

Lorsque, mêlant aux occupations ordinaires de la vie quelques pensées sérieuses, on lit dans le silence de la retraite, et comme pour s'accoutumer aux douleurs, ces sublimes lamentations, on s'émeut et on s'attendrit à de si grandes infortunes. Mais lorsque, méditant sur les saintes montagnes, on voit de ses yeux l'accomplissement de ces terribles prophéties; quand Jérusalem est là, ensevelie tout entière sous la malédiction de Dieu, et gémissant encore au milieu de sa poussière; alors on n'a pas assez de toute son âme pour adorer la puissance divine, et pour s'humilier devant l'Éternel.

Après avoir dit adieu à tous ces monuments sacrés que je ne dois plus revoir, je remontai le vallon, et je passai près de la grotte de Jérémie, comme pour soupirer encore une fois avec le prophète ; puis je rentrai par la porte de Damas, et je traversai le quartier juif; enfin je regagnai le couvent, tout triste d'avoir achevé ma dernière promenade.

Le conseil des pères de Terre Sainte s'était réuni plusieurs fois pendant mon séjour à Jérusalem ; dans sa dernière séance il rédigea une lettre pour le roi de France, que le Gardien me remit ouverte en me priant de la rendre moi-même aux mains de Sa Majesté : cette lettre était écrite en italien.

Les pauvres religieux disaient au roi toute leur douleur à la nouvelle de la mort du duc de Berri; *leurs yeux accoutumés aux larmes en avaient versé abondamment sur sa fin prématurée.* Ils demandaient protection pour leurs sanctuaires envahis, secours contre les persécuteurs. « Bientôt, disaient-ils, chassés du saint
« tombeau qui fut confié à notre garde; trop
« faibles et trop pauvres pour résister à tant d'ou-

« trages et d'injustices; jetant un dernier regard
« sur l'infortunée Jérusalem, nous nous verrons
« contraints de repasser en Europe, et d'y porter
« nos larmes et nos regrets. Que le fils aîné de
« l'Église nous préserve de ce cruel chagrin!
« puissent enfin les pères de Terre Sainte, dans
« le coin du monde où ils traînent leur pénible
« existence, participer aux bienfaits que le roi
« très-chrétien répand sur ses sujets! »

Dès mon retour à Paris, je remis fidèlement cette lettre à Louis XVIII. Le roi en fut touché. « Je plains sincèrement leurs malheurs, me dit-
« il, mais quels remèdes? — De l'argent et des
« prêtres, sire. — Ah! des prêtres. Ce ne serait
« pas impraticable; mais de l'argent; vous le sa-
« vez, je ne puis disposer que du mien. Je don-
« nerai tout ce que je pourrai; et ce sera de bien
« bon cœur. »

Un des derniers jours que j'ai passés à Jérusalem, je me promenais, comme j'en avais l'habitude, sur la terrasse du couvent de Saint-Sauveur. C'était le soir. Mes regards se reposaient sur les montagnes nues et rougeâtres qui environnent la mer Morte, et sur les vapeurs lourdes et livides que l'approche de la nuit dégage lentement de son sein. Un religieux que je n'avais pas encore vu dans la communauté, s'approcha de moi, et me tirant par mon habit : « Monsieur, « me dit-il en espagnol, pardonnez si j'interromps « vos réflexions ; je vous cherche depuis long- « temps, et je n'ai réussi que ce soir à vous ren- « contrer. Je voulais vous demander si vous « saviez quelques nouvelles d'un de vos compa- « triotes nommé Châteaubriand. » — « Mais oui, mon père, répondis-je en souriant, ce nom est assez connu. » — « Celui qui le porte, continua-t-il, est « mon ami. » — « Et comment vous nommez-vous, mon père ? » dis-je à mon tour. — « Ah ! monsieur, « je suis le plus méprisable des religieux, et mon « nom ne vaut pas qu'on le prononce. Mais M. de « Châteaubriand, que fait-il ? est-il honoré et « puissant ? » — « Il vit loin de la cour, mon père. » — « Oh ! je l'en félicite ; c'est par un chemin d'é- « pines qu'on arrive au royaume d'en haut. Mais, « Monsieur, si vous ne dédaignez pas la cellule d'un « pauvre solitaire, faites-vous conduire demain à « celle du père Muñoz qui aura grand plaisir à « vous recevoir. » — « Quoi ? c'est vous, repris-je

avec joie, au cœur *limpido e bianco* [1]. — « Oui,
« c'est moi, dit-il, et je n'ai pas changé. Mais
« l'heure de la prière approche; à demain. »

Je fus fidèle au rendez-vous : le père Muñoz
me reçut dans une cellule étroite et obscure.
Nous nous assîmes sur un banc, auprès d'une
lucarne grillée. Il n'y avait ni chaise ni table,
mais un prie-Dieu comme ceux des églises d'Italie. A côté de son lit étaient deux tableaux représentant deux têtes de morts peintes en blanc
sur une toile noire. « Voilà, me dit-il, en me les
« montrant et en souriant de ma surprise, voilà
« tout l'ornement de ma chambre. L'une de ces
« tristes images est le miroir où je me contemple
« tous les jours, non pas tout à fait encore tel
« que je suis, mais tel que je vais être; et l'autre,
« le croiriez-vous? est le portrait de la plus jolie
« femme de l'Andalousie, tracé quarante jours
« après un bal où elle effaçait toutes ses compa-
« gnes. » Je frissonnais malgré moi, il s'en aperçut : « Vous frémissez; ah! croyez-moi, accou-
« tumez-vous à ce spectacle; il fait mépriser ce

---

[1] Voyez l'*Itinéraire* de M. de Châteaubriand.

« monde et aimer l'autre. . . . . . . Mais j'a-
« buse de votre temps. Venons au fait. . . . .
« Je vais bientôt mourir, et déjà je ne puis plus
« écrire; ma main, docile à ma volonté pendant
« soixante et treize ans, me refuse aujourd'hui
« son service; je souffre d'inexprimables douleurs,
« et peut-être avant votre départ de Jérusalem,
« vous verrez mes funérailles. . . . . »
En achevant ces mots, le père s'appuya contre
le mur, comme épuisé de l'effort qu'il venait de
faire en me parlant; et, après quelques instants
de silence, il continua : « Dites à M. de Château-
« briand que je meurs dans la joie de mon âme.
« Jérusalem est ma résidence chérie; et quelle
« douceur de quitter la vie aux mêmes lieux où
« mourut pour nous le Sauveur du monde! . . . .
« M. de Châteaubriand n'entendra plus parler
« du père Muñoz, mais dites-lui que son souvenir
« m'a suivi jusqu'à l'agonie. » Le père me remit
alors la dernière lettre qu'il avait eue de son illustre ami. « Ce sera toute ma réponse, dit-il;
« M. de Châteaubriand apprendra ainsi à la fois
« que je l'ai reçue et que je n'existe plus. » Puis
il me pria d'accepter un chapelet qu'il avait fait

CHAPITRE XVI.

lui-même avec les olives de Gethsémani, et qui lui servait depuis vingt ans. « Je n'ai plus long-« temps à le dire, ajouta-t-il. Adieu, monsieur, « adieu; c'est trop laisser sous vos yeux le spec-« tacle d'un pauvre moine expirant. . . . . . « Quittez-moi, et puisse votre mort être aussi « heureuse que la mienne ! »

Je me retirai tout ému; quelques confrères du père Muñoz vinrent lui porter des secours; il n'avait pas besoin de consolations.

Je partis deux jours après cet entretien; le père Muñoz n'avait pas encore quitté ce monde pour la vraie patrie. Une lettre que je reçus à mon arrivée à Smyrne, m'apprit la fin de ce religieux qui avait vu s'écouler quarante ans de sa vie dans les murs de Jérusalem, et qui s'estimait si heureux d'y mourir.

Voici la lettre de M. le vicomte de Châteaubriand au révérend père Muñoz, à Jérusalem.

« Paris, ce 13 septembre 1818.

« J'espère, mon révérend père, que vous vous

souvenez encore d'un pèlerin auquel vous avez donné si généreusement l'hospitalité. Pour moi je conserverai un éternel souvenir du bon accueil que m'ont fait les vénérables pères de Terre Sainte. J'ai appris par M. le comte de Forbin tous vos malheurs, et les nouvelles persécutions que vous éprouvez. Vous êtes, mon révérend père, accoutumés au martyre; et Dieu vous fera à la fin triompher de vos ennemis.

« Le voyageur qui vous remettra cette lettre est M. Rae Wilson, gentilhomme anglais qui va visiter les saints lieux; il a rendu dans son pays de grands services aux catholiques : je sais d'avance que vous voudrez bien être pour lui comme vous avez été pour moi. Votre charité s'étend à tous les hommes.

« Veuillez, mon révérend père, me rappeler au souvenir de tous les religieux que j'ai eu le bonheur de voir à Jaffa ou à Jérusalem, et croire que je serai heureux quand j'aurai pu reconnaître toutes vos bontés. Si jamais vous veniez en France, j'espère qu'aucun de vous ne chercherait une autre maison que la mienne.

« Je suis, avec un cœur *limpido e bianco*, mon

très-révérend père, votre très-humble, très-obéissant, et très-affectionné serviteur,

« Le vicomte DE CHATEAUBRIAND,

« Pair de France, chevalier du Saint-Sépulcre.

Peu de jours après mon arrivée à Paris, fidèle exécuteur des derniers vœux du père Muñoz, j'envoyai à M. de Châteaubriand la lettre autographe que lui restituait ce religieux, après l'avoir gardée aussi longtemps que la vie; j'y joignis le récit qu'on vient de lire. M. de Châteaubriand me répondit ainsi.

« Paris, ce 13 décembre 1820.

« Vous m'avez écrit une lettre charmante, Monsieur, et vous étiez bien digne de visiter la terre des miracles. L'extrait de votre journal me donne un grand désir de connaître le reste; malheureusement je suis obligé de reprendre le bâton du voyageur; je vais à Berlin, et les embarras de mon départ ne me laissent pas un moment à moi.

« Gardez soigneusement, Monsieur, l'héritage du bon père Muñoz, un cœur *limpido e bianco* ; ce cœur-là est de votre âge ; et vous avez vu par l'exemple de notre vieil hôte de Jérusalem, que la religion peut le conserver tel, au milieu de toutes les peines et dans l'âge le plus avancé de la vie.

« Pardonnez, Monsieur ; je vous écris ces deux mots à la hâte, et ayant à peine le temps de me dire votre très-humble et bien dévoué serviteur,

« Chateaubriand. »

J'ai cent lettres de la main de M. de Châteaubriand, graves et précises comme il savait les écrire quand il dirigeait d'un bras ferme et expérimenté le timon de l'État : elles reposent dans mes archives de diplomate, à côté de mon portefeuille de voyageur : et aucune, quand je les relis, ne m'émeut autant que celle-ci, la première. Les hautes questions politiques qui s'agitaient dans notre correspondance n'appartiennent plus qu'à des temps oubliés ; mais la lettre à l'occasion du père Muñoz touche au plus précieux souvenir de ma jeunesse.

CHAPITRE DIX-SEPTIÈME.

DES COUVENTS

DE LA TERRE SAINTE.

LEUR CONSTITUTION.

POSSESSIONS ET PRÉROGATIVES

DES CATHOLIQUES PROTÉGÉS

PAR LA FRANCE.

(1820.)

Μὴ τοῦτο βλέψῃς, εἰ νεώτερος λέγω,
Ἀλλ' εἰ φρονοῦντος τοὺς λόγους ἀνδρὸς ἐρῶ.

MÉNANDRE, Fragments.

Ne considérez pas si je suis jeune, mais bien, si je parle en homme sensé.

Tout est dit sur Jérusalem; tant d'historiens et de voyageurs ont parlé de ses révolutions et de ses misères! Une seule chose peut-être n'a pas été assez expliquée, puisqu'on connaît si peu en

France nos droits à la possession des saints lieux, et la situation des religieux commis à leur garde. Je voudrais, en retraçant ces droits, faire partager le profond intérêt et l'admiration que m'inspiraient le courage et les malheurs de nos prêtres à Jérusalem. Y a-t-il, en effet, rien de plus touchant que le spectacle de ces hommes pieux et fidèles au sein des sectes et de l'idolâtrie, exposés à des insultes journalières, veillant auprès d'une tombe en ruine, et priant sans cesse pour leurs frères qui les oublient?

La *Terre Sainte*, en langage de pèlerin, signifie tout le pays que Notre-Seigneur sanctifia de sa présence. Les *Saints Lieux* sont les endroits où il opéra ses miracles; et les *Sanctuaires* sont les églises ou les couvents établis sur les saints lieux.

Ces sanctuaires, fondés par sainte Hélène et Constantin le Grand, furent détruits l'an 614 de notre ère, par les ordres de Cosroës roi de Perse; l'empereur Héraclius les releva, et, huit ans après, ils passèrent sous la domination du kalife Omar, lequel en assura l'accès à la vénération des chrétiens. Renversés encore par Amurat prince de Babylone, ils furent rétablis de nouveau, en 1009, par sa mère qui fut une chrétienne nommée Marie.

Guy de Lusignan, vaincu par Saladin, fit admettre dans sa capitulation que les chrétiens restant à Jérusalem ne seraient nullement inquiétés dans l'exercice de leur culte.

En 1342, le roi de Sicile Robert, et la reine Sancha son épouse, achetèrent du soudan d'Égypte les sanctuaires de la Palestine et les placèrent sous la garde des religieux de Saint-François.

En 1517, la Terre Sainte devint, ainsi que la Syrie, une des conquêtes de Sélim ; et le traité conclu entre son successeur Soliman et François Ier mit sous la protection de la couronne de France les saints lieux et les religieux gardiens, ceux-ci devant payer annuellement et à perpétuité une redevance de quatorze bourses ou sept mille piastres turques en guise de tribut.

Deux cents ans s'écoulèrent paisiblement sous la foi de ces traités. Les premières usurpations des Grecs datent seulement de 1757. Ce n'est pas que dans les siècles précédents on n'ait à remarquer des tentatives d'empiétements de la part des schismatiques et des traces de discorde entre eux et les Latins; mais, jusqu'alors, nos droits de possession et de garde n'avaient souffert aucune lésion réelle, et, malgré les firmans obtenus par les chrétiens dissidents, les sanctuaires restaient toujours et sans partage confiés à nos religieux. Il faut noter même que, durant les soixante et dix années qui précédèrent le firman de 1757, toute intrigue semblait interrompue et la paix sérieusement établie.

Cependant en 1756, des pèlerins grecs ayant pillé le couvent catholique de Jaffa, cette escarmouche annonça une attaque générale. En effet, peu de jours après, à Jérusalem, les schismatiques assaillirent les religieux et les catholiques renfermés dans l'église du Saint-Sépulcre, brisèrent leurs lampes, dispersèrent leurs ornements. Puis, armés de procès-verbaux (*Ilam*) achetés à grands frais, ils se déclarèrent insultés eux-mêmes et ils se plaignirent au divan impérial de la prétendue irruption des Latins. Enfin, trouvant le grand-vizir *Ragib* favorable à leurs vœux, ils levèrent le masque et présentèrent une requête tendant à déposséder entièrement les prêtres francs des lieux saints.

La Porte eut l'air de prêter une attention sérieuse à cette demande comme aux instances contradictoires de l'ambassadeur de France; et, après des conférences et des examens sans résultat; après avoir cité de part et d'autre des firmans nés des volontés changeantes et capricieuses des sultans; loin de s'attacher à ces traités d'un caractère strictement obligatoire par lesquels deux États se lient de nœuds immuables et stipulent entre eux d'irrévocables concessions; le grand-vizir fit paraître le *Hatti schérif* (décret impérial) de 1757, qui porta ainsi la première et la plus vive atteinte à nos priviléges. Cette ordonnance chassait les Latins de l'église de la Vierge, de la grande église de Bethléem, et mettait sous la garde et sous la protection spéciale des Grecs le Saint-Sépulcre et plusieurs autres sanctuaires.

Les protestations des ambassadeurs français contre cette spoliation, fréquemment renouvelées dans la suite, furent toujours sans succès. Chaque année, depuis cette époque, a vu la France perdre quelques-unes de ses saintes prérogatives ; et des firmans arrachés de temps à autre à l'impartialité de quelques sultans, en conférant aux Latins de moindres priviléges, n'ont pu contrebalancer le crédit de leurs opiniâtres adversaires.

En 1808, l'incendie du Saint-Sépulcre fut pour les schismatiques un prétexte à faire valoir des prétentions nouvelles. Ils obtinrent de la Sublime Porte le droit de rebâtir la coupole ; et ce droit, les Latins ne pouvaient le leur disputer puisque les ressources des couvents étaient alors totalement épuisées. Les Grecs reconstruisirent ainsi le dôme du Saint-Sépulcre que les flammes avaient consumé en entier, et s'autorisèrent de ce fait pour réclamer de nombreuses prérogatives. Leur architecte se fit alors une maligne joie de détruire les tombeaux de Godefroy, de Baudouin, et des rois de Jérusalem conservés sous une voûte latérale du temple ; il en dispersa les débris et les fit entrer dans les constructions de la nouvelle coupole.

Et cependant, pour combattre l'influence grecque et conserver encore des droits sur quelques sanctuaires, il fallait de l'or et beaucoup d'or. Que pouvaient les religieux latins? Les nations de l'Europe, épuisées par les guerres qui désolaient le monde, n'envoyaient plus aucun secours à la Terre Sainte. Les Franciscains pensèrent d'abord à vendre les vases sacrés de leurs couvents; mais on leur offrait si peu d'argent de ces pieuses offrandes de tant de rois, qu'ils se décidèrent enfin à accepter préférablement les plus dures conditions : et telle est l'origine des dettes énormes qui pèsent aujourd'hui sur leurs finances. D'un autre côté, les Grecs n'étaient pas leurs seuls antagonistes. Les Arméniens, plus riches encore mais d'une influence moins efficace, avaient acquis, des autorités turques, à diverses époques, la faculté illégale de partager notre jouissance de quelques sanctuaires et de nous éloigner de plusieurs autres. Souvent ces deux sectes se disputent entre elles une prérogative et luttent ensemble de crédit et d'argent; mais, quelquefois aussi, sujets communs de la Sublime Porte, ils réunissent leurs efforts contre les prêtres étrangers, et rien alors ne leur résiste.

Cette somme de sept mille piastres turques, exigée par les traités de François Ier avec Soliman, a donc disparu sous les énormes contributions qui accablent les Latins. Des taxes de tout genre leur sont arbitrairement imposées. Des Turcs, même sans autorité, réclament sur les plus injustes motifs des redevances ou des présents qu'on n'ose leur refuser pour n'avoir pas à comparaître devant un tribunal vendu; car la vénalité la plus déhontée règne à Jérusalem. La jouissance des autels, le droit de les orner, la faveur d'y prier ou même de les voir, tout est à l'enchère et se vend à un culte à l'exclusion des autres, ou bien à plusieurs à la fois. Les Musulmans de nos jours sont loin d'avoir les vertus et la stricte probité de leurs ancêtres : les esprits incrédules se multiplient dans le sein de l'islamisme; de nombreux philosophes, sans reconnaître une religion plus vraie, secouent le joug du Coran. L'indifférence amène insensiblement à l'athéisme. De là, l'oubli de tous les préceptes de la morale; la tyrannie et l'avarice des pachas éloignés de la capitale n'ont plus de frein, depuis que, rebelles au sultan fils de Mahomet et chef de leur culte, ils négligent le code de leurs devoirs civils et religieux.

En terminant ce petit exposé historique, j'avais d'abord voulu renvoyer dans une note le tableau synoptique des possessions et des priviléges que des transactions publiques avec la Sublime Porte garantissent en Palestine à la nation française : mais ce tableau m'a paru ensuite appartenir de trop près au sujet que j'essayais de traiter pour ne pas figurer dans le texte; et ces détails, minutieux ou arides pour quelques esprits, peuvent présenter un certain intérêt à d'autres. Je me suis donc déterminé à les placer ici en y joignant des observations qui retracent les empiétements des schismatiques. Voici cette espèce d'inventaire [1].

---

[1] Pour mieux comprendre la première partie de ce tableau, on peut consulter le plan de l'église du Saint-Sépulcre inséré dans le *Voyage au Levant.* de M. le comte de Forbin.

OBSERVATIONS.

3° Les Grecs, depuis la reconstruction de 1808, prétendent posséder la moitié du sépulcre que leur accorde un firman émané en 1818.

5°. Dans la galerie supérieure, il y a dix-sept arcades; les catholiques en possèdent onze, et les Arméniens six. Un mur grossier, élevé par ces derniers, sépare les deux propriétés.

POSSESSIONS ET PRÉROGATIVES

DES FRANÇAIS.

§ I. DANS LA VILLE DE JÉRUSALEM.

1° L'église du Saint-Sépulcre.

2° Le monastère de *Deïrul-Amoud*, ou Saint-Sauveur, ses attenances et dépendances.

3° Le sépulcre de Notre-Seigneur Jésus-Christ qui est dans le milieu de l'église du même nom.

4° La grande et la petite coupoles garnies de plomb qui le couvrent.

5° Les voûtes et les colonnes qui sont à l'entour, jusqu'aux grilles de fer mises pour marquer la ligne où commence l'église des Grecs.

6° Les galeries et les habitations des religieux latins sur lesdites voûtes et colonnes.

7° 8° 9° Ces trois objets brûlés en 1808, n'ont pas été rétablis depuis.

11° Quatre de ces arcades ont été usurpées par les Grecs.

15° Cette grotte, qui s'appelle aussi *la chapelle de Sainte-Hélène*, est presque toujours envahie par les Grecs, et ne nous appartient plus que nominalement.

7° La grande voûte placée au-dessus desdites grilles de fer.

8° La chambre qui est au bout de la muraille de la susdite grande voûte.

9° Les chandeliers placés par Sa Majesté le roi de France sous cette même grande voûte.

10° *La pierre* dite *de Sainte Marie-Madeleine*, et toute la place depuis le degré de la sacristie des religieux francs, jusqu'aux degrés de la porte de la citerne; et depuis le dessous des colonnes, jusqu'aux degrés de la chapelle catholique.

11° La partie supérieure des sept arcades nommées *les Arcs de Sainte Marie*.

12° La partie inférieure desdits arcs.

13° Le petit autel qui est au-dessous desdits arcs.

14° Toute la place depuis *la Pierre de Sainte Marie-Madeleine*, jusqu'à la grande porte qui est à côté de la porte de la chapelle des Grecs; et depuis la muraille de ladite chapelle, jusqu'à celle des saints lieux.

15° La partie inférieure de la grotte de l'*Invention de la Sainte Croix*.

19° Cette chaise n'existe plus.

20° La pierre de l'onction est devenue commune aux Latins et aux Grecs.

23° 24° Ces deux sanctuaires ont été usurpés par les Grecs en 1757.

16° La moitié du mont Calvaire, dit *du Crucifiement*.

17° Les quatre voûtes du mont Calvaire.

18° Ses deux autels.

19° La chaise d'appui en marbre.

20° La pierre de l'onction.

21° Toute la place depuis les degrés du mont Calvaire, jusqu'au-dessous de l'arc possédé par les Arméniens, et depuis la muraille de la chapelle des Grecs, jusqu'au degré de la porte du temple du Saint-Sépulcre.

22° La chapelle dite le *Calvaire extérieur*, placée sur la hauteur du temple où l'on monte par des degrés.

§ II. HORS DE LA VILLE DE JÉRUSALEM.

DANS LA VALLÉE DE JOSAPHAT.

23° Une grotte qui sert d'église, où est le sépulcre de la Sainte Vierge Marie.

24° Les deux chapelles de Saint-Joachim, de Sainte-Anne, de Saint-Joseph, et une chambre.

27° Nous n'avons plus qu'un tiers du couvent de Bethléem; le reste est arménien ou grec.

31° La grande église de Bethléem a été usurpée par les Grecs en 1757 : puis, les Arméniens ont enlevé aux Grecs le chœur de cette église. Les Latins y avaient conservé une porte et le droit de procession journalière; les Arméniens ont muré cette porte le 25 avril 1819; et la procession a cessé.

33° Le premier de ces autels a été usurpé par les Grecs et par les Arméniens.

35° Les Grecs se sont emparés, en 1757, de l'un de ces deux jardins.

25° La grotte qui est à côté de la première grotte susdite, au-dessus et à l'entour des jardins.

26° Le champ où sont les tombeaux des religieux francs, et des individus de leurs nations.

§ III. DANS LE VILLAGE DE BETHLÉEM.

27° Le couvent de Bethléem.

28° Ses jardins.

29° L'église de Sainte-Catherine.

30° La grotte de Saint-Jérôme; les autels de Sainte-Paule, Sainte-Eustochie, Saint-Joseph, et des Innocents.

31° L'église nommée *la grande Église de Bethléem.*

32° Le dedans de la grotte où est la crèche de la nativité de Notre-Seigneur Jésus-Christ.

33° Dans la même grotte, les deux autels de *la Nativité,* et de *l'Adoration des rois-mages.*

34° La crèche.

35° Les deux jardins appartenant à la susdite crèche.

36° 37° 38° Ces trois objets ont été pareillement usurpés par les Grecs en 1757.

40° Les Grecs se sont mis en possession de ce grand jardin, il y a peu d'années.

41° 42° 43° Ces trois propriétés ont été données aux Grecs, par un firman daté du mois d'octobre 1819, et mis à exécution dans le mois de mars 1820.

36° La place nommée *des Colonnes*, et le corridor de la grande église, dite aussi *église des Colonnes*.

37° La chambre appelée *le Moulin vieux* dans le corridor de ladite église.

38° La continuation dudit corridor jusqu'à la porte par où l'on sort dans la rue.

39° La ruine nommée *Bed-el-Sultan*.

40° Le grand jardin qui sert de cimetière aux religieux francs, et aux personnes de leurs nations.

41° Le champ dans lequel est *la grotte des Pasteurs*.

42° La muraille appelée *Muraille romaine*.

43° La citerne, et le bois d'oliviers dits *de Bethléem*.

---

§ IV. DANS LE VILLAGE DE SAINT-JEAN.

44° Le couvent dit *de Saint-Jean*.

45° L'église dite *de la Naissance de Saint-Jean*.

46° Les deux jardins du couvent.

47° Nos possessions n'ont souffert aucune atteinte dans la ville de Juda, qui est aussi le village de Saint-Jean.

48° 53° Il est à remarquer que toutes nos possessions, en Palestine et en Syrie, ont été respectées jusqu'ici. Tous ces couvents et leurs dépendances nous appartiennent sans contestation. C'est à Jérusalem et à Bethléem seulement que nos droits sont usurpés, nos jouissances interrompues, et nos propriétés violées.

1° Les Turcs, jaloux de ce privilége, se sont emparés des clefs du Saint-Sépulcre à Jérusalem, et les retiennent seuls. A Bethléem, l'accès de l'autel de la crèche est permis à tous.

47° La ruine dite *de la Visitation de Sainte Élisabeth*, dans la montagne peu éloignée, et vis-à-vis le couvent de Saint-Jean.

§ V. EN PALESTINE.

48° Le couvent de Rama, (Arimathie) ses jardins et ses appartenances.

49° Le couvent de Jaffa (Joppé) et ses appartenances.

50° Le couvent d'Acre (Ptolémaïde) et tout ce qui en dépend.

51° Le couvent de Nazareth, ses jardins, appartenances, église, chapelle, et autres lieux de visite en Galilée.

52° Le couvent de Seyde (Sidon) et ses dépendances.

53° Le couvent de Damas (en Syrie) et tout ce qui en dépend.

PRÉROGATIVES.

1° Les révérends pères de Terre Sainte possèdent seuls les clefs des portes des couvents ou sanctuaires ci-dessus désignés; et spécialement les trois clefs de l'autel de la crèche à Bethléem.

5° On ne peut aujourd'hui ni allumer des lampes, ni dire la messe dans la moitié du Calvaire appartenant aux Grecs.

6° 7° 8° Ces trois priviléges sont perdus.

9° Cet article d'une ancienne convention n'est plus exécuté.

2° Le droit de garder lesdits lieux, de les restaurer, réparer, entretenir, orner, et d'y allumer des lampes.

3° D'y célébrer la sainte messe, et d'y exercer les rites et cérémonies ecclésiastiques.

4° D'avoir le pas sur les autres nations dans les visitations ou pèlerinages aux saints lieux.

5° Le droit de visiter cette moitié du mont Calvaire qui ne leur appartient pas, de célébrer la messe sur cette moitié susdite, et d'y allumer des lampes.

6° Les religieux francs ont le droit exclusif d'exercer leur culte dans le bas souterrain de la grande église de Bethléem.

7° D'empêcher les autres nations d'y allumer des lampes, célébrer leurs messes et exercer leur culte.

8° D'empêcher également les autres nations de visiter les saints lieux possédés par eux, religieux francs.

9° Les procès intentés aux religieux francs ne seront point soumis aux autorités du pays, mais bien renvoyés à la Sublime Porte.

10° Il est défendu aux Maugrebins de faire

14° Cette prérogative, on l'a déjà vu, est complétement tombée en désuétude; les autorités turques sont habiles à éluder le sens de l'article, et prétendent que recevoir des présents ou des tributs qu'ils savent secrètement exiger, ce n'est pas prendre de l'argent.

aucune avanie aux religieux francs à *Aïni-q'arim*.

11° Il est défendu aux douaniers turcs à Jérusalem de visiter les effets des religieux ou pèlerins catholiques qui auront été déjà visités dans les Échelles où ils auront abordé.

12° Il est également interdit de prendre les habits et ornements des églises latines.

13° D'obliger les religieux francs à recevoir de fausses monnaies.

14° De leur prendre de l'argent.

15° D'exiger d'eux une rétribution pour droit de sépulture de leurs morts.

16° D'exercer aucun mauvais traitement contre les religieux qui apportent des pays francs les tributs d'usage, dans le cas où ils arriveraient trop tard.

17° D'inquiéter en rien les religieux et pèlerins de Terre Sainte dans le cours de leurs pèlerinages.

18° De les troubler jamais dans l'exercice de leur culte, tant qu'à l'extérieur ce culte ne contreviendra pas aux lois musulmanes.

19° Il est défendu aux autorités turques de faire plus d'une visite d'inspection par an, au Saint-Sépulcre.

Nota. Tous ceux de ces priviléges dont l'exercice dépend uniquement des Turcs, subsistent encore dans leur entier. Il faut en excepter cependant, l'article 14 ci-contre.

20° D'obliger les religieux francs à acheter du blé gâté.

21° Les pères latins ont le droit exclusif d'envoyer à Constantinople pour leurs affaires, sans qu'on puisse s'y opposer.

Tel était, en 1820, l'état des propriétés et prérogatives des Latins dans la Terre Sainte, d'après ce relevé fait, en style d'inventaire, sur le texte des traités entre la France et la Sublime Porte.

Je passe à l'organisation et à la situation intérieure des couvents.

Le *gardien*, qui a le titre d'évêque de la Palestine, est le supérieur général; il est Italien de droit, et nommé tous les trois ans par le pape.

Le *vicaire général* doit être Français; il est élu pour trois ans par la communauté; et il est chargé de la direction spirituelle et intérieure des couvents. Aujourd'hui (1820) ce poste est occupé alternativement par un Espagnol et un

Italien; car il n'y a en Palestine qu'un seul prêtre français, né à Nice quand Nice appartenait à la France, et élevé en Piémont.

Le *procureur général* est Espagnol de droit; il est également élu pour trois ans par la communauté. Il dirige toutes les relations extérieures et les finances de la Terre Sainte; il est aidé dans ses fonctions par un *vice-procureur général* qui est plus particulièrement le trésorier, et qui est aussi Espagnol de droit.

Le conseil général de la communauté se nomme *discrétoire*. Il est présidé par le Gardien; il se compose du vicaire général, du procureur général et de trois discrets élus parmi les prêtres.

Les Franciscains missionnaires qui étudient les langues de l'Orient, exercent les fonctions de curés auprès de la population catholique de la Palestine; et ils sont astreints à douze ans de résidence. Les moines, uniquement occupés du service intérieur des sanctuaires et des couvents, n'ont que trois ans de pèlerinage et de garde.

Chaque couvent est, ou doit être sous la présidence d'un moine gardien, auquel on attache un missionnaire desservant la paroisse.

Le couvent de Saint-Sauveur dans l'enceinte de Jérusalem, fut donné autrefois par les Turcs aux pères de Terre Sainte, en échange du monastère situé sur la montagne de Sion, hors des murs, où habitent aujourd'hui quelques derviches. Ce couvent de Saint-Sauveur est regardé comme le chef-lieu et le quartier général des religieux latins. C'est là que sont choisis périodiquement les dix franciscains qui vont s'enfermer, pendant trois mois consécutifs, dans l'église du Saint-Sépulcre, sans en sortir jamais. Là, emprisonnés sous la clef des Turcs, privés de la lumière du soleil, ils consacrent leurs longues journées et leurs nuits aux prières et aux soins de leur garde; ils habitent une petite construction délabrée jointe à l'église, au milieu des Cophtes, des Maronites, des Arméniens et des Grecs. On leur fait passer quelques aliments par une petite grille qui s'ouvre seule, car les gonds de la grande porte ne tournent qu'à prix d'argent, et par ordre des autorités. Le concierge turc de cette porte, qui perçoit les droits de pèlerinage au nom du mollah de Jérusalem, est lui-même un des hommes les plus riches de la ville.

Les couvents de Terre Sainte n'appartiennent pas tous à la même direction dans la communauté : soumis à une subdivision tout à fait impolitique, ils sont entretenus aux frais de la nation de laquelle ils dépendent. Quatre couvents seulement sont défrayés par des fonds communs; les autres sont desservis par les Espagnols ou par les Italiens, sans qu'il soit rendu aucun compte général de ces diverses gestions que le supérieur ne contrôle même pas. Un seul couvent appartenant aux Français est entièrement désert, faute de prêtres. Voici un tableau de cette répartition.

1° Couvent de Saint-Sauveur
2° . . . . du Saint-Sépulcre
3° . . . . de Bethléem
4° . . . . de Nazareth
} en Palestine.

Ces quatre couvents sont communs aux trois nations.

5° Couvent de Saint-Jean
6° . . . . de Jaffa   } en Palestine.
7° . . . . de Rama

8° Couvent de Damas en Syrie.

9° . . . . de Nicosie en Chypre.

10° . . . de Constantinople en Romélie.

Ces six couvents appartiennent aux Espagnols.

11° Couvent d'Acre en Palestine.

12° . . . . de Tripoli
13° . . . . de Lattaquie
14° . . . . d'Alep   } en Syrie.
15° . . . . d'Avissa

16° . . . . de Larnaca en Chypre.

17° . . . . du Caire
18° . . . . de Rosette   } en Égypte.
19° . . . . d'Alexandrie

Ces neuf couvents dépendent des Italiens.

20° Couvent de Seyde en Syrie appartenant aux Français.

Cinq de ces couvents sont totalement abandonnés; j'en ai moi-même visité quatre où je n'ai trouvé qu'un seul religieux; enfin, au lieu de cent soixante Franciscains que demanderait le service des monastères, on ne comptait plus en 1820, que quatre-vingt-seize moines; savoir : cinquante-un Italiens, quarante-deux Espagnols, deux Portugais, et un Français.

La dépense annuelle de tous les couvents peut s'évaluer à trois cent mille francs, auxquels il faut joindre environ cent mille francs d'intérêts de la dette s'élevant à plus d'un million. J'ai dit l'origine de cette dette; j'ajoute qu'en souscrivant des emprunts à un intérêt de 12, 15 et 20 pour cent, les religieux latins, confiants dans la piété de leurs frères d'Europe, s'étaient explicitement réservé la faculté du rachat, dès que les souverains catholiques, autant vaut dire les trois branches aînées de la maison de Bourbon, seraient rétablis sur leurs trônes légitimes.

Pour faire face à ces dépenses de quatre cent mille francs, voici quels sont les revenus annuels. L'Espagne a presque interrompu ses rétributions à la Terre Sainte; le Portugal seul, que les Espagnols considèrent comme une de leurs provinces, fournissait encore abondamment en 1820. On pouvait évaluer à cent quatre-vingt mille francs les aumônes qui partent tous les ans de Lisbonne et du Brésil pour Jérusalem. L'Italie fournit à peu près cent vingt mille francs; l'Allemagne envoie sans époque fixe quelques petites sommes; et la France n'avait rien donné depuis trente ans. De ce tableau résulte un déficit annuel d'environ cent mille francs dans les finances de la Terre Sainte.

J'aurais eu quelque répugnance à mettre ainsi à nu l'organisation des couvents latins et leur misère, si je n'en avais d'avance reçu l'autorisation des pauvres religieux. « Ne craignez pas, « me disaient-ils, de nous humilier par des ex- « plications trop complètes; racontez nos mal- « heurs tels qu'ils sont; montrez nos plaies à nos « frères; peut-être alors chercheront-ils à les gué- « rir. »

Après cette exposition de tant de maux, on me demandera sans doute d'en indiquer les remèdes. Je l'essayai à mon retour de l'Orient, dans quelques notes que je communiquai à plusieurs ministres français; et ces notes qui ne touchent en rien à la politique ni à mes fonctions, et dont je puis faire connaître ici l'abrégé sans manquer aux engagements de discrétion que j'ai pris avec moi-même, obtinrent l'approbation de quelques-uns de nos plus illustres prélats. Mais au gouvernement seul appartenait l'initiative. Avant tout, il me paraissait indispensable d'envoyer à Jérusalem de l'argent et des prêtres.

Et d'abord pour l'argent, je demandais une quête annuelle dans chaque paroisse, annoncée par les évêques. Je pensais que tant de souscriptions ouvertes alors en faveur des Grecs, tant de cœurs touchés de leurs infortunes, ne se fermeraient pas pour des catholiques européens bien plus malheureux encore, et tuteurs d'une des plus belles prérogatives de la couronne de France. Je fixais approximativement à *six* francs par paroisse, l'une dans l'autre, le produit de cette quête annuelle, et j'élevais ainsi la rétribution de la France à 150,000 francs environ; puis, portant à 300,000 francs les aumônes de l'Italie et du Portugal, je couvrais facilement les dépenses annuelles de la Terre Sainte. Je proposais ensuite d'établir avec la somme surabondante une caisse de réserve, où viendraient se fondre également les tributs moindres et irréguliers de l'Espagne, de l'Autriche, et des autres États catholiques de l'Europe ; ces fonds devaient éteindre à la fin de chaque année les créances dont les intérêts sont le plus onéreux ; et suivant ainsi le système de plusieurs grandes puissances européennes, à l'aide de cet amortissement, base essentielle du crédit, les finances des couvents se seraient bientôt dégagées de l'accablant fardeau de leur dette.

Quant à l'envoi de religieux français, je voulais que, dans les séminaires institués pour chaque diocèse, on fît choix de quelques individus, propres à la vie conventuelle, ou que leur vocation eût appelés au ministère des missions. Déjà engagés dans les ordres sacrés, après leurs cours de théologie, ces jeunes lévites eussent formé à Rome un nouveau séminaire sous la protection spéciale de l'ambassade française, et sous la direction d'un prêtre français. Là, avec le caractère sacerdotal, ils auraient reçu l'habit de Saint-

François; et ceux qui se seraient destinés aux missions, auraient trouvé à Rome les habiles professeurs d'arabe et de turc qu'y entretient la *Propagande*. Ainsi disposés, ces prêtres, comme les religieux d'Italie et d'Espagne, auraient accompli les trois années de pèlerinage et de garde, ou exercé les fonctions de missionnaires pendant douze ans. Pour faire face aux frais de l'établissement de ces novices à Rome, il eût fallu distraire une somme de l'aumône périodique qu'on aurait recueillie en France, ou peut-être eût-il suffi d'appeler sur cet objet la munificence du roi, et l'attention du ministre des affaires ecclésiastiques.

J'ajoute seulement qu'à chaque pas en Palestine, je regrettais davantage l'absence des prêtres français; et j'ai quitté Jérusalem bien persuadé que nous ne tarderions pas à perdre les nobles priviléges que nous y donnent nos traités, si nos prêtres et surtout notre or ne viennent au secours de ces pieux et antiques établissements.

Le procureur général, peu de jours après mon arrivée, avait appris les persécutions exercées à Damas contre les catholiques : aussitôt l'alarme régna dans les couvents. Ainsi s'annoncent presque toujours pour les pères franciscains des usurpations et des avanies. Ils me racontèrent l'origine de ces nouveaux malheurs.

L'archevêque grec d'Acre et le patriarche d'Antioche avaient présenté au divan impérial un mémoire de plaintes contre les catholiques, sujets comme eux de la Sublime Porte. Parmi de nombreux griefs, ils étaient accusés surtout d'abandonner leurs anciennes coutumes pour s'attacher aux principes politiques professés par les francs, et d'augmenter le nombre des ennemis du Grand Seigneur. De telle sorte, disait cette singulière requête, que si un empereur de l'Europe déclarait la guerre au Sultan, on verrait infailliblement les catholiques se joindre aux armées ennemies pour faciliter la conquête des provinces musulmanes. Ainsi s'exprimaient des Grecs, dix mois avant leur révolution !

Un Firman ordonna la punition sévère des catholiques si faussement accusés, et l'exécution en fut confiée au pacha de Damas. Celui-ci néanmoins, par un esprit de justice et de droiture, crut devoir suspendre les rigueurs, convaincu qu'il était de l'innocence des catholiques : leurs adversaires, déjoués alors dans leurs premiers projets, prétendirent avoir été outragés et maltraités. Ces allégations, soutenues par beaucoup d'intrigues et beaucoup d'or versé chez les ministres du pacha, prévalurent enfin.

Préparés à l'orage, les prêtres catholiques eurent le temps d'y échapper; ils s'enfuirent de Damas, et se retirèrent dans le Liban, en Palestine, à Jérusalem; quelques-uns même allèrent jusqu'en Égypte; cinq seulement furent surpris et jetés dans les cachots. J'avais vu un des fugitifs à Seyde, j'en trouvai plusieurs à Jérusalem; et je tentai, pour adoucir leurs malheurs, une démarche qui ne fut pas sans quelque succès.

Peu de jours avant de quitter Constantinople, j'en avais vu partir la caravane de la Mécque présidée par un ministre d'État influent, lequel marchait à petites journées, et venait d'arriver à Damas. Je savais que le pacha de cette province est obligé, par ses devoirs religieux et civils comme par l'intérêt d'une adroite politique, de ménager la faveur et la bienveillance de l'intendant de la caravane. J'écrivis donc à cet Intendant la lettre suivante.

« Très-illustre, très-gracieux, très-clément,
« très-miséricordieux seigneur, vous qui êtes
« *Surra-Emini* de la caravane de la Mecque,
« après avoir offert au cœur élevé de Votre Ex-
« cellence des vœux purs, et les perles des vraies
« et cordiales salutations, notre exposé amical
« est ceci :

« Nous avons appris avec une grande satisfac-
« tion votre heureuse arrivée à Damas, et nous
« prions le Dieu très-haut que votre voyage s'a-
« chève en toute félicité. Partis de Constantinople
« quelques jours après Votre Excellence pour
« venir visiter Jérusalem la Sainte, nous y som-
« mes arrivés par la grâce de Dieu ; et nous pre-
« nons occasion de notre voisinage de Damas
« pour vous prier de faire rendre justice aux ré-
« clamations des religieux francs, dépouillés de
« leurs droits au mépris des traités, et à l'insu du
« très-majestueux, très-magnifique et très-puis-
« sant Empereur votre maître. Nous vous faisons
« savoir en outre que, retournés auprès de notre

« chef, l'illustre ambassadeur de France, nous
« ne manquerons pas de faire valoir le zèle et
« l'intérêt que notre ami le *Surra-Emini* aura portés
« à nos affaires, ainsi qu'il l'avait promis précé-
« demment. Les catholiques de Damas étant nos
« frères de religion, nous croyons aussi remplir
« un devoir en suppliant Votre Excellence de leur
« accorder sa protection et son appui dans leurs
« perplexités. Nous vous demandons instamment
« pour eux votre bienveillance, très-illustre,
« très-gracieux et très-miséricordieux seigneur;
« et nous vous assurons que nous vous en serons
« constamment reconnaissants; et que l'ambas-
« sade de l'Empereur de France ne négligera en
« aucune occasion de servir les intérêts de votre
« noble personne.

« Nous finissons en vous souhaitant gloire,
« avancement, et continuelle prospérité. »

« Jérusalem la Sainte, le 25 ramazan 1235 (3 juillet 1820.)

Signé : Le Ser-Kiatib (secrétaire) de l'ambassade française.

A mon retour à Constantinople, j'appris qu'après quelques sommes payées de part et d'autre, après des examens publics sur les diverses accusations portées contre eux, les catholiques avaient obtenu des Grecs une sorte de trêve que l'autorité du pacha de Damas avait sanctionnée.

CHAPITRE DIX-HUITIÈME.

DÉPART DE JÉRUSALEM.

ABDALLAH, CHEF DES

WEHHABBIS.

JAFFA.

(1820.)

—

> Ὅτι γοῦν καὶ μετὰ τοσοῦτον χρόνον, τά τε σχήματά μοι τῶν φανέντων ἐν τοῖς ὀφθαλμοῖς παραμένει, καὶ ἡ φωνὴ τῶν ἀκουσθέντων, ἔναυλος.
>
> Lucien, Songe.

Et maintenant, après tant d'années, l'image de ce que j'ai vu est encore sous mes yeux, et les voix que j'ai entendues résonnent encore à mes oreilles.

Mes bagages s'étaient accrus de toutes les richesses d'un pèlerin; j'emportais des milliers de chapelets en nacre de la mer Rouge, en bois et en noyaux de fruits, quelques branches des oliviers de Gethsémani, des coquilles ciselées représentant des saints, de grandes croix chargées de peintures et richement sculptées par les Arabes de Bethléem, des modèles de la chapelle intérieure du Saint-Sépulcre, des mesures de la longueur et de la largeur du tombeau brodées en lettres grecques et latines, des roses de Jéricho, des croix de bitume et de l'eau de la mer Morte, un roseau et de l'eau du Jourdain, du baume de Jérusalem, produit de la gomme des arbustes et des plantes aromatiques de la Judée. Ce baume, rival de celui de la Mecque, m'avait été donné par le père pharmacien du couvent de Saint-Sauveur, avec une note sur la manière d'en user : puis, des colliers verts et bruns que les Musulmans, pendant leur silence extatique, roulent dans leurs mains, en répétant intérieurement, *Dieu est grand, Dieu est bon;* enfin mon diplôme de chevalier, mon brevet de pèlerin, et le chapelet du père Muñoz. Je ne revois jamais sans émotion ce qui me reste aujourd'hui de ces témoins de mon pèlerinage.

Je partis de Jérusalem le 10 juillet avant le jour. Les Turcs, gardiens de la porte de David,

dormaient encore; ne pouvant parvenir à les réveiller, nous allâmes passer par la porte du mont Sion, dont les sentinelles étaient plus vigilantes. Je traversai de nouveau la vallée de Térébinthe, et *Anaroth*, patrie de Jérémie. Je vis les tombeaux des Machabées, et j'entrai dans les défilés des montagnes de Juda. Arrivé au sommet des collines pierreuses, je jetai un regard en arrière du côté de Jérusalem qui avait disparu pour toujours. Je n'aperçus que des rochers, des ravins, et des tertres confusément mêlés, s'étendant jusqu'à la vallée du Cédron, dont je ne reconnaissais plus l'enfoncement qu'à la ligne des ombres projetées sur le mont Olivier. Dans ces hauteurs tristes et arides, l'œil ne découvre que des roches, et quelques arbres d'une végétation languissante. « C'est cependant à Jéru-
« salem, me disais-je, *que le roi Salomon versa*
« *l'argent et l'or en profusion comme des pierres,*
« *et les cèdres, comme s'ils n'étaient que des sy-*
« *comores qui croissent en si grand nombre dans*
« *les solitudes* [1]. » Pour me distraire de mon af-

---

[1] Præbuitque rex argentum et aurum in Jerusalem, quasi

fliction et de mes douloureuses pensées, en quittant la ville sainte, ma vue se porta sur les vastes campagnes de Sarons, vers lesquelles je descendais ; Sarons, patrie des narcisses et des roses, dont les plaines étaient revêtues en ce moment de moissons jaunissantes, comme au temps où Samson, le fléau des Philistins, les incendiait. J'étais à midi à Ramleh ; j'y visitai la maison de Nicodème, et l'autel de saint Joseph d'Arimathie, qui se trouve dans le couvent ; puis, prenant la route de Jaffa, je m'arrêtai à la piscine de sainte Hélène, grande citerne à demi ruinée, dont les voûtes couvrent encore une eau stagnante.

Plus loin je fus atteint par un Sipahi, (cavalier turc), qui cheminait dans la même direction que moi, et qui entra en conversation avec mon janissaire. Peu à peu je me mêlai de l'entretien qui me parut intéressant. Notre compagnon de route avait fait partie de la troupe qu'Ibrahim-Pacha, fils du vice-roi d'Égypte, avait menée

---

lapides, et cedros quasi sycomoros, quæ nascuntur in campestribus, multitudine magnâ.

PARALIPOMÈNES, liv. II, ch. I, v. 16.

contre les Wehhabbis. Il racontait mille détails de cette expédition. Voici ceux dont je me souviens, et dont je pris note le soir même.

« Dériè, capitale des impies [1], est située, disait-il, dans une vallée entourée de montagnes assez hautes. Les longues pluies y forment quelquefois un torrent qui roule avec une grande violence, et va se jeter dans le golfe Persique, distant à l'est de sept journées de chameau (*environ quatre-vingts lieues.*) Il y a dans le lit de ce torrent, de l'eau pendant toute l'année, chose bien rare en Arabie. Sur ses deux rives, s'étendent de grands jardins remplis de palmiers d'une prodigieuse hauteur, des cèdres, des vignes, des citronniers, des figuiers et d'autres arbres à fruit. L'eau des puits est d'un goût saumâtre, mais pure néanmoins : le peu de terrain propre à la culture y est très-fertile ; le reste est le désert.

« La ville contient dix mille habitants : elle a deux lieues de long sur un mille de large. Les maisons y sont mieux bâties qu'en Égypte.

---

[1] Les Musulmans n'osent prononcer le mot de Wehhabbis ; le nom d'un sacrilége réformateur du Coran souillerait leur bouche.

Dérïé et ses jardins sont clos de murs en pierre, flanqués de tours de dimensions variées, sur chacune desquelles étaient placées une ou deux pièces de canon. Au milieu de cette enceinte est une redoute ou citadelle, et c'est là qu'Abdallah, chef des impies, s'était renfermé avec plus de quatre mille hommes. Nos forces pour l'attaquer étaient moindres; nous avions deux mille hommes d'infanterie, seize cents cavaliers, sept canons, dix-huit mille boulets, trois cents bombes, un mortier et un obus.

« Après un feu continuel qui dura quarante-huit heures, les tours furent ruinées, et l'artillerie des impies demeurant sans effet, le premier assaut fut sanglant pour les deux partis; la seconde attaque ne le fut pas moins. Ibrahim-Pacha comprit qu'il fallait attendre des renforts, et transformer le siége en blocus.

« En effet, pendant cinq mois il n'y eut que de légères escarmouches. Trois caravanes de Bagdad arrivèrent au camp égyptien; des troupes venues du Caire portèrent l'effectif de notre armée à cinq mille hommes; alors vingt-trois villages voisins de Dérïé se rendirent à nous, ainsi

CHAPITRE XVIII.

que différents chefs des impies. Cependant Abdallah réparait les brèches de ses fortifications, et soutenait ses amis contre les horreurs de la famine par des exhortations fanatiques, et surtout par son exemple. Bientôt dans un hardi coup de main, il mit le feu à notre parc de munitions; puis il soutint bravement de nombreux assauts : mais, trahi par ses parents et par un de ses frères, qui vint se rendre au pacha avec trois cents hommes, Abdallah dut abandonner la ville. Il se renferma dans la citadelle, suivi de deux cents des siens aussi obstinés que lui dans sa révolte.

« Peu de jours après, pendant un combat qui resta sans issue, le lieutenant d'Abdallah, et un des chefs de sa religion, vinrent se rendre lâchement à Ibrahim, qui, par mépris, leur fit raser la barbe, arracher les dents, et les exposa ainsi aux injures publiques. Affaibli par ces defections, l'impie prévit alors le sort qui lui était réservé; il permit à tous les villages de sa dépendance, et aux amis qui l'entouraient, de faire leur paix avec le vainqueur. Pour leur obtenir de meilleures conditions, il envoya même en présent à

Ibrahim cinq superbes chevaux; et néanmoins, aidé de quelques serviteurs dévoués, il se battait encore. Enfin, Ibrahim, touché de tant de courage chez un ennemi des vrais enfants de Mahomet, daigna entrer en négociation, et lui envoya son *Divictar* (secrétaire). Abdallah demanda amnistie absolue pour ses frères, liberté pour ceux qui avaient combattu avec lui, et respect pour les femmes. Le vainqueur accorda tout, déclarant seulement qu'il avait ordre de brûler Dérié, et qu'il ne pouvait répondre de la vie d'Abdallah. « Il n'est pas question de ma vie, « répliqua celui-ci; en ai-je parlé? » et il souscrivit aussitôt la capitulation.

« Ibrahim accueillit alors Abdallah avec une grande bienveillance, et l'admit à sa table. Bientôt après, ce rebelle, suivi d'un de ses frères, le plus jeune, qui ne voulut jamais le quitter, et d'un iman de sa secte, (que Dieu confonde)! fut emmené loin du camp.

« Nous détruisîmes Dérié de fond en comble; nous avions perdu deux mille hommes pendant ce long siége; trois mille de nos ennemis y périrent : mais l'impiété vit encore. »

A cet endroit du récit, le Sipahi quitta le chemin pour aller faire sa prière au tombeau d'un santon renommé par sa sainteté. Je m'arrêtai aussi pour admirer l'élégant édifice qui couvrait cette tombe, sa coupole, sa fontaine, ses platanes et ses beaux palmiers.

Le Sipahi vint me rejoindre après sa prière, et il continua à parler d'Abdallah. « Quand il s'est
« présenté à Ibrahim-Pacha, disait-il, il était
« habillé d'une longue tunique de *lakor*, (cache-
« mire blanc) ; il portait une ceinture et un turban
« de la même étoffe, des pistolets, et un sabre
« garni d'or. Il montait un cheval richement ca-
« paraçonné. Trois chevaux menés en laisse, et
« vingt hommes le suivaient. Il est d'une haute
« taille ; il a la démarche noble ; il nous a prouvé
« qu'il est plein de courage et de hautes vertus.
« Quel dommage que tant de grandes qualités se
« trouvent réunies dans un chien d'incrédule ! »

Je savais la fin de l'histoire d'Abdallah, et je racontai à mon tour. La prise de Dérié avait été annoncée officiellement par la Sublime Porte à toutes les ambassades à Constantinople ; le canon avait retenti pendant trois jours dans le Bosphore. On avait envoyé une pelisse d'honneur à Ibrahim-Pacha, et le vice-roi d'Égypte avait reçu le titre de *Khan*. Cette dignité, attribut de la maison ottomane, n'était autrefois accordée qu'aux souverains de la Crimée; il y a eu peu d'exceptions à cette règle, et c'était le plus insigne honneur que le sultan pût conférer au pacha d'Égypte.

Au milieu des réjouissances qui célébraient sa défaite, Abdallah, arrivé à Constantinople, se préparait à la mort; il la reçut avec un courage qui ne l'abandonna pas un seul instant. Le ministre de son culte voulut mourir le dernier, et pendant le supplice d'Abdallah, et du jeune frère resté si fidèle, les chants et les prières de l'iman, qui ne cessèrent jamais, élevaient leurs âmes; enfin les trois têtes tombèrent, et furent exposées à la porte du sérail, au-dessous d'un verset du Coran qui foudroie les impies. J'avais vu moi-même ces belles têtes pâles dans la niche sanglante, et j'en avais frissonné.

Nous avions dépassé le village de Yazor, et nous atteignîmes le camp où se rendait le cavalier turc; il me dit, avant de nous séparer, que

CHAPITRE XVIII. 157

les nombreuses tentes dont la plaine était couverte, contenaient environ quinze cents hommes dépendant du pacha de Ptolémaïde. Le Sipahi faisait actuellement partie de cette troupe sous les ordres du bey de Jaffa.

Avant d'arriver à la ville, je suivis pendant près d'une demi-lieue une avenue entourée de la plus belle végétation. Les jardins de Jaffa sont célèbres en Orient par l'abondance et la qualité de leurs fruits. Les oranges, les bananes, les figues, les pêches et les raisins y sont exquis ; les pastèques et les melons qu'on y recueille sont les plus beaux et les plus estimés de l'Asie. On en envoie tous les ans au Grand Seigneur ; et l'on exagère tellement leur grosseur, qu'un seul melon, sur chaque côté de son bât, suffit à la charge d'un âne. Je ne suis même ici qu'un historien infidèle ; car, pour rapporter le récit tel qu'il me fut fait, je devrais dire un chameau.

Accablé de la chaleur du jour, après les plaines de sable que je venais de franchir, je m'arrêtai à l'ombre des bocages de Jaffa, et sur le bord des fontaines qui les arrosent. Je passais d'une tente de jardinier à l'autre, au travers d'une forêt d'arbres fruitiers plantés sans symétrie. Partout on m'offrait des melons, du raisin, des figues, des prunes; mais je remarquais surtout les cannes à sucre et les bananes.

Ces rivages de la mer où repose Jaffa sont loin d'offrir à la vue les beautés pittoresques dont le Liban enrichit Seyde et Béryte. Ici, seulement des collines, ou plutôt des dunes innombrables vêtues du plus vert feuillage, forment comme de longues ondulations qui s'inclinent insensiblement vers les plaines brûlantes de la mer Rouge et de l'Égypte. Après le Liban, le Carmel, son fils, domine la grande plage de Ptolémaïde. Plus voisine encore, la montagne de Sarron s'avance en promontoire, fière des ruines de Césarée. Mais à Jaffa, plus de grands rochers sur la mer, plus de haute montagne à l'horizon. Le désert commence après ces merveilleux bosquets qui ceignent la ville, et s'étend en flots de sable jusqu'aux limites où va commencer l'Afrique.

J'arrivai à Jaffa vers six heures du soir, et mon cheval n'avait marché qu'au pas; on doit en conclure qu'il est facile d'aller en un jour du bord de la mer à Jérusalem. A cet effet, cependant, il est bon de remarquer que les portes de Jaffa ne s'ouvrant qu'au lever du soleil, et celles de Jérusalem étant fermées par les Turcs après leur prière du soir, il faut se prémunir d'une permission des gouverneurs des deux villes, ou presser un peu la marche.

Voici les distances de cet itinéraire, tel que je l'ai exécuté :

1° — De *Jaffa* à *Yazor*, village à gauche du chemin. . . . . *Une heure.*

2° — De *Yazor* à *Béït-Dedjel*, second village à gauche. . . . . *Une demi-heure.*

3° — De *Béït-Dedjel* à *Serfan*, village à droite du chemin. . . . . *Une heure.*

4° — De *Serfan* à *Ramleh* (Arimathie), couvent et repos. . . . . *Une demi-heure.*

5° — De *Ramleh* à *Elkebab*, village à gauche, sur une éminence. . . . *Une heure et demie.*

6° — D'*Elkebab* à *Latroun*, à droite, sur une colline. . . . . *Une heure un quart.*

7° — De *Latroun* à un *puits* où finit la plaine. . . . . *Un quart d'heure.*

8° — Du *puits* à *Kariet-Eleneb-Gafar*, résidence d'Abou-Gosh. . . . . *Deux heures et demie.*

9° — De *Kariet-Eleneb-Gafar par la vallée de Térébinthe* à *Jérusalem. Trois heures et demie.*

En tout : . . . . *Douze heures.*

Je traversai les bazars de Jaffa; les cafés étaient pleins de soldats turcs et arabes échappés au camp voisin de la ville : mon habillement européen me valut quelques gestes menaçants et des injures que je n'eus pas l'air de comprendre.

Je ne passai que peu d'instants au couvent de Terre Sainte, dans la chambre qu'avait occupée le général Bonaparte; c'était à peu près aussi la chambre de saint Pierre, quand *il habitait la maison de Simon le corroyeur, qui est auprès de la mer*[1]; mais j'avais le cœur trop plein de Jérusalem pour m'occuper longtemps de Joppé; et, en général, Jaffa, très-appréciée des pèlerins qui arrivent et qui touchent pour la première fois la Palestine, est, au contraire, fort dédaignée de ceux qui partent et qui laissent derrière eux la mer Morte, Sion et le Jourdain.

— « Sachiez que Jaffe est la plus ancienne

---

[1] Hic hospitatur apud Simonem quemdam coriarium, cujus est domus juxtà mare.

Actes des Apôtres, chap. x, v. 6.

« ville du monde; car elle fut fondée devant le
« déluge; Noë est en corps sépult en la roche
« où les chaînes de fier furent attachées; dont un
« grand gayant qui eut nom *Andryomadas* fut
« mis en prison par les fils de Noë : du quel
« gayant l'os de l'une de ses côtes a quarante
« pieds de lonc [1]. »

Ce récit d'un pèlerin du quatorzième siècle entremêle plaisamment la construction de l'arche à la fable d'Andromède, et ces deux traditions font encore la célébrité de Jaffa.

L'*Estafette* m'attendait mouillée à deux milles en mer, et n'avait pu, malgré l'exiguïté de ses formes et la légèreté de sa construction, pénétrer dans le port inhospitalier de Jaffa. Les religieux m'accompagnèrent au rivage; puis leurs yeux et leurs prières me suivirent jusqu'à ce que ma chaloupe eût dépassé la jetée et les piliers qui ceignent le port. La mer était houleuse, un vent violent l'agitait. Je gagnai péniblement la goëlette. Les premières lueurs du jour m'avaient vu sortir de Jérusalem, les dernières teintes du crépuscule

---

[1] Manuscrit français des Voyages du sire de Mandeville.

abandonnèrent nos voiles hautes, quand j'étais déjà à deux lieues des côtes de la Palestine.

Dans la nuit du 11 juillet, quelques heures après avoir quitté Jaffa, le vent se déclara contraire à notre navigation vers l'Égypte, et nous porta d'abord en face des ruines de Césarée. J'aperçus le lendemain, au lever du soleil, ces vastes décombres cachés par les halliers, ainsi que les colonnes du rivage noircies par l'écume des flots. Ensuite, je revis le Carmel; le 12, à midi, il se montrait encore à l'horizon; il disparut, quand une brise de sud assez violente nous força de faire route sur l'île de Chypre dont nous eûmes connaissance le 13, à la pointe du jour. Deux longues journées s'écoulèrent, tandis que, ballottés entre les caps de Paphos et d'Amathonte, nous ne pouvions avancer d'un pas vers Alexandrie. Plus tard, le calme succéda au vent du midi; même immobilité du vaisseau retenu toujours en vue du cap de Gatte, dont nous étions à vingt milles environ par le travers.

Le 16, enfin, aidés des *Bonnettes* et de *la Fortune* (c'est le nom des voiles auxiliaires qu'il faut tendre aux vents paresseux), nous portâmes le cap sur le Nil, et l'Olympe de Chypre qui commençait à lasser mes regards se cacha sous les brumes lointaines. Notre marche était lente; à peine quatre milles par heure. Cependant, le 17, je distinguai devant nous, à une grande distance, la ligne jaune des sables d'Égypte, et, plus tard, quelques tiges de palmiers. Nous étions à plusieurs milles dans l'est de Damiette.

Vaut-il la peine de dire que notre commis aux vivres, comptant sur une traversée rapide, n'avait que très-chichement pourvu à notre subsistance, de sorte que le même soleil qui nous montra l'Égypte vit aussi mourir notre dernier coq? Pendant les quatre jours qui précédèrent notre arrivée à Alexandrie, force fut de nous contenter d'un biscuit vermoulu, confectionné à Toulon dix mois auparavant, de quelques fèves et de vieux haricots de Provence.

Jamais cependant nous ne fûmes plus gais et plus heureux que dans ces jours d'abstinence forcée; le beau temps était revenu; l'Égypte nous attendait....; mille plaisanteries sur notre appétit trompé, mille rêves avant-coureurs de la bonne chère que nous promettait Alexandrie, des chansons, la guitare, des couplets improvisés nous tenaient lieu de nourriture; et je n'omets pas dans mes souvenirs des chants burlesques qu'un jeune officier de la marine, M. Voutier[1], nous fit entendre, presque improvisés, pendant un de ces maigres repas, et qui, interrompus par mille éclats de rire, allaient faire écho dans tous les rangs de l'équipage.

Le 18, nous ne traversions plus les ondes azurées de la mer, mais les eaux jaunâtres du Nil; on les devine à leur teinte bien longtemps avant d'apercevoir les rivages; nous passions sur des bancs de vase et de corail, à la profondeur de huit à onze brasses. « La nature de l'Égypte est « telle, dit Hérodote, que si vous y allez par eau, « et qu'à la distance d'une journée des terres « vous jetiez la sonde, vous en retirerez le limon

---

[1] Le colonel Voutier, si jamais il lit mon récit, me pardonnera-t-il de l'avoir nommé?..... Quelquefois peut-être, au milieu des rudes combats qu'il a livrés pour l'indépendance de la Grèce, dans l'insomnie des bivouacs, l'image de nos joies, et de notre navigation paisible, lui a-t-elle apporté un heureux souvenir. Pour moi, je n'oublierai pas le charme de son esprit, la vivacité de ses jeunes impres-

« apporté par le Nil[1]. » L'épreuve fut faite; Hérodote avait raison. Vers le soir, nous distinguions la première bouche du fleuve auprès de Damiette.

Nous arrivâmes sur Rosette le 19; un bâtiment russe à trois mâts venait d'échouer contre les longs brisants de la barre du Nil. La rive est si plate, que presque partout elle se dérobe à la vue; on n'aperçoit que des minarets, quelques mâts dressés, et de nombreuses tiges de palmiers qui paraissent ainsi s'élever du sein des eaux sans laisser reconnaître la terre.

Le calme qui nous retient aux embouchures du fleuve n'est interrompu que par une brise peu favorable. Nous voyons Aboukir. J'appelle un vieux matelot témoin du grand désastre. Il me raconte cette terrible lutte que je ne lis ja-

---

sions, et nos longs entretiens au bruit des vagues, quand la nuit nous surprenait assis sur les bastingues du vaisseau, à côté de la grande voile.

[1] Αἰγύπτου γὰρ φύσις τῆς χώρης ἐστὶ τοιήδε· πρῶτα μὲν προσπλέων ἔτι καὶ ἡμέρης δρόμον ἀπέχων ἀπὸ γῆς, κατεὶς καταπειρητηρίην, πηλόν τε ἀνοίσεις.

HÉRODOTE, Euterpe, ch. v.

mais sans frémir dans le livre des *Victoires et conquétes ;* et je crois entendre moi-même l'épouvantable explosion qui fit sauter le magnifique vaisseau *l'Orient :* les officiers qui m'entouraient, le cœur et la mémoire pleins de cette catastrophe, complétaient la narration du matelot, et m'indiquaient le poste de chaque vaisseau des escadres française et anglaise auprès de l'îlot ou dans la rade d'Aboukir, comme au jour du combat.

J'étais en face du nouveau port d'Alexandrie le 20 juillet, à une heure : des pilotes du pays nous firent tourner la pointe du phare, et nous mouillèrent dans le *Port Vieux.*

CHAPITRE DIX-NEUVIÈME.

L'ÉGYPTE.

(1820.)

—

Terra antiqua, potens armis, atque ubere glebæ.
Virgile, Énéide, liv. III, v. 164.

Terre antique, puissante par ses armes et par la fertilité de ses champs.

I.

ALEXANDRIE ET LE NIL.

L'ancre à peine jetée, je me rendis au consulat de France, où me furent destinés, comme à Jaffa, la chambre et le lit qu'avait occupés le général Bonaparte. J'entrai tout de suite en négociations pour mettre à fin les nombreuses affaires politiques et commerciales dont j'étais chargé; ma soirée se passa en visites aux autorités consulaires, et je fis demander à Méhémet-Ali, arrivé depuis peu à Alexandrie, une audience, qui, sans délais et sans façon, me fut accordée pour le lendemain.

J'avais vu la pompe de la cour du jeune pacha de Ptolémaïde; ici, c'était toute la simplicité d'un chef plus occupé d'affaires que de plaisirs. Je fus accueilli par Méhémet-Ali avec une confiance qui me toucha. Plusieurs heures s'écoulèrent dans un entretien aussi ouvert qu'instructif pour moi. Le kiosk où nous reposions est construit dans l'île de Pharos; c'est là qu'Homère place la poétique rencontre de Ménélas et de Protée : nous dominions le vieux port et la haute mer. Deux pages, sous le costume militaire, interrompaient, par les honneurs du café et des sorbets, notre conversation, qui eut lieu *tête à tête* en tiers avec le drogman. En Orient, le tête-à-tête s'étend même au nombre de quatre personnes, puisque tout étranger peut et doit amener avec lui son interprète. Celui-ci n'étant que le porte-voix de l'autre, ils sont réputés ne faire qu'un.

Je regrette de me croire contraint au silence sur mes communications intimes avec le pacha. Je dus alors les faire connaître à Paris. Je n'en dirai plus tard que quelques détails sans grande importance. Qu'on me pardonne cette réserve : j'ai toujours regardé le caractère diplomatique comme une sorte de sacerdoce, et je serai fidèle à ma circonspection, dût-elle m'attirer les sourires des augures les plus consommés en cette *science des papiers doubles* [1].

Le pacha me donna des lettres pour le Caire; justement fier alors du beau canal qu'il venait d'achever, il me pria de le parcourir avec attention, et me remit lui-même une note exacte sur l'exécution de ce grand travail [2]; puis il me fit promettre de revenir dans l'île du Phare, à mon retour des pyramides, et nous nous séparâmes.

Je demeurai quelques jours à Alexandrie, traversant, soir et matin, ces tristes ruines de la

---

[1] Traduction étymologique du mot *diplomatie*.

[2] Un extrait de cette note que je rédigeai à Paris, fut inséré, par ordre du ministre des affaires étrangères, dans le *Moniteur* du 26 décembre 1820.

plus belle ville de l'Orient. Parfois, m'échappant de l'enceinte d'aujourd'hui, j'errais au milieu de ces immenses décombres qui couvrent, à la distance d'une demi-lieue, le sol voisin des remparts. Là, comme dans la cité déserte, c'étaient des blocs antiques de granit, attestant la gloire des descendants de Sésostris; des colonnes de marbre plus modernes, rappelant le règne des Ptolémées; mais je cherchais en vain l'emplacement et les cendres de la célèbre bibliothèque, ou quelque souvenir d'Antoine et de César. Rien ne retrace même la mémoire de Cléopâtre, si ce n'est deux aiguilles dérobées à Héliopolis, l'une debout, l'autre couchée, à qui l'on donne, je ne sais pourquoi, le nom de la voluptueuse reine. Enfin, rien ne parlerait de Pompée sans la colonne dédiée à Dioclétien.

Chaque soir j'allais jusqu'à cette colonne, et, de là, je voyais le soleil se coucher derrière les ondulations sablonneuses du désert : ma vue s'étendait alors sur la rade d'Alexandrie, la pleine mer et les marais du lac Maréotis. A cette heure, après les accablantes ardeurs du jour, une rosée imperceptible mouillait le sable et empreignait mes habits au point de m'obliger, en rentrant chez moi, de changer de vêtements et de chaussure.

Fatigué, la dernière nuit, de la chaleur concentrée dans nos petits appartements, et attiré par la clarté, si pure en Égypte, de la lune, déesse des ruines, j'allai réveiller un janissaire du consulat, et, traversant avec lui la place d'Alexandrie, je m'avançai vers le lac Maréotis; je parcourais lentement cette vaste enceinte, parcelle de l'ancienne capitale de l'Égypte. Des tronçons informes de colonnes, des masses de granit que la main des hommes de nos jours n'a pu soulever, voilà ce qui reste encore de la grande ville, reine du commerce du monde. Au lieu de ce peuple immense qui se pressait dans ses murs, un petit nombre d'Arabes mêlés de quelques Européens, campe sur ses débris. Cinq cent mille âmes ont fait place à dix mille[1], et l'imagination s'arrête devant cette effrayante

---

[1] La population d'Alexandrie ne s'élevait pas tout à fait à dix mille âmes en 1820. Aujourd'hui (1839), elle a quadruplé.

décadence. Je croyais entendre retentir à mes oreilles les terribles paroles du Dieu d'Ézéchiel : « Je disperserai les statues et j'anéantirai les ido- « les de Memphis.... Je répandrai mon indigna- « tion sur Péluse, le rempart de l'Égypte, et « j'exterminerai la multitude d'Alexandrie[1]. »

Je méditais ainsi à l'ombre de quelques palmiers, qui, par intervalles, me dérobaient la lune; puis, sortant des remparts par une double porte de construction moderne, j'avançai vers la colonne de Pompée que les rayons de l'astre nocturne frappaient en plein; ses lueurs douteuses accroissaient la hauteur de l'imposant monolithe; j'en admirai l'énorme volume plus que l'élégance. Toujours debout, cette gigantesque colonne voit tout tomber autour d'elle : combien de fois les vents du midi, les ondes de la mer et les tentatives des hommes n'ont-ils pas changé l'aspect de ces campagnes qu'elle seule domine, et où elle règne dans son immobilité? Depuis la guerre d'Égypte, les eaux du lac Maréotis, renversant leurs vieilles digues, ont envahi la longue plaine

---

[1] Ézéchiel, ch. xxx, v. 13 et 15.

que sillonne aujourd'hui le canal d'Alexandrie ; les travaux des hommes disparaissent, remplacés par d'autres travaux, et *les générations s'écoulent comme les ondes d'un fleuve rapide* [1], tandis que seule, protégée par sa masse indestructible, la colonne de Pompée brave l'effort du temps.

J'en étais là de mes réflexions quand mon janissaire me raconta qu'il avait vu la princesse de Galles, hissée jusqu'au haut de la colonne, au grand scandale des Égyptiens ; il ajouta qu'elle en redescendit peu satisfaite elle-même. « Car, di- « sait-il, on voit de là-haut un peu plus de mer, un « peu plus de sable, et voilà tout. » Ainsi se termina prosaïquement ma promenade mélancolique ; je revins au consulat avant le point du jour ; c'est le moment où la chaleur est le moins sensible et le sommeil plus facile.

> Era la notte ancor nella stagione
> Ch'è più del sonno e del silenzio amica [2].

Je voulais partir pour le Caire ; le consul essaya

---

[1] Fénélon, Télémaque, livre XIX.
[2] Le Tasse, Jérus. dél., ch. VIII, st. 15.

de me retenir, et, pour plaire à ma jeunesse, il m'offrit de rassembler en un bal toutes les beautés européennes que renfermait la ville. Je lui répondis gravement : « Je ne suis pas venu dans « la célèbre ville d'Alexandre pour y prendre part « à tes délices, ô Nil voluptueux [1] ! M. Pillavoine eut la bonté d'agréer mes excuses classiques ; cependant, le dirai-je, je regrettais au fond du cœur cette réunion des dames de toutes les nations transplantées en Égypte. M. Pillavoine, vieux garçon, quelque peu malin, en racontait des traits fort piquants ; j'ai retenu l'anecdote qui, à mon passage, était le sujet de tous les caquets de la ville.

Un négociant autrichien, qu'on me nomma, établi récemment à Alexandrie, glissa en *postscriptum*, dans une lettre adressée à son correspondant de Livourne, que si celui-ci rencontrait une jeune femme n'ayant rien à faire en Europe, il le priait de la lui expédier en Afrique ; on pré-

---

[1] Non ut, Alexandri claram delatus in urbem,
    Delicias videam, Nile jocose, tuas.

OVIDE, Tristes, liv. 1, el. 2.

tend qu'il indiquait, en outre, l'âge, la nuance des cheveux, la taille suivant ses goûts; mais cette circonstance pourrait avoir été ajoutée au récit après l'arrivée de la jolie Italienne, qui dépassait les exigences du débitant le plus difficile en commandes. Trois mois après la lettre, arrive à l'adresse du négociant autrichien, richement empacotillée, et par lettre d'avis, une Vénus de dix-sept ans, dont il s'empressa d'accuser réception et résolut de faire sa femme dès que les fatigues de la traversée et les bienséances le permettraient. Dans cet intervalle, le consul général d'Angleterre, passant sous les fenêtres de la charmante Italienne, fut frappé de sa beauté; aussitôt il se déclara le rival de l'Autrichien, et forma lui-même une proposition de mariage, qui, promptement acceptée et mise à exécution, autorisa l'enlèvement de la Livournaise; et ce dernier fait venait d'avoir lieu au profit du consul général.

Le négociant autrichien jeta feu et flamme; mais, en Orient, que peut faire un homme en furie contre l'autorité et l'indépendance d'un consul général? Plainte fut portée au consulat autrichien, et la question s'engagea pour savoir en principe :

Primò. S'il est quelque stipulation des codes ou traités de commerce qui permette à Paul de s'emparer de la marchandise expédiée à Nicolas, et mise à terre en consignation jusqu'à l'entrée en magasin.

Secundò. Si, dans l'affirmative, Paul ne doit pas tous dommages et intérêts à Nicolas dépossédé.

Ces questions étaient graves; après de longues notes échangées entre les chancelleries d'Angleterre et d'Autriche, on ne pouvait parvenir à s'entendre : une troisième chancellerie fut choisie pour arbitre; et celle-ci, considérant que l'article n'avait pas été dûment encaissé, donna gain de cause au consul général d'Angleterre sur le premier point, mais le condamna, quant au second, à rembourser toutes les dépenses d'embarquement à Livourne, nolis, débarquement à Alexandrie, timbre, droits de dépôt, ports de lettres et frais généralement quelconques qu'avait pu occasionner l'importation dudit article.

Ce jugement dont il ne fut point interjeté

appel, fut strictement exécuté; et voilà ce qui s'était passé en 1820, dans la ville de Cléopâtre.

. . . .

Le consul me donna un janissaire qui, disait-il, savait quelques mots de français; je m'embarquai avec lui pour le Caire, le 25 juillet à trois heures de l'après midi, sur le nouveau canal, près de la colonne de Pompée. Ma *kandje*, longue barque avec une cabine au milieu, et un petit fourneau à la proue, était montée par six rameurs arabes, et munie d'un mât et de deux petites voiles.

A peine détachés du rivage, nous fûmes poussés rapidement par une brise du nord. Je glissais ainsi entre les deux grandes digues qui préservent les eaux du Nil du mélange des eaux salées. Ces travaux, entrepris sur les traces de l'antique canal, étaient devenus d'une exécution bien difficile, depuis que le lac Maréotis, envahissant la plaine, s'était joint au lac Mahdié. C'est sur cette plaine inondée qu'on a dû creuser une fosse profonde, la garantir des eaux et des marais qui recouvraient ou avoisinaient le sol, et la rendre en quelque sorte imperméable; car il ne s'agissait pas seulement d'amener les flottes du Nil à Alexandrie; il fallait encore abreuver la ville, et y conduire les eaux du fleuve, sauves de tout contact avec les lacs salins.

Le nouveau canal fut commencé avec l'année 1819, et dans le mois d'octobre suivant, l'eau du Nil arriva triomphante à Alexandrie. Voici les détails de ce prodigieux ouvrage, tels que je les ai relevés sur la note du pacha, et d'après les récits de mes compatriotes.

La longueur du canal d'Alexandrie est de 40,705 toises (plus de 14 lieues.) Sa largeur est de 90 pieds, et sa profondeur de 18 : une frégate y passerait. Les travaux commencèrent le 5 janvier 1819. Vers la fin de février, le nombre des ouvriers était de deux cent cinquante mille, tous payés exactement sur le pied d'une piastre d'Égypte par jour (*dix sous.*) Ils étaient divisés par brigade de quinze hommes, commandée chacune par deux chefs à trois piastres la journée (*trente sous.*) Au mois de mai, trente mille fellahs arrivèrent encore de la haute Égypte; et le grand canal, terminé le 13 septembre, reçut le nom de *Mahmoudié.* Le petit canal qui sert à faire écouler dans la mer, et à diriger sur Alexandrie les eaux surabondantes que verse le Nil dans le Mahmoudié, fut achevé le 10 octobre suivant. Il a 1400 toises de long, 10 de large, et 15 pieds de profondeur.

Ces canaux étant creusés entre deux lacs, et bien souvent au-dessous de leur niveau, les ouvriers contractèrent dans ces eaux fangeuses de graves maladies qui en firent périr environ quatre mille six cents. Les pluies insalubres des mois de février et de mars en enlevèrent encore près de deux mille trois cents. Des pensions et des indemnités furent accordées aux veuves et aux orphelins. Six ingénieurs européens dirigèrent seuls les travaux; ils reçurent chacun 1000 piastres par mois d'appointements, et une gratification de 2000. Sur ces bases exactes, le canal d'Alexandrie aurait coûté à peu près quarante millions de francs.

Debout sur le pont de ma barque, je ne pouvais me lasser d'admirer cette nouvelle merveille de l'Égypte; les deux rives du canal n'étaient encore qu'une longue et uniforme solitude. De temps en temps quelques Flamants roses traversaient d'un lac à l'autre, et volaient lentement au-dessus de ma tête. Huit heures après mon départ, j'atteignis Faoueh, toujours sous l'impression d'une stupeur réelle à la vue d'un si grand ouvrage, si parfaitement, si promptement accompli par une administration, et dans un pays que nous appelons *barbares*.

Je mis pied à terre pendant que ma kandje passait du canal dans le fleuve. Le soleil venait de se coucher, et jetait encore quelques teintes lilas sur la cime des palmiers. Avec le crépuscule, au chant de bécassines et des courlis cachés dans les joncs, commença ma navigation sur le Nil. La nuit fut admirablement belle. Je la vis s'écouler presque tout entière sans pouvoir quitter le pont de la barque. Tantôt, la tête renversée, je cherchais dans le ciel ces étoiles qui m'étaient familières, et que, dans mon enfance, je m'exerçais à reconnaître par-dessus le toit de la maison paternelle, en même temps qu'on me faisait apprendre ces vers d'un poëte religieux :

Le peuple qui du Nil cultivait les rivages,
Les observa longtemps sous un ciel sans nuages [1].

---

[1] Racine le fils, Poëme de la religion.

Et c'est ce même peuple contemplateur qui donna aux diverses constellations les premiers noms qu'elles portent encore. Tantôt, ramené vers la terre par les bruits presque insensibles des flots que fendait notre proue, ou qu'elle refoulait vers la grève, je jouissais des haleines embaumées de la rive.

La brise délicieuse qui avait succédé à la chaleur du jour cessa vers minuit; on dut replier la voile, et avoir recours aux avirons. Bientôt deux de mes Arabes entonnèrent un chant à trois notes, passant alternativement du majeur au mineur : chant mélancolique et mesuré, qui ramenait en cadence le temps où il fallait peser sur les rames. Je l'ai noté; il est plus harmonieux, et d'un caractère plus nautique, si j'ose dire ainsi, que la plupart des chansons de nos marins. La voix des rameurs vibrait sur les ondes silencieuses; mais rien ne les répétait au loin; car, sur ces bords plats et sablonneux, il n'y a pas d'écho.

Nous dépassâmes dans la nuit Koumschérif et le port de Damanhour; nous étions vers l'aube près de Schabor. A l'heure où le soleil se leva, je contemplai avec ravissement le Nil et ses campagnes. Je l'avoue, quelque idée que m'eût donnée de l'Égypte tout ce que j'avais avidement lu des anciens historiens et des voyageurs modernes, ma pensée ne s'élevait pas à la hauteur de la réalité ; et je désespère de pouvoir retracer ces éternels miracles d'une nature unique. Une vallée de cent cinquante lieues, large de quatre à sept jusqu'au Delta ; puis une vaste plaine de trente lieues sur toutes ses faces, arrosée par mille canaux, et s'étendant jusqu'à la mer ; voilà l'Égypte fertile et vivante, partout ailleurs le désert et la mort [1]. Là où le flot du fleuve bienfaisant s'arrête, commence la plus nue stérilité ; dans cette heureuse vallée, fécondée par le Nil, naissent presque sans soins, et croissent éparses les productions de tous les climats. Le blé, le dourah, le maïs, tous les légumes, le coton, le chanvre, la canne à sucre, l'indigo. La popula-

---

J'ai retrouvé depuis dans Volney, cette définition, exprimée en termes presque identiques avec ce que je lis dans mes notes écrites sur le Nil, pendant ma navigation. Je le dis ici, me reconnaissant d'avance le tort, si c'en est un, d'avoir imité sans le savoir ce premier peintre de l'Égypte.

tion de ces riches campagnes est trop faible sans doute, mais les bras manquent à la récolte, et point à la culture. Tous les fruits de l'Europe mûrissent sous ce beau ciel; et en outre, la datte, le délicieux *kichté*, la banane. « Aucune terre, « dit Théocrite, ne produit autant que la plaine « de l'Égypte, quand le Nil, l'inondant, brise et « fait fondre sous ses eaux les glèbes humi- « des ¹. » Néanmoins dans cette abondance, une poignée de dourah, quelques dattes que l'Arabe détache à coups de pierres de la cime des palmiers, et l'eau bourbeuse du Nil suffisent à sa sobriété. Je me sentais heureux de naviguer sur ce beau fleuve, de parcourir cette merveilleuse contrée que j'avais tant de fois appelée dans mes projets rêveurs; mais que rien de ce que j'avais vu jusqu'alors n'aurait pu me faire comprendre telle qu'elle est.

Pendant cette heure du jour, où la brise du

---

¹ Ἀλλ' οὔτις τόσα φύει, ὅσα χθαμαλὸς Αἴγυπτος,
Νεῖλος ἀναβλύζων διερὰν ὅτε βώλακα θρύπτει.

Théocrite, Idyl. xvii, v. 79.

matin a cessé, et où celle du soir ne souffle pas encore, heure accablante, je fis arrêter ma kandje pour ménager les forces des rameurs, et je marchai sur la grève, chassant devant moi ces *hirondelles du Nil*[1], assez semblables de grosseur comme de plumage au Vanneau, et courant si légèrement près des bords, ainsi que des Ibis, blancs comme la neige, qui s'envolaient lourdement, et allaient se poser sur les palmiers de l'autre rive. J'avais mon fusil, mais je n'eus pas un instant la pensée d'en faire usage contre ces oiseaux, lesquels, familiers et gracieux, semblaient se jouer autour de moi. Je ne craignais plus cependant la sentence de mort que rappelle Hérodote : « Quiconque, dit-il, tue, même sans « le vouloir, un Ibis ou un Épervier, il faut qu'il « meure[2]. » Le temps a détruit depuis longtemps ces lois de la religion des peuples, et les Ibis qu'elles ne protègent plus n'ont pas cessé de

---

[1] Sterna Nilotica.
Ardea Ibis.

[2] Ὃς δ' ἂν ἴϐιν ἢ ἴρηκα ἀποκτείνῃ, ἤν τε ἑκὼν, ἤν τε ἀέκων, τεθνάναι ἀνάγκη.

HÉRODOTE, Euterpe, ch. LXV.

voler toujours le long du fleuve. Je ne me rappelai mes goûts de chasseur que lorsque, reprenant notre navigation, je vis passer sur ma tête des Pigeons ramiers, par bandes innombrables. J'en abattis plusieurs qui tombèrent sur la kandje, et vinrent en aide à nos repas. Cet oiseau est si commun en Égypte, qu'il se vend pour une monnaie égale à peine à un sou de France.

Mon domestique français qui me servait de cuisinier hors de l'*Estafette*, eut encore à exercer ses talents improvisés sur un superbe poisson de la forme du Barbot, qu'un pêcheur apporta dans ma barque. L'eau du Nil, renfermée dans des cruches de terre suspendues au vent du nord, s'épurait à ces sortes de filtres, et, mêlée au jus des limons et des oranges, nous donnait une boisson rafraîchissante. Ces vases, fabriqués à Kéné, dans la haute Égypte, ont encore la forme des amphores retracées par les tableaux hiéroglyphiques; on les employait, il y a trois mille ans, aux mêmes usages qu'aujourd'hui.

Dans l'après-midi, nous fûmes assaillis par un vent de sable pareil à ceux que j'avais essuyés dans l'île de Chypre. Je cherchai inutilement à l'éviter, en tenant le milieu du fleuve; la pluie de poussière nous atteignait partout, desséchait la peau de nos mains, de nos visages; et les lunettes à poches vertes dont nous nous étions approvisionnés à Alexandrie, n'en défendaient pas complétement nos yeux. Ce vent, diminutif du terrible *khamsin*, dura une demi-heure; il nous laissa le gosier altéré, la tête lourde, et les membres brisés.

Cependant nous remontions le Nil avec rapidité. Nous passions, aidés par un vent toujours favorable, devant ses *rivages écumeux, frangés de palmes verdoyantes*, suivant l'expression d'un ancien voyageur français. La crue annuelle du fleuve, bien que commencée, était encore assez peu sensible. Je cédai à l'influence des violentes chaleurs et de la fatigue, effet du *khamsin*; je m'endormis sur un banc de nos rameurs, resté vide depuis que nos voiles enflées dispensaient l'équipage de tout travail. Les dernières images capricieuses qui précèdent le sommeil cessaient à peine d'errer autour de moi, quand je crus entendre assez vaguement, et comme une suite des illusions qui s'évaporent, ces vers de l'opéra de *Zémire et Azor* : Ali, tu dors?

> Tu dormiras plus à ton aise
> Quand tu seras rendu chez toi.

J'aurais aimé à continuer ce rêve qui me rappelait un souvenir confus de Paris, si je n'avais été en même temps secoué par une main assez rude pour faire envoler le songe. Je fus debout aussitôt, et je me trouvai nez à nez avec mon janissaire qui souriait dans sa barbe. « Est-ce toi « qui chantais? » lui dis-je. — « Oui, effendi, me « répondit-il : Ali, vieux serviteur; Paris; Fey- « deau. » J'appelai à l'instant l'interprète; car Ali ne savait pas assez de français, et je ne savais pas assez d'arabe pour comprendre ce qu'il voulait me dire.

J'appris ainsi que mon janissaire, né à Alexandrie, s'était, de bonne heure, attaché aux Français pendant l'expédition d'Égypte; et qu'inspirant au général Bonaparte une confiance qu'il a toujours méritée de mes compatriotes, il avait été envoyé en courrier à Paris. Or, de tout ce qu'il avait vu dans notre capitale, rien, disait-il, ne l'avait plus frappé que l'opéra de la salle

Feydeau, et la scène de *Zémire et Azor* dont il avait gardé le souvenir.

Ali s'excusa de m'avoir réveillé : mais il voulait signaler à mon attention les nombreux points noirs qu'on voyait nager autour de nous ; la chaleur était brûlante ; nous longions de très-près les joncs de la rive ; et, à chaque instant, des buffles s'avançaient loin du bord pour se lancer au courant du fleuve. Leurs têtes velues, et leurs cornes menaçantes jouaient à la surface des ondes ; souvent les bergers, et même les bergères, étaient de la partie : de jeunes femmes, dans la plus complète nudité, se mirent à suivre la kandje à la nage, tantôt plongeant, tantôt passant sur le dos de leurs buffles, quelquefois s'appuyant sur leurs cornes : c'étaient des esclaves de Nubie achetées par des cultivateurs. A leurs cheveux crépus, à leur peau cuivrée, à leur nez épaté, on aurait pu les confondre avec leurs hideux troupeaux.

J'arrivai dans la soirée à Terraneh. Vers minuit je passai près des maisons de Ouardan, construites en terre cuite au soleil, et arrondies à leur sommet comme des fours ; l'obscurité ne me laissait apercevoir distinctement que quelques minarets se détachant sur un ciel peuplé de mille étoiles.

Le 27 juillet, le vent toujours favorable nous fit doubler la pointe du Delta. Je vis, pour la première fois, les pyramides; mais si hautes et si rapprochées, que dans cette illusion d'optique, je les croyais tout près du rivage, et cependant j'en étais à dix lieues. Jusqu'alors je n'avais navigué que sur une seule branche du fleuve. Au-dessus du Delta c'était le Nil tout entier qui me portait dans sa vaste étendue. Ici les Arabes le nomment *la mer*. Le calme surprit ma kandje auprès de Boulak; mes regards ne quittaient pas les collines de Mokatam, les nombreux minarets du Caire, et surtout ces grandes pyramides de Ghizeh qui, se montrant partout, semblaient me suivre et se mouvoir avec moi. On plia les voiles, presque toujours tendues, à qui je devais la rapidité de ma marche; les avirons me mirent au port : j'étais venu d'Alexandrie en quarante-huit heures.

II.

LE CAIRE.

A Boulak, on m'offrit des ânes pour me rendre au Caire; lassé de l'immobilité du bateau, j'aimai mieux faire la route à pied; ce fut ainsi qu'après avoir traversé la grande place de l'Ezbékieh, et les rues si populeuses et si étroites de la ville, j'arrivai au couvent de Terre Sainte, où je devais loger.

Je fus aussitôt l'objet des attentions de mes compatriotes; je vis assidûment MM. Gaspary et Asselin de Cherville, agents français, mais plus souvent encore M. Drovetti, lequel n'avait pas alors repris les rênes du consulat général. M. Drovetti me témoigna dès l'abord une entière confiance; je trouvai chez lui une haute intelligence de nos intérêts politiques, cette raison calme et réfléchie, fruit d'un long séjour en

PIERRE GARY,
né dans le département de Lot et Garonne,
ancien Tambour de l'Armée Française,
Garde du corps du vice Roi d'Egypte Mohamet-Ali.
1820.

Orient, que Méhémet-Ali avait su si bien apprécier, et de savantes indications sur les travaux et les monuments de l'ancienne Égypte. Notre amitié réciproque et sincère, commencée en Afrique, s'est continuée et fortifiée plus tard en Europe; elle a survécu de part et d'autre à nos fonctions et à nos devoirs publics.

Je me liai tout de suite aussi avec M. Selves, ancien chef d'escadron de la garde impériale; il était depuis peu colonel au service du vice-roi; c'est aujourd'hui Suléïman-Pacha, l'un des généraux les plus distingués de l'armée d'Ibrahim. Je fus promptement attiré vers M. Selves par un accueil ouvert et affectueux, une franchise toute militaire, et une gaieté sans nuls soucis, qui ne se démentait jamais. Il avait, dès cette époque, adopté le turban et beaucoup des coutumes de la vie musulmane, sans renoncer tout à fait aux mœurs et aux souvenirs de l'Europe; je retrouvais en lui cette brillante hardiesse, ce fatalisme enjoué, cette confiance aventureuse des officiers de l'empire, vertus ou vices de l'époque des conquêtes, que nos institutions libérales et pacifiques ont dû modifier.

Le chef des trente-trois Français [1] de l'armée d'Égypte, qui étaient alors les plus intimes gardes du corps du vice-roi, se présenta chez moi le soir même de mon arrivée : c'était l'homme de cette petite troupe qui avait le moins oublié la langue maternelle. Il se mit fort obligeamment à ma disposition, ainsi que tous ses subordonnés, et il avait amené avec lui pour ne plus me quitter, un garde qui partagea auprès de ma personne le service du janissaire.

Quand ma pensée, pour faire trêve aux tristes agitations du jour, se reporte vers cette heureuse époque de ma vie, depuis si longtemps écoulée, je crois toujours avoir devant moi la figure desséchée et brunie de mon fidèle soldat, ancien tambour de l'armée d'Égypte, et ses yeux étincelants sous le turban à longs replis qui cachait sa tête. Il savait encore quelques mots de français. Je lui demandai son nom : il me dit qu'il se nommait Roschouan ; il avait accompagné pendant leur séjour au Caire MM. de Châteaubriand et de Forbin, dont il conservait

---

[1] . . . . . Il n'en restait plus que dix-sept en 1830.

quelques souvenirs écrits. « C'est ainsi que vous « nomment les Turcs, lui dis-je; mais en France, « comment vous appeliez-vous? » J'eus quelque peine à arracher à Roschouan l'aveu de son nom de chrétien; et par un sentiment de honte ou de regret, il mettait une répugnance visible à me répondre. J'appris enfin de lui, peu à peu, qu'il s'appelait *Pierre Gary*, et qu'il était né à *Puymiclan*, dans le département de *Lot-et-Garonne*, à deux lieues environ de l'endroit où j'étais né moi-même. Je le lui dis, et aussitôt je lui demandai en patois gascon s'il avait oublié son pays, nos belles campagnes, nos villes voisines. Je lui rappelai son village, son ruisseau, sous les noms que nos laboureurs leur donnent; le pauvre Roschouan, ravi de ce langage depuis si longtemps étranger à son oreille [1], et qu'il ne com-

---

[1] Il y a bien au-dessus de nous, vers les montaignes, un Gascon que je treuve singulièrement beau, sec, bref, signifiant, et à la vérité, un langage masle et militaire plus qu'autre que j'entende, aultant nerveux, puissant et pertinent, comme le François est gracieux, abondant et délicat.
MONTAIGNE, liv. II, ch. 17.

Ceci soit dit, en passant, aux détracteurs des Gascons et de leur dialecte.

prenait plus que par instinct, se mit à sourire, puis il essaya d'en retrouver quelques paroles, mais vainement; sa bouche s'ouvrait, et les sons n'arrivaient pas : il ne put que me dire : « *Ah! mon Dieu!... Allah!... mon Dieu!...* » et deux grosses larmes coulèrent sur ses joues noires et osseuses. Alors, n'étant plus maître de son émotion, il se précipita sur mes mains qu'il baisait avidement. Touché moi-même de retrouver un frère à quelques pas des pyramides, je me jetai dans ses bras, et nous nous serrâmes sur nos cœurs, en vrais enfants du même fleuve.

Je visitai plusieurs fois la citadelle et quelques grandes maisons arabes, que leur structure signale à la curiosité des voyageurs. Une fois pour toutes, je déclare ici que je me suis interdit toute description des détails de l'architecture; et ma proscription s'étend aussi bien aux volutes ioniques qu'aux monuments massifs des Pharaons et aux découpures moresques. Je me souviens des *festons* et des *astragales* de Boileau, et je reste convaincu, d'autre part, que le plus informe croquis du dessinateur le moins habile dit mieux, en ce genre, que vingt pages de la description la plus minutieuse et la plus lucide.

C'est dans ce château du Caire qu'habite la famille du vice-roi. Tantôt, pénétrant dans cette forteresse, je descendais les rampes obscures et humides du puits de Joseph, jusqu'au large bassin où venaient puiser à la fois, à deux cents pieds sous terre, hommes, femmes, bœufs, ânes et chameaux; tantôt j'errais à l'ombre des voûtes abandonnées du palais de Saladin. Un jour, j'atteignis le sommet du Mokatam : c'est une haute colline de sable, plutôt qu'une montagne; et c'est la plus élevée de ces grandes dunes à la gauche du fleuve, qui, resserrant le Nil dans sa vallée, s'abaissent insensiblement vers la mer Rouge.

Du haut du Mokatam, la vue est immense, et aucun tableau ne peut la retracer en son entier. J'avais à ma droite les campagnes d'Héliopolis et du Delta; à gauche, les plaines qui s'étendent jusqu'aux lacs de Natroun; à l'horizon, devant moi, divisés en trois groupes, toutes les pyramides, dont les masses se détachaient sur la longue ligne des sables libyques; plus près, le Nil, dans un cours de vingt lieues, traçant un large sillon d'argent au milieu de ses forêts de palmiers et de sa riche verdure; puis le vieux Caire, les tombeaux des califes ombragés de cyprès, les antiques mosquées; enfin, à mes pieds, la grande ville, ses mille minarets et sa citadelle. Des bruits confus s'élevaient du sein de cette nombreuse population resserrée dans des rues tortueuses et de sombres bazars.

Tous les jours, je visitais en détail quelque mosquée; d'abord les temples de *Hasan*, de *Gamahi*, le *Mouristan*, hôpital des fous; *Djami-el-Azhar*, grande mosquée des aveugles; puis quelques monuments moins célèbres. On prétend en Italie que jamais Romain ni étranger n'a vu toutes les églises, chapelles ou oratoires de Rome; on m'a dit en Égypte que jamais homme n'a pu connaître toutes les mosquées du Caire. Je ne sais plus quel voyageur français a la bonhomie d'en porter le nombre à vingt-deux mille huit cent-quarante : n'aurait-il pas emprunté ce chiffre aux *Mille et une Nuits?*

Je parcourus aussi les salles de bain les plus renommées; j'usais sans mesure de cet indispensable préservatif contre les ardeurs du climat.

Tantôt, suivant la mode européenne, je me plongeais dans les cuves pleines de l'eau du Nil purifiée ; tantôt je me soumettais aux ablutions orientales et aux soins des plus habiles *masseurs*. La chaleur, au temps de la canicule, était telle même dans les maisons et dans les rues où le soleil ne pénètre jamais, que de ma vie je n'en ai ressenti d'aussi puissante ; mais ses effets, incommodes quelquefois, me furent toujours salutaires.

M. Selves était souvent de mes promenades, et il me faisait remarquer dans l'immense labyrinthe, qu'on appelle le nouveau Caire, tout ce qu'il croyait digne de quelque attention : les couvents de derviches, les quartiers juifs, les *cafés* d'opium, toutes répétitions fort imparfaites de ce que j'avais vu journellement à Constantinople. Une seule chose fut tout à fait neuve pour moi : les Almées, leur danse et leur pantomime, que tout le monde a décrites et admirées ; ce spectacle, dont je parlerai plus tard, et que je n'admirai guère, me parut peu digne du voluptueux enthousiasme des voyageurs qui m'ont précédé.

Je fus reçu avec la pompe accoutumée par les lieutenants du vice-roi. C'était tout le luxe des cérémonies ottomanes, que les manières simples et familières du maître m'avaient fait oublier.

Un médecin français établi depuis longtemps en Égypte, et fort en honneur auprès des Musulmans, dont il avait adopté les vêtements, les mœurs et le culte, s'offrit pour me conduire au marché des esclaves. A Constantinople, l'acquisition des esclaves, la vue, et souvent l'entrée du bazar exclusivement destiné à cette vente, sont interdites aux Européens : au Caire, l'accès en est ouvert à tous.

Je vis d'abord de jeunes femmes d'Éthiopie, à peine recouvertes d'une grossière ceinture; elles avaient de douze à seize ans. On les tenait entassées dans une sorte de loge ou de prison. Là, des Turcs les marchandaient et les soumettaient, en présence du propriétaire, au plus complet et au plus bizarre examen; leur dernière épreuve était de faire tirer à l'esclave sa langue dans toute sa longueur. J'imaginai que c'était pour y reconnaître les symptômes de la santé, et en cela j'avais raison; mais mon guide me fit remarquer que ce n'était pas le dessus de la langue que les Turcs inspectaient, mais seulement le dessous. C'est, en effet, sous la langue, me disait-il, que se trouvent les signes indicateurs; et il riait le premier de ce précepte de la médecine arabe, tout au rebours du procédé prescrit par les facultés européennes.

Ces esclaves étaient d'une taille médiocre, mais bien prise; leur peau cuivrée, leur nez si large et leur tête laineuse ne rebutaient pas les Turcs. J'en vis emmener deux (deux sœurs, me dit-on), qui coûtèrent ensemble près de deux mille piastres (1,000 fr.). Elles se disaient heureuses, en quittant le bazar, d'autant plus qu'elles avaient craint un moment d'être achetées par le chien d'infidèle qui se trouvait là. C'était de moi qu'il s'agissait. Ceci me fut interprété avec tous les ménagements possibles : mais j'aurais pu deviner la pensée de mes douces Éthiopiennes, aux regards qu'elles jetaient sur moi et aux malédictions qu'elles me lançaient à la dérobée. Comme ces grosses injures étaient proférées dans le langage du Sennaar, je n'eus pas de peine à garder ma contenance flegmatique.

Nous passâmes à quelques articles d'un prix plus élevé, mais presque de la même couleur. C'étaient des Abyssiniennes, plus grandes et moins olivâtres que leurs voisines; elles étaient plus dégagées encore de tout vêtement; leurs cheveux seuls, d'un rouge brun, les cachaient. On me les nommait une à une en me disant leur prix, comme si j'étais une précieuse pratique. Une jeune femme enceinte, assise dans un coin, fut portée à une haute valeur; on m'expliqua qu'allant être mère, ce n'était plus un esclave qu'on achetait en elle, mais deux.

Enfin nous fûmes introduits dans quelques cellules séparées, où deux Circassiennes et une Géorgienne nous montrèrent les vrais types de la beauté et ce teint éclatant de blancheur auxquels nos yeux lassés des nuances négrillonnes furent heureux de revenir. Leurs grands traits, leurs belles formes, leurs longs cheveux étaient particulièrement recherchés au Caire; elles étaient réservées aux harems des plus riches sei-

CHAPITRE XIX.

gneurs, et leur prix fort élevé me fit apercevoir que les Musulmans connaisseurs donnaient la préférence à la beauté telle que nous l'apprécions en Europe.

Je vis aussi quelques esclaves mâles que les cultivateurs achètent, et parfois même, me dit-on, des veuves Arabes. Je ne sais plus trop tout ce qui me fut raconté à cette occasion; j'étais las de toutes ces horreurs avilissantes; mon cœur se soulevait d'indignation, de dégoût, et je m'enfuis du bazar sans écouter les révélations du docteur sur l'éducation des Abyssiniennes, sur les garanties données forcément à leur vertu, sur les mystères de leur toilette. Il était, quant à lui, un fidèle habitué du marché; il avait peuplé son harem de ces esclaves, qui faisaient le service de sa maison, et qu'il employait, disait-il, à diverses expériences relatives à son art, comme aussi j'en eus plus tard la certitude, à d'autres usages étrangers à la médecine. Ce Français me rappelait un aventurier que cite le voyageur Villamont, lequel « s'en alla rendre Turc pour vivre, « et en intention de parvenir à quelque haut de-« gré d'honneur, ainsi qu'il est facile aux réné-

« gats de bon entendement, au nombre desquels
« je le compte, encore qu'il aist monstré le con-
« traire en reniant son Dieu et son salut pour
« prendre le faux prophète Mahom et ses en-
« fers. »

Je fus introduit par M. Asselin de Cherville lui-même dans le laboratoire où il accumulait les nombreux manuscrits qu'il avait recueillis à grands frais, et où il achevait ses commentaires et ses traductions. Absorbé depuis longtemps par ses profondes études, cet orientaliste avait contracté l'habitude de la retraite et du silence. Je le trouvai vêtu du costume ottoman, courbé sur ses feuillets et ses parchemins, tel que l'école hollandaise représente Érasme avec une longue robe et un bonnet de fourrure au milieu de ses livres et de ses propres écrits. M. de Cherville, renonçant à toute distraction extérieure, s'était imposé une grande tâche. Il cherchait à retracer l'origine des nations par la comparaison et l'analyse des dialectes. « Je lutte contre l'im-
« mense barrière opposée à la civilisation du
« monde, me disait-il; tous les efforts des An-
« glais et de nos missionnaires français (les plus

CHAPITRE XIX.

« ingénieux et les plus zélés de nos modernes
« philanthropes) échouent contre le même obs-
« tacle : *la différence des langages;* et cette dif-
« férence est surtout plus marquée en Afrique.
« On ne peut dépasser quelques centaines de
« milles, au midi ou à l'occident de l'Égypte,
« sans rencontrer des peuples nouveaux, qui,
« par leurs idées morales, leurs besoins, et sur-
« tout leur langage, sont éternellement étrangers
« les uns aux autres. Placé au Caire, centre du
« commerce et point de réunion des nations po-
« licées de l'Orient comme des peuples sauvages
« du sud, j'ai voulu connaître tous les dialectes
« du Nil, depuis ses sources jusqu'à ses embou-
« chures, et les idiomes des vastes déserts qui
« nous environnent. Enfin, malgré l'aversion na-
« turelle et les préjugés des Musulmans même
« les plus lettrés envers un chrétien, je suis par-
« venu à fonder une sorte d'académie de tra-
« ducteurs dans le sein de la mosquée d'*El-*
« *Azhar.* »

M. de Cherville me fit voir les innombrables
manuscrits, fruit de ses travaux, qui repro-
duisaient pour moi la prodigieuse fécondité

des écrivains espagnols; j'ai retenu les titres de plusieurs de ces importantes élucubrations.

D'abord, la traduction entière de la Bible en dialecte abyssinien; cet ouvrage, refusé à Paris, fut acheté au prix de mille livres sterling (25,000 fr.) par la société biblique de Londres.

L'examen critique des historiens arabes de l'Égypte.

Des dictionnaires comparatifs des idiomes parlés et si rarement écrits dans la Nubie, le Sennaar, le Darfour, les Oasis, des îles de la mer Rouge et des Arabes du désert, en Afrique; des Aghouans, des Kurdes et des Malais en Asie.

Des traductions de Lokman, de Pilpay, des œuvres complètes de Saady et des plus célèbres poëtes arabes et persans.

Enfin, le catalogue des manuscrits que renferment les bibliothèques du Caire; et, bien que les bibliothèques soient une invention de l'antique Égypte et qu'on les y appelât *le trésor des remèdes de l'âme*[1], elles y sont dans un tel désordre aujourd'hui, et d'un accès si difficile, que ce tra-

---

[1] BOSSUET, Histoire universelle, ch. III.

vail, tout Levantin en conviendra, est un des plus pénibles qui se puisse imaginer.

Je me laisse entraîner par mon goût pour les vieux livres, que j'ai toujours beaucoup aimés sans en retirer un grand profit, à raconter trop longuement ce que je vis chez M. de Cherville, et je ne dis pas seulement la moitié des écrits que je feuilletai ou qu'il énumèra lui-même.

Cependant, je voulus partir pour les pyramides : M. Selves, retenu par quelques devoirs militaires, se désolait de ne pouvoir m'accompagner ; il exigea que sa tente de campagne me suivît ; et elle me fut d'un grand secours bien plus pour me donner de l'ombre dans la journée qu'un abri pendant la nuit. Chargée sur le dos d'un âne, elle fut confiée à Roschouan, qui la dressait, en un clin d'œil, à toutes nos haltes.

III.

LES PYRAMIDES.

On nous amena de petits ânes noirs, vifs, intelligents, presque jolis, comme je n'en ai vu qu'en Égypte. Ils me prouvèrent qu'ils étaient doués d'une force et d'une patience à lasser les plus vigoureux chevaux. Ici, comme en Arabie, le cheval ne porte jamais d'autre poids que l'homme. Il est aussi quelques contrées du désert où l'âne partage cette noble prérogative. Au Caire, on se sert partout des ânes; les nombreuses nations qui peuplent l'immense cité n'ont pas d'autre véhicule; il faut en excepter néanmoins les hauts dignitaires, qui usent seuls du cheval, et les juifs, qui, partout classés à part, ne vont qu'à pied. Ces petits ânes, excités par les cris rauques de leurs conducteurs, traversent dans tous les sens et très-vite les mille rues de la ville, et les encombrent aux dépens des pauvres fantassins. Accoutumés à courir sous leurs maîtres, et parés d'une selle, ceux-ci relèvent le pas, portent haut la tête, et *semblent glorieux d'une charge si belle,* tandis que leurs frères, simples bêtes de somme, marchent lentement, et plient avilis sous les plus ignobles fardeaux. La Fontaine avait deviné les ânes d'Égypte quand il peignait

> Deux coursiers à longues oreilles;
> L'un.... marchait comme un courrier;
> Et l'autre se faisant prier
> Portait, comme on dit, les bouteilles [1].

Ce chapitre des ânes serait plus long, et surtout bien plus piquant, si je savais redire ici ce que j'ai ouï raconter à M. de Châteaubriand sur la noblesse originelle de l'âne, l'histoire de sa décadence, datant des croisades, son caractère patient et courageux, enfin des traits d'instinct et d'inflexible volonté que j'aurais voulu voir ajoutés à Buffon, comme un de ses plus curieux appendices.

---

[1] La Fontaine, Fable x, liv. 2.

Notre petite caravane, Roschouan en tête, Ali fermant la marche, traversa la grande place de l'*Ezbékièh*, où se faisaient déjà les préparatifs de la fête du Nil, longea les murs et les grilles des tombeaux des califes Fatimites, puis gagna le port du vieux Caire, où je devais m'embarquer et revenir ensuite. Le fleuve me parut s'être sensiblement accru depuis mon arrivée à Boulak; il n'inondait pas encore les campagnes, mais il coulait presque à pleins bords; quelques coups de rame suffirent pour m'amener dans l'île de Rodha, où les gardiens du Mekkias m'expliquèrent complaisamment les progrès des eaux tels qu'ils les marquent sur la colonne souterraine. Ils me montrèrent les lignes qui signalent la stérilité et l'abondance; je retrouvai dans leurs calculs les indications suivantes de Pline.

« La crue réellement favorable est de seize
« coudées; moins d'eau n'arroserait pas le sol en-
« tier; plus d'eau retarderait la culture en s'é-
« coulant avec trop de lenteur. A douze coudées,
« il y a famine en Égypte; à treize, on souffre
« encore; quatorze coudées donnent la première
« joie d'être au-dessus de la disette; à quinze,

« vient une complète sécurité; à seize, les délices
« de l'abondance ¹. »

Tout annonçait pour l'année une inondation heureuse, et je copiai sur la colonne indicatrice les chiffres suivants, tracés du bas en haut.

Le 5 juillet, les eaux étaient sur la partie inférieure de la colonne à 296 pouces, niveau des eaux basses. Dans leur première crue, jusqu'au 9, elles montèrent . . . . . à 288.

    Le 14 juillet . . . . à 249.
    Le 16 . . . . à 237.
    Le 19 . . . . à 230.
    Le 21 . . . . à 226.
    Le 25 . . . . à 198.
    Le 28 . . . . à 180.

C'était, comme on le voit, près de dix pieds en vingt-trois jours; soit, plus d'un grand tiers des seize coudées de Pline, que j'établis à dix-

---

¹ Justum incrementum est cubitorum sexdecim. Minores aquæ non omnia rigant; ampliores detinent, tardiùs recedendo; in duodecim cubitis Ægyptus famem sentit; in tredecim etiamnùnc esurit; quatuordecim, hilaritatem afferunt. Quindecim, securitatem; sexdecim, delicias.

                    PLINE, Hist. Nat., liv. v, ch. xi.

huit pouces de France la coudée [1], pour abréger mon calcul, et pour écarter toute fraction ou opération arithmétique.

Du Nilomètre je passai aux ombrages de Rhoda, et je m'assis sous les beaux platanes qui couvrent la rive; les flots, resserrés par l'île, entraînaient rapidement devant moi les djermes qui arrivaient de la haute Égypte, et qui profitaient des premières crues pour accélérer leur trajet. Le soleil baissait quand je traversai le Nil à mon tour; notre barque effraya un pélican qui nageait solitairement au milieu du fleuve, et refoulait le courant sous le duvet de sa large et blanche poitrine, comme un vaisseau à l'ancre oppose sa proue au reflux de la mer.

Je débarquai à Egghizé. J'y remontai aussitôt sur mon âne, qui me fit franchir en deux heures la distance du Nil aux pyramides. Dans cette grande moitié de la plaine, je suivis des champs de dourah, de longs canaux d'irrigation, quelques rizières, de vastes semis de coton et d'in-

---

[1] Taux moyen des mille évaluations données à la coudée par les antiquaires.

digo, dont les cultivateurs recueillaient en hâte les produits, pour laisser la terre nue, et la livrer sans obstacle à l'influence des eaux. J'admirais dans ces campagnes la vigoureuse végétation, non pas seulement des herbes cultivées, mais encore des tiges sauvages qui croissaient sur le bord des sentiers ou sur les talus des digues, et j'y reconnaissais, au milieu de bien des fleurs innocentes, des plantes médicinales et des poisons; « car le sol si fécond de l'Égypte, dit « Homère, produit un grand nombre de médi- « caments, beaucoup de bons, mêlés à beaucoup « de mauvais [1]. »

Après quelques chaumières dressées à l'abri des dattiers, j'atteignis la ligne stérile; et là, de violentes bouffées du *khamsin* nous enveloppèrent d'un nuage de poussière si épais, que, tout près de terre, je ne voyais plus la route frayée : force était, d'ailleurs, de tenir les yeux constamment fermés pour les dérober à cette pluie bat-

---

[1] Αἰγυπτίη, τῇ πλεῖστα φέρει ζείδωρος ἄρουρα
Φάρμακα, πολλὰ μὲν ἐσθλὰ μεμιγμένα, πολλὰ δὲ λυγρά.

Hom., Odyss. ch. iv, v. 229.

tante de petits cailloux et de sable : nos précieuses montures résistaient seules aux assauts du vent, sans ralentir leur marche; enfin, l'ouragan cessa comme le jour. La lune, faible encore, parut derrière la première pyramide, quand j'y arrivais; et cette clarté, si chère aux ruines, rendit à la tombe de Chéops toute sa majesté. L'ombre du monument s'étendit au loin sur l'arène, et la nuit renouvela les illusions que le jour m'avait fait perdre. A mon approche, il m'avait semblé que la hauteur des pyramides décroissait insensiblement. Elles m'avaient apparu comme des collines géantes, quand je les contemplais des bords du Delta; en marchant sur elles, au contraire, elles se rapetissaient, et ne se montraient plus à mes yeux que comme des constructions presque ordinaires.

Les phénomènes d'optique, les erreurs des sens se multiplient autour des pyramides, grandes créations d'une forme unique et d'un volume inimitable. Soit qu'on les observe de loin, de près, d'en haut, d'en bas, dans leurs galeries intérieures, ou sous le voile du mirage, tout est magie autour d'elles; et c'est là, sans doute, que

CHAPITRE XIX.

la physique devrait étudier et approfondir les effets de la lumière. Cette lumière y est si éclatante, si limpide et si pure!

Ma tente se dressa sur le sable, et en un instant elle fut assiégée par les Arabes des hameaux voisins, qui venaient en foule nous offrir leurs services, et par quelques Almées dont les danses devaient charmer notre veillée. Je les avais vues sans plaisir au Caire; ici, je ne voulus occuper mes yeux que des pyramides, et je passai les premières heures de la nuit à errer autour des colosses, remontant les âges depuis Bonaparte jusqu'à ces rois inconnus *qui n'ont pu jouir de leur sépulcre.* Enfin, par égards pour Roschouan, qui ne voulut jamais m'abandonner pendant mes méditations, je reposai un moment sur un tapis étendu sous ma tente. Vers trois heures, les Arabes, guides des pyramides, me réveillèrent pour me conduire au haut du monument de Chéops, où j'avais désiré parvenir avant le lever du soleil.

Quelques préparatifs précédèrent cette ascension. Deux Fellahs ceignirent mes reins d'une corde dont ils tenaient chacun le bout; puis ils me dirigèrent par la voie qui fait face au midi, et qui aujourd'hui est la seule praticable. Le sommet de la pyramide est inaccessible par ses trois autres côtés; et le voyageur, qui, ne se confiant qu'à l'apparence ou à lui-même, s'engagerait dans toute autre direction, se trouverait bientôt arrêté par de longs espaces de murs sans gradins, et par des remparts qu'il ne pourrait ni franchir ni tourner. Plusieurs essais de ce genre finiraient par lui ôter toutes les forces dont il a besoin pour son pénible trajet. Des pierres taillées, hautes de deux à trois pieds, placées en retrait les unes sur les autres, sans ciment ni fer, et débordant de dix pouces à peu près; c'est là ce qu'il faut gravir dans la voie connue des seuls Arabes, ou longer en zigzag, lorsque les dégradations forcent à prendre un détour. Presque toujours je m'aidais de mes mains pour saisir les courtes arêtes de ces énormes degrés : j'arrivai enfin tout essoufflé sur la plate-forme.

Le soleil allait paraître : bientôt il s'annonça derrière le Mokatam par un trait de feu qui vint m'atteindre par-dessus la plaine, et courut en un instant jusqu'à l'horizon des sables libyques : peu à peu, je vis sa clarté descendre le long du flanc oriental de la pyramide, et colorer la vallée de toute sa splendeur. Alors l'astre éclatant me montra au loin les rives ombragées du Nil, depuis Benisouef jusqu'au Delta ; le Caire, tout éblouissant de ses premiers rayons; à mes pieds, la scène des grands combats de l'armée française, que Roschouan, acteur et témoin, m'expliquait tant bien que mal; puis, groupées autour de moi, toutes les pyramides; au delà, comme une ligne argentée, le lac Mœris; enfin, le désert et son immensité.

Le haut de la pyramide est un carré parfait de seize pas en tout sens. Je lus sur les pierres qui le bordent mille noms gravés ou crayonnés, auxquels, pour obéir à l'ancienne coutume, je dus joindre le mien. Deux de ces noms, BONAPARTE et CHATEAUBRIAND, tracés par une main qui ne fut pas la leur, se trouvaient là tout près l'un de l'autre, toujours rapprochés dans l'histoire de leur siècle, dans la bouche de leurs contemporains, et sur le granit des pyramides, comme les deux génies des armes et des lettres. Et j'étais là, moi, pygmée, sur ce colossal ouvrage des temps mystérieux, comptant les générations évanouies, imperceptible comme un de ces grains de sable du désert qui m'environnait.

Je prolongeais mon extase en même temps que ma station à ce magnifique observatoire où je ne devais plus remonter, quand mes Arabes me firent expliquer par Roschouan que la chaleur toujours croissante rendrait le retour plus pénible. Je leur cédai lentement, après avoir lancé quelques pierres détachées sur les faces latérales de la pyramide où le chemin n'est plus ouvert : ma pierre bondissait de roc en roc, mais je la perdais de vue avant qu'elle eût gagné le sol. Je déchargeai mes pistolets en l'air : la détonation fut sourde, sans écho, et Ali, que j'apercevais comme un point noir au bas de la pyramide, où il m'attendait, ne l'entendit pas ; enfin je jetai un dernier regard sur cet admirable panorama, et remettant le bout de la corde à mes Arabes, je commençai à descendre.

C'est alors que j'éprouvai la plus rude fatigue :

courbé sur mes genoux, il fallait glisser d'une assise à l'autre, quelquefois sauter les degrés et se roidir sur une arête étroite; tout élan qui m'eût jeté en avant, toute distraction qui eût surpris mes Arabes, un faux pas, le moindre vertige, m'auraient infailliblement brisé en mille pièces, et mes débris n'eussent pas même atteint la plaine. Je n'avais pas assez de toute ma vigueur pour lutter contre ces difficultés; celle de mes Arabes vint plus d'une fois à mon secours. Quand je rampais péniblement, eux, souples et lestes, couraient sur ces précipices comme les gazelles sur le gazon de la plaine du Thabor.

Enfin, exténué, haletant, et les jarrets rompus, je tombai sur le sable, à l'ombre de la pyramide, où je restai complétement immobile pendant dix minutes. J'avais mis une demi-heure à monter, et un quart-d'heure à descendre. Quand je repris mes sens, j'étais encore à l'ombre de la pyramide; car les pyramides ont une ombre, n'en déplaise à quelques historiens de l'antiquité. Il est vrai qu'elles n'ont pas d'ombre vers midi, dans les longs jours de l'année, et qu'alors elles ne cachent plus le soleil. C'est là l'effet que mon compatriote Ausone a voulu peindre dans ce vers :

. . . Ipsa suas consumit pyramis umbras[1].

« La pyramide absorbe elle-même son ombre. » Mais cette ombre qui ne paraît pas à midi, sur des surfaces inclinées, mérite-t-elle bien le nom de phénomène?

Je pénétrai dans l'intérieur de la grande pyramide, avec assez de peine d'abord; il fallut glisser sur le ventre, et faire ainsi le tour d'un bloc énorme de maçonnerie qui ferme la voie. Cette masse a-t-elle été détachée des assises supérieures par l'effort du temps, ou bien a-t-elle été placée ainsi, dès la création, pour déguiser l'entrée, restée si longtemps problématique et inconnue, et pour empêcher tout accès? *Quærite, quos agitat, mundi labor*[2].......

Après avoir surmonté ce premier obstacle, je me trouvai dans un long corridor qui conduit en montant, à la chambre sépulcrale. Ce corri-

---

[1] Ausone, Mosella, v. 313.
[2] Lucain, Pharsale, liv. 1, v. 417.

dor étroit a des espèces de trottoirs à gauche et à droite, de trois pieds d'élévation. Mes Arabes couraient sur les deux trottoirs à la fois, sautant de l'un à l'autre; puis ils s'arrêtaient, les jambes écartées, secouant leurs torches; et de loin, presque nus, ils apparaissaient sous ces voûtes lugubres comme des géants, ou plutôt comme ces spectres, fils des illusions de la nuit, qui grossissent et s'allongent dans nos imaginations rêveuses. Au milieu de ces prestiges fantasmagoriques, les cris de mes guides réveillaient les échos des sombres défilés, et mieux encore les chauves-souris, dont les ailes rasaient nos figures. Je parvins ainsi à la chambre du sarcophage royal, et je m'assis sur les rebords de granit noir, méditant sur tant de merveilles et de mystères accumulés autour d'un tombeau.

A la lueur des torches, je visitai tous les contours du royal sépulcre; les parois de ces murs monolithes de la base au sommet, leurs signes hiéroglyphiques, les conduits qui partent du centre de l'édifice pour aboutir on ne sait où; puis je retournai vers l'entrée par le même couloir. Je venais de dessus la pyramide; j'étais dedans; on me proposa d'aller dessous, et de me suspendre par une corde dans un puits profond de cent quatre-vingts pieds, dont je voyais à mes pieds l'étroite ouverture. J'étais las de la chaleur et de l'obscurité de ces vastes souterrains : je demandai à revoir le soleil. A peine réjoui de sa lumière, j'allais pénétrer dans la pyramide voisine, nouvellement ouverte par M. Belzoni; mais on me fit observer qu'elle n'offrait qu'un intérêt secondaire et incomplet jusqu'ici.

Je me contentai de parcourir quelques catacombes ornées de bas-reliefs et de peintures funéraires, puis des sarcophages vides de leurs momies. Je fis ensuite le tour de la tête du sphinx colossal qui veille accroupi, comme un lévrier fidèle, sur ces demeures des morts. Une oie sauvage, de l'espèce particulière en Égypte [1], s'était posée sur cette tête du sphinx, et, se dessinant sur l'azur du ciel, elle formait comme un vivant hiéroglyphe. A notre approche, dédaignant le désert, elle s'envola pesamment vers les

---

[1] En grec, Χηναλώπηξ.

rives du Nil en faisant entendre un cri aigre et perçant.

Après une excursion aux pyramides d'Aboushir, les plus voisines de celles que je quittais, mais médiocres de hauteur et de construction, en comparaison des trois sœurs géantes de Ghiseh, nous nous dirigeâmes vers la plaine de Sakkara, éloignée de près de quatre lieues. Nous pouvions y parvenir par le désert et en suivant la ligne des sables à demi fertilisés que les grandes inondations atteignent seules; mais le soleil nous brûlait sur ces arènes calcinées; on préféra par un détour regagner les ombrages du fleuve et cheminer à l'abri des palmiers et au travers des catacombes de la ville des morts. Bientôt Roschouan m'arrêta dans une vaste plaine plate et comme nivelée, pour me montrer quelques puits de momies et d'oiseaux embaumés. Là, de longs sillons préparés pour recevoir la fécondation du Nil; ici, quelques palmiers solitaires; plus loin, des espaces déserts et sans culture; puis de grandes herbes desséchées où paissaient des chèvres et des buffles : c'était Memphis, la reine de l'Égypte. Memphis, dont les palais, les temples et les murs ont cessé d'être comme s'ils n'eussent jamais existé; aucune ville n'a si complétement disparu de la surface de la terre; l'antique Troie, la première à périr, garde encore ses décombres et les traces de sa citadelle. Memphis a tout perdu, sa place, ses ruines et son nom.

En remontant de Memphis à Sakkara, je rencontrai plusieurs débris de statues colossales, quelques colonnes brisées, des fragments de cippes tumulaires qui faisaient comme une avenue funèbre à ces autres tombes pyramidales que j'allais voir. Je passai aussi dans de grands champs d'indigo, de dourah, de melons et de pastèques : des fellahs presque nus nous offrirent quelques fruits rafraîchissants; l'ardeur du jour était accablante; je ne gardai sur moi que mes vêtements les plus légers. La chaleur ne permettait rien de plus; la décence ne prescrivait rien de moins.

Vers deux heures, je revis la ligne du désert et j'arrivai aux pyramides de Sakkara, dont je fis le tour. Elles sont moins élevées que celles de Ghiseh, et elles sont bâties en briques cuites au soleil. Ces constructions, bien moins indestructibles que les grandes pyramides, ne se maintiennent que préservées par leur masse. J'aperçus un Ichneumon s'échappant d'une des mille crevasses que le temps et le vent de sable ont multipliées dans ces amas de briques. L'animal effrayé courut sur le cordon d'une assise latérale, avec une extrême agilité, jusqu'à ce que l'angle le dérobât à notre vue. Je tirai un coup de fusil dans sa direction, et j'entendis les plombs frapper les parois insensibles; la proie avait disparu.

Je vis encore les pyramides de Daschour, plus avancées que les autres vers la solitude. J'avais traversé longtemps pour les atteindre des collines et des vallées de sable sans oasis, sans arbres et sans chemin tracé. Je fis dresser ma tente sur ce sol brûlant qui fut fertile autrefois; mais *le désert qui marche,* suivant l'expression arabe, empiète tous les ans sur les royaumes du Nil. Je reposai une heure auprès de la pyramide curviligne que sa forme distingue des autres monuments de Daschour; puis, repliant mes bagages et disant pour jamais adieu aux sables libyques dont je venais, par ce faible essai, de comprendre la tristesse et la monotonie, je revins aux ombrages de la rive, aux grandes avenues de dattiers, et au village de Scheik-Othman, sur les bords du Nil. Il était alors huit heures du soir. J'exerçais ainsi depuis quatorze heures la patience et la vigueur de mon infatigable monture. Je l'avouerai, ce jour de labeur et de jouissance me fit aimer et apprécier l'âne d'Égypte comme l'un des plus utiles compagnons du voyageur.

Je campai à l'ombre des palmiers. La brise du soir s'était levée et faisait *onduler leur cime flexible comme la tête d'une vierge qui se penche et s'endort*[1]. Ce premier repos m'invitait à chercher plus de fraîcheur encore dans les eaux du fleuve; je n'hésitai pas à m'y plonger; le bain ranima mes forces. Je me promenai ensuite jusqu'au lever de la lune sur les bords où la forêt de Sakkara voit croître ses derniers sycomores; les courlis faisaient entendre leur cri du soir : les jeunes Nubiennes, lasses des travaux du jour,

---

[1] Cette gracieuse image est de *Dafard-el-hadad*, poëte arabe.

venaient se livrer sans voile aux ondes du Nil ; les troupeaux de buffles retournaient en mugissant vers l'étable. Quelques barques de la haute Égypte passaient au milieu du fleuve, et les chansons monotones des rameurs s'entendaient de la rive. Voilà de ces heures qui se gravent dans la mémoire pour ne plus s'en effacer.

Avant de retrouver les palmiers et ma tente, j'entrai avec Roschouan dans une des cabanes dressées autour des champs cultivés; je ne vis que des esclaves presque sans vêtements, des murs de boue séchée, un sol humide et malsain, enfin toutes les traces d'une invincible misère. Et cependant les plus fertiles campagnes obéissent à ces pauvres cultivateurs, et l'abondance n'est due qu'à leurs mains. Je déplorais au fond de mon cœur cet avilissement et cette détresse des Arabes, victimes du monopole organisé qui fait la puissance de Méhémet-Ali. Car, en Égypte, ce n'est pas la terre qui donne la richesse, c'est l'eau. Le pacha, roi du Nil, maître absolu de l'onde et de la fortune, commande seul à la culture, et livre ses champs à des colons déshérités de toute propriété, ou à des esclaves. « Te sou-

« viens-tu, disais-je à Roschouan, de la maison
« de ton père, de l'aisance de nos laboureurs, de
« leur existence heureuse sur les bords de notre
« fleuve et dans cette opulente vallée où nous
« sommes nés tous deux? Quelle différence! Et
« pourtant ces misérables fellahs sont aussi nos
« frères! » Ma philanthropie parut faire fort peu
d'impression sur mon compatriote, devenu Musulman tout à fait.

A l'aube du jour, je me remis en route, mais
à pied, cette fois. Je marchai longtemps sur les
bords du Nil, jusqu'aux murailles d'un ancien
couvent cophte, qu'on pouvait prendre pour un
château fortifié. Là, commençait la ligne des
tentes du Kachef de Minieh. Je passai au milieu
des soldats sans retards et sans insultes; ce n'étaient plus les hordes indisciplinées de la Syrie;
puis, traversant le fleuve, je débarquai sur la rive
droite, à Tourah. M. Selves avait promis de m'y
rejoindre; en l'attendant, je me réfugiai, pour
éviter les atteintes de la chaleur, dans les eaux
du Nil, où je ne trouvai, en place de crocodiles,
que des buffles très-pacifiques.

M. Selves voulut me montrer lui-même les

vastes carrières de granit, d'où furent extraits les blocs des pyramides, *et la vallée de l'Égarement* qui conduit à la mer Rouge. Dans des plaines couvertes d'une sorte de pierre blanchâtre, il me fit remarquer, couchés çà et là, des fragments de palmiers pétrifiés, résonnant sous le doigt qui les interroge, bien plus comme du métal que comme du bois; puis de brillants coquillages entremêlés aux cailloux du sol; et cependant nous étions dans des solitudes inaccessibles aux eaux du Nil, et où les flots de Suez n'ont jamais pu parvenir. Plus loin, au delà des vallées qui s'ouvraient devant nous, est la *forêt pétrifiée*, où de grands arbres, traînés et torturés par des torrents inconnus, gisent changés en pierres grisâtres, au milieu des masses de coquilles et d'huîtres agglomérées. Chaos bizarre, qui date du déluge et atteste ses prodigieux ravages! Nous vîmes fuir au loin ces gros lézards d'Orient que j'avais déjà remarqués dans l'île de Chypre et qui ressemblent tant à de petits crocodiles. Ils couraient presque aussi vite que des lièvres, mais sans bondir.

Nous abandonnâmes ces merveilles d'un désert

aride, *où nos pieds brûlaient*[1], pour revoir le Nil et respirer la fraîcheur de ses brises sous les beaux platanes et sous les sycomores qui ombragent la magnifique tombe d'un santon vénéré : de là jusqu'au Caire on ne voit plus que de longues avenues de tombeaux formant une vaste nécropole autour de la grande cité. Pompeuses demeures des morts, toujours respectées en Égypte, depuis les éternelles pyramides jusqu'aux monuments des derniers mameluks! A partir du huitième siècle, l'architecture arabe semble avoir pris à tâche de varier à l'infini les formes toutes riches et élégantes de ces kiosks de la mort. Tantôt, de hautes coupoles ornées de festons et de peintures sur un fond d'or et d'azur, recouvrent la cendre des kalifes. Tantôt des colonnes d'un marbre éclatant s'élèvent chargées d'inscriptions en l'honneur de leurs ministres, et, tout autour, des cippes vulgaires, sans autre signe qu'un turban, cachent leurs nombreux sujets. J'admirais, bien plus que les palais du Caire,

---

[1] Ardens pulvis, nec humani vestigii patiens.

Sénèque, Quæst. Natur., liv. IV, ch. II.

CHAPITRE XIX. 231

ces pavillons si légers et si gracieux. Les maisons, ainsi le raconte Diodore de Sicile, passaient chez les anciens Égyptiens pour des hôtelleries; les tombeaux seuls étaient à leurs yeux des demeures éternelles [1].

Plus loin, était campé le corps de la cavalerie prête à partir pour l'expédition du Sennaar. Nous nous rendîmes, M. Selves et moi, en traversant d'abord les tentes du camp, ensuite les rues du vieux Caire, chez M. Gonnau, notre compatriote, où nous devions dîner.

M. Gonnau, ancien serrurier de la rue Saint-Denis, las des faubourgs de notre capitale et poussé par quelque instinct de fortune, était venu en Égypte, où il dirigeait depuis peu les fonderies de l'artillerie du vice-roi. Son mérite et ses talents, fort au-dessus de son premier état, lui avaient valu, dès l'abord, la confiance du maître. Il jouissait au Caire d'une réputation bien établie comme d'une véritable aisance. Ce bon Parisien gagna tout de suite mon estime et mon affection. Je lui promis, à mon retour en

---

[1] Diodore de Sicile, liv. 1, sect. 2.

France, de voir sa femme, sa fille, et de leur remettre quelques cadeaux dont il me chargea. En effet, dès mon arrivée à Paris, je me hâtai d'aller chez ces excellentes dames, qui ne pouvaient se lasser de me faire raconter la brillante fortune de M. Gonnau; elles vinrent souvent me rendre visite pour parler à leur aise de *ce bon ami* dont le nom faisait palpiter leur cœur et remplissait leurs yeux de larmes. Je crois me souvenir que madame et mademoiselle Gonnau ne tardèrent pas à quitter leur faubourg pour l'habitation du vieux Caire.

Après le dîner, qui fut gai et amusant, puisque M. Selves en était, avec ses joyeuses saillies, comme aussi libre et sans gêne, car M. Gonnau avait eu l'attention de n'inviter que des compatriotes, on me conduisit dans les jardins du pacha, où je vis le papyrus, et le bananier, dont la longue figue me semblait délicieuse. J'y trouvai le célèbre *lotus au doux fruit* (Λωτοῖο μελιηδέα καρπὸν[1]), plante *trop hospitalière,* suivant la spirituelle expression d'un poëte latin, puisqu'elle

---

[1] Homère, Odyssée, ch. IX, v. 94.

faisait oublier la patrie [1]. On me montra, dans un couvent grec, une grotte qu'avait habitée, disait-on, la vierge Marie; puis une porte antique, de construction romaine, si l'on peut appeler antique, en Égypte, ce qui remonte seulement aux Romains; enfin, et c'est ce qui me frappa plus que tout le reste, la belle mosquée d'Amrou, vaste édifice, élégant de structure, riche de détails, où trois cent soixante-cinq colonnes, égales en nombre aux jours de l'année, élèvent leurs chapiteaux, tous de formes particulières et distinctes.

Je revins au grand Caire au bruit de l'artillerie et à la clarté des fusées; les balcons des minarets étaient illuminés à trois rangs. On célébrait la circoncision d'un petit-fils du vice-roi. Quatre mille jeunes Musulmans avaient été également circoncis à cette occasion; un *bénish* (petite veste turque) et 50 piastres (25 francs) avaient été distribués à chacun de ces enfants, par ordre du pacha. Les réjouissances durèrent sept jours, et les dépenses de la fête dépassèrent

---

[2] Lotos nimis hospita... SILIUS ITAL., liv. III, v. 310.

un million. Ces places publiques couvertes de lampions de mille couleurs et de boutiques illuminées, ces groupes de Bédouins accroupis autour d'un conteur arabe, ces graves Ottomans prenant leur repas du soir au son d'un tambour et d'une flûte à bec, musique déchirante; ces montagnes de melons et de pastèques assaillies avidement; les riches costumes des soldats et des marins, les turbans aux vives couleurs et aux formes variées; enfin, ce mélange des mœurs du désert et des campagnes avec les coutumes des villes, font d'une fête musulmane, et surtout d'une fête en Égypte, un spectacle qui ne se peut comparer à aucun autre. Il me fallut aussi participer à ces joies, et l'on me réserva le plaisir de voir les plus belles Almées du Caire.

Ces danseuses, rangées sur les divans, chantèrent d'abord quelques vers arabes sur des notes lentes et monotones; peu à peu la mesure s'anima, sans être plus harmonieuse. A un signal, l'orchestre, successivement renforcé d'une flûte, d'un tambour de basque et de cymbales, resta seul assis; les plus jeunes Almées se levèrent, et s'avançant au milieu de la chambre, elles déployèrent devant moi toute la science de leur expressive pantomime. Voilées d'abord, elles laissèrent insensiblement tomber, dans le cours de la danse, leurs écharpes, leurs robes de soie, leurs ceintures, et elles restèrent ombrées plus que couvertes d'une gaze semblable à la brillante tunique d'Ulysse, *fine et transparente,* dit Homère, *comme la première enveloppe d'un oignon desséché*[1]. Les Almées montrèrent en commençant, dans leurs attitudes, une langueur et une mélancolie qui n'étaient pas sans charmes; puis, sur leur visage, le sourire du bonheur, le réveil des sens, des agitations vives et prononcées, dans leurs gestes une extrême mobilité, la passion, le délire : mais bientôt le désordre et l'ivresse furent poussés si loin, que je détournai les yeux; et ce n'est pas aujourd'hui sans un certain dégoût que je me rappelle ces scènes licencieuses et que je les retrace ici.

Revenu de la solitude des pyramides dans le

---

[1] Τὸν δὲ χιτῶν' ἐνόησα περὶ χροῒ σιγαλόεντα,
Οἷόν τε κρομύοιο λοπὸν κατὰ ἰσχαλέοιο.

HOMÈRE, Odyssée, ch. XIX, v. 232.

tumulte du Caire, j'employai deux jours encore à parcourir la ville et à la connaître. Je franchissais les rues obscures bordées de maisons si hautes, et les bazars si bruyants, coudoyé et arrêté à chaque pas par cette multitude de peuple en réjouissance. Les fortes chaleurs et cette foule favorables à la contagion de la peste ne me donnèrent jamais le moindre souci. Je m'aperçois même que j'ai complétement oublié de parler de l'horrible fléau ; c'est cependant ici le cas plus que jamais, puisque l'Égypte en est la terre classique, que la peste y prend naissance et n'y meurt pas. Mais, soit qu'un long séjour en Orient aguerrisse contre ce constant ennemi, soit qu'on ne craigne plus le danger quand il est si voisin, j'y pensais à peine ; et malgré les terribles malheurs dont j'avais été témoin, je me sentais à cet égard plus d'indifférence encore que de résignation. Sans me soustraire tout à fait aux précautions que la prudence exige, j'oubliais cent fois par jour d'user des préservatifs ordonnés, et j'en étais venu au point de m'étonner des inquiétudes si vivement exprimées que m'apportait chaque courrier d'Europe.

IV.

RETOUR A ALEXANDRIE.

MÉHÉMET-ALI.

Le jour de mon départ, M. Salt, consul britannique, et antiquaire passionné, m'avait engagé à déjeuner avec lui; et afin que le tête-à-tête où nous devions parler de Sésostris plus que de Paris ou de Londres eût lieu tout à notre aise, ce vieux Levantin, façonné au climat et aux mœurs du Caire, m'invita à venir chez lui dès le point du jour. Nous devions nous mettre à table au lever du soleil. Je fus exact à cette assignation peu usitée en Europe, et j'arrivai chez le consul avec l'aurore. Il m'attendait, et me reçut dans son petit musée, où il étala sous mes yeux toutes ses richesses antiques. Papyrus, statuettes de basalte, Ibis embaumés, momies, scarabées, inscriptions hiéroglyphiques, rien n'y manquait.

M. Salt, dont les ouvrages, si minutieusement écrits, ont été imprimés à Londres, s'occupait alors de les revoir et de les compléter. Il avait établi dans l'enceinte de Thèbes une sorte d'atelier de contradiction au grand œuvre français de la *Description de l'Égypte*. Il entretenait des architectes et des dessinateurs dans ce but, occupés uniquement à relever les prétendues erreurs du texte ou des mesures. Il exultait de joie pour la différence de quelques lignes dans la stature d'un colosse, et il montrait plutôt la maligne jalousie d'un rival, que le zèle d'un véritable ami des arts.

Pendant l'examen de ces trésors, un piano se fit entendre, et l'air de Rossini, *di Tanti palpiti*, si répété alors en Europe, fut commencé par une voix de femme, agréable et exercée. M. Salt eut l'air de vouloir s'excuser de cette interruption. « Il m'a bien fallu, me dit-il, quelque « distraction européenne au milieu de tant de « souvenirs antiques, et dans le centre des mœurs « si peu commodes de l'Asie et de l'Afrique. » Après ces mots, il me fit passer dans le salon où était la voix, et il me nomma à une jeune femme d'une charmante figure, dont les cheveux blonds cachaient les épaules presque nues. De longs yeux bleus, une blancheur éclatante, un doux visage, une taille un peu forte, une toilette plus italienne qu'anglaise, complétaient l'ensemble de madame Salt, avec laquelle le consul me laissa seul pendant quelques minutes. Je me souvins alors de la jeune Livournaise, des caquets et des chancelleries d'Alexandrie; c'était elle-même. Je convins en la regardant qu'une telle Hélène valait bien un procès, et surtout qu'il y avait du plaisir à le gagner.

Je demandai à madame Salt la permission de lui parler sa langue; elle s'exprimait très-purement en italien, mais son accent trahissait la Florentine. Animée par cette familiarité que donne un langage commun dans un pays où règne la confusion des dialectes, mais entraînée plus encore par sa vivacité naturelle, elle répondit avec franchise et enjouement à mes questions peut-être un peu impertinentes. « Je suis heu-
« reuse ici, me dit-elle; toutes ces habitudes
« orientales, tous ces costumes si nouveaux pour
« moi m'amusent. Je les étudie, et je me prends

« quelquefois à en rire toute seule. Il me manque,
« il est vrai, de parler de temps en temps la
« douce langue du pays que

Apennin parte, e il mar circonda, e l'Alpi [1].

« ..... Car je ne sais pas encore deux mots
« d'anglais; mais, à dix-huit ans, on s'accoutume
« à tout. »

Le consul revint; madame Salt fit les honneurs de son déjeuner avec une grâce toute italienne; puis elle chanta pour moi quelques mélodieuses *canzonnette*; et quand nous nous séparâmes, vers neuf heures du matin, après une longue entrevue, M. Salt me dit, en me reconduisant : « J'étais seul au Caire; j'ai voulu
« peupler ma solitude, et ranimer ma vieillesse :
« me blâmerez-vous, comme tant d'autres? » Je me hâtai de lui répondre qu'il me semblait fait pour exciter l'envie plus que le blâme; et cette

---

[1] Ce vers de Pétrarque, d'une concision si poétique, si harmonieuse, et si géographique à la fois, fait encore battre le cœur des Italiens.

pensée de jeune homme, que je tournai en madrigal, fut notre adieu.

Faut-il ajouter que le hasard m'a fait rencontrer, il y a déjà plusieurs années, en Toscane, quelques personnes de la famille de madame Salt, et des compagnes de son enfance? J'ai appris ainsi qu'un an après mon passage au Caire, elle était morte en couches; les journaux m'ont fait connaître, d'un autre côté, que M. Salt n'existe plus. Hélas! presque à chaque page d'un voyage déjà si vieux, j'aurais à joindre d'aussi tristes commentaires. « A chaque instant, un souffle de « notre vie s'échappe; et quand, regardant en « arrière, je fais le compte de mes années écou- « lées, je trouve qu'il ne m'en reste plus que « bien peu [1]. »

Je quittai le Caire tout affligé de ne pouvoir visiter la haute Égypte; j'aurais dû habituer mon esprit à cette privation, puisque mes devoirs ne m'avaient jamais laissé considérer même comme un projet confus, ce lointain voyage; et cependant j'y renonçais avec d'autant plus de peine,

---

[1] SAADY, Préface de Gulistan.

que j'étais sur la route de Thèbes, et bien préparé à la contemplation de ses merveilles par toutes celles qui venaient d'étonner mes regards. M. Selves me permit de lui laisser, en souvenir de mon passage, une carte d'Égypte qui me devenait inutile, et qui semblait de quelque prix pour lui. J'ai du plaisir à croire qu'en la consultant, mon brave compatriote tourne parfois sa pensée vers un voyageur pour lequel il a eu tant d'obligeance et de bonté. Quant à moi, je suis ce voyageur d'Homère *qui ne peut oublier de toute sa vie l'hôte bienveillant dont il a éprouvé l'amitié.* J'embrassai Roschouan, et je lui promis de parler de lui *au pays.*

Je partis seul avec Ali pour Matarieh. J'avais envoyé mes équipages et mon domestique à Boulak; ils devaient m'attendre auprès de Choubra, où je comptais les rejoindre dans la soirée. Je sortis du Caire par la porte de Syrie, sans

---

* Τοῦ γάρ τε ξεῖνος μιμνήσκεται ἤματα πάντα
Ἀνδρὸς ξεινοδόκου, ὅς κεν φιλότητα παράσχῃ.

HOMÈRE, Odyssée, ch. xv, v. 54.

pouvoir éviter les faubourgs, peuplés des plus viles courtisanes. Il nous fallut le secours de mon bâton de voyage, l'agilité de ma course, et surtout la vigueur et l'autorité d'Ali pour nous arracher aux provocations et aux violences de ces femmes déhontées, qui me firent regretter *la pudeur* des Almées.

Dans mon désir de voir les ruines d'Héliopolis, je m'arrêtai à l'ombre du bel obélisque qui domine encore ces décombres. Je n'y étais parvenu qu'au travers des bocages d'orangers et de citronniers chargés de fruits et de fleurs. Héliopolis a cédé ses colonnes et ses grands monolithes aux temples et aux places de Constantinople et de Rome. Cet obélisque, le seul qui lui reste, est formé d'un bloc de granit de soixante pieds d'élévation, *pars montis*; il porte, sur trois des faces de sa base, jusqu'à la hauteur de six pieds, des hiéroglyphes parfaitement identiques; de là au sommet, ces hiéroglyphes varient. Le côté tourné à l'ouest était sans doute chargé des mêmes inscriptions mystiques; mais les flots du Nil débordé, les vents de sable, et peut-être *ces exhalaisons d'un sel efflorescent, lesquelles*, suivant Hérodote, *attaquent aussi les pyramides* [1], ont tellement dégradé la surface du monolithe dans sa partie inférieure, qu'on n'y voit plus autre chose qu'un granit rongé et tombant en poussière.

J'allai baigner mes mains et mes yeux à quelques gouttes d'une eau bleue et limpide, recueillie à l'abri d'un petit rocher, seule source qui soit, dit-on, dans la moyenne et dans la basse Égypte; un beau et antique sycomore la couvre de son feuillage. C'est là que reposèrent la Vierge et l'enfant Jésus, et la source coula pour les désaltérer : la tradition consacre ainsi cette miraculeuse origine.

Je me repliai, coupant la plaine en ligne directe, sur Choubra, maison de campagne de Méhémet-Ali, située au bord du Nil. Les gardiens avaient l'ordre de m'accueillir, et de me montrer en détail ces délicieux asiles du repos. Les eaux du fleuve, reçues et gardées dans de larges bassins, couraient par des canaux habile-

---

[1] Ἄλμην ἐπανθέουσαν, ὥστε καὶ τὰς πυραμίδας δηλέεσθαι.
HÉRODOTE, Euterpe, ch. XII.

ment ménagés autour de chaque plate-bande de fleurs, ou serpentaient au milieu des vergers pleins de fruits. La plus robuste végétation croissait partout, ainsi arrosée; et les plantes les plus rares de tous les climats fleurissaient, soumises aux lois d'une savante culture. Je m'assis sur le divan du beau kiosk qui s'élève soutenu par des colonnes d'albâtre. Au bruit de mille jets d'eau, on m'apporta des bananes, du raisin, et des figues exquises; je recommençai ensuite dans ces grands jardins mes lentes promenades, que j'abrégeai cependant, tant mes pieds souffraient des petits cailloux qui émaillent les allées. Ces cailloux, blancs et noirs, enchâssés dans un ciment qui les maintient la pointe en haut, figuraient une vraie mosaïque aussi agréable à la vue qu'incommode à la marche. On les fait venir à grands frais de l'île de Rhodes, après en avoir choisi soigneusement la forme et la couleur.

Je cherchai inutilement ma kandje auprès des pavillons de Choubra; je crus d'abord que mes ordres avaient été mal compris, et qu'elle était restée à Boulak; en conséquence, je m'y rendis à pied : la course est d'une heure. Quand j'en revins, après de vaines recherches, il était tout à fait nuit. J'eus beau appeler mon domestique et mon équipage; parmi les nombreuses barques attachées à la rive, aucune ne répondit à mes cris. Je pris le parti de me coucher sur la grève, et d'attendre. Harassé de fatigue, je dormis long-temps; le crépuscule du jour me surprit sommeillant encore, et je reçus ainsi sur des habits fort légers l'abondante rosée du matin. Hélas! que me servait-il de lire si assidûment l'Odyssée, puisque je ne savais pas imiter la prudence d'Ulysse, ni profiter de ses conseils? « Si je passe « la nuit entière près de ce fleuve, disait-il, la « fraîcheur et la rosée épuiseront à la fois mes « forces; car toujours un air froid s'élève du sein « des rivières, vers l'aurore [1]. » Enfin, mes matelots arabes, en quête sur le rivage, me retrouvèrent et me reconduisirent à ma kandje, qui, la veille, avait dépassé d'une lieue les jardins de

---

[1] Αὔρη δ' ἐκ ποταμοῦ ψυχρὴ πνέει ἠῶθι πρό.

HOMÈRE, Odyssée, liv. v, v. 469.

Choubra; elle avait voyagé de conserve avec la djerme de ce même médecin français à qui je devais ma visite au marché des esclaves.

Nous partîmes aussitôt. Le fleuve, d'un courant plus rapide, inondait déjà les plaines basses du Delta. Les Fellahs paraissaient sur les rives, interrogeant la crue des eaux. « Les laboureurs « en Égypte, dit Sénèque, ne regardent pas vers « le ciel, comme s'ils en attendaient une pluie « inutile et rare. Le Nil est toute leur espérance « et leur richesse : son aspect est admirable quand « il déborde sur les campagnes, et que couvrant « la vallée, il ne laisse paraître les cités que comme « des îles sortant du sein des flots [1]. »

Il m'était réservé de jouir très-peu de ce spectacle. A peine embarqué, je fus saisi d'une fièvre ardente qui abrégera forcément mon récit : encore bien eût-il fallu m'arrêter. « Quand j'en viens à « l'Égypte, dit Hérodote, mes discours s'allon« gent, car aucune contrée ne renferme autant « de prodiges que cette contrée; et nul pays « n'offre autant de choses au-dessus de tout

---

[1] Sénèque, Quæst. Natur., liv. IV, ch. II, passim.

« langage [1]. » Or, après cette réflexion ou cette excuse, le bon Hérodote, comme je vais le faire moi-même m'autorisant de son exemple, continue à décrire de plus belle l'Égypte, sa terre de prédilection.

La fièvre ne me quitta qu'après trente-six heures de souffrances, quand nous fûmes à la hauteur de *Rahmanié*. Mon compagnon de voyage, le médecin français m'offrit le secours de son art que je déclinai poliment, car je ne voulais d'autre remède que le temps et le repos. Il me proposa même de me confier aux soins toujours plus attentifs des femmes qui habitaient sa barque. C'étaient de jeunes Abyssiniennes dans toutes les phases de la maternité; les unes avec leur enfant suspendu à leur sein, les autres d'une grossesse avancée, et quelques Nubiennes nouvellement acquises. Ce *harem* ambulant du docteur était entassé dans l'unique chambre de sa djerme où il m'introduisit. Tout ce que je pus

---

[1] Ἔρχομαι δὲ περὶ Αἰγύπτου μηκυνέων τὸν λόγον, ὅτι πλέω θωϋμάσια ἔχει ἢ ἄλλη πᾶσα χώρη, καὶ ἔργα λόγου μέζω παρέχεται πρὸς πᾶσαν χώρην.

HÉRODOTE, Euterpe.

faire, ce fut de regarder un moment ces pauvres femmes toutes confuses de ma présence, de les remercier, et de regagner le matelas de ma cabine solitaire, où j'eus pendant quelques heures un violent délire. Ce délire, je ne l'ai pas oublié, mêlait de la façon la plus fantastique dans mon imagination troublée, mes souvenirs de l'Europe, et mes observations en Égypte. Je m'agitais et je m'affligeais profondément de me voir seul, loin des miens, malade, obligé de renoncer sans doute à accomplir mon voyage, et destiné peut-être à mourir sans amis, sur la rive du Nil. La fièvre, en fuyant, emporta ces lugubres images, et je repris à Alexandrie toute ma santé, mon zèle pour l'Orient, et mon activité de voyageur.

Je débarquai aux pieds de la colonne de Pompée d'où j'avais pris mon essor, et j'habitai derechef, au consulat, ma chambre *Impériale*. Mes promenades successives me firent voir le second port, les ruines du temple de Neptune, la tour du Phare, élevée sur les marbres du plus antique phare du monde,

 Et qui sert sur les flots par sa flamme éclairés
 De soleil immobile aux vaisseaux égarés [1].

---

[1] Lemoine, Poëme de saint Louis, ch. 1.

Enfin les bains de Cléopâtre, puisqu'on veut appeler de ce nom les vieux tombeaux creusés sur le bord de la mer, hors de la rade, sous la pointe du Marabout.

Méhémet-Ali me reçut toujours comme un hôte ami, et sans nulle cérémonie. Nos entretiens fréquemment renouvelés jetèrent un grand intérêt sur mon séjour à Alexandrie, et je trouvai chez lui un accueil de plus en plus confiant. Il me fit lui-même le récit de l'expédition qui venait de signaler la campagne du dernier hiver.

C'était la conquête de la petite Oasis, où se trouvent les ruines du temple de Jupiter Ammon. Le Kachef de Damanhour, chargé de l'entreprise, s'était avancé dans le désert à la tête de six mille hommes, et de quelques pièces d'artillerie. Cette armée avait à peine dépassé de quatre jours les montagnes libyennes, qu'elle eut à combattre le plus terrible des ennemis, le vent du Sud, *khamsin ;* ce fléau mit un grand désordre dans la troupe, et surtout dans les équipages; on fut réduit à se nourrir de dattes devenues même assez rares. Enfin on arriva à Sivouak, capitale de l'Oasis. Ses habitants avaient envoyé leurs richesses, et une partie de leurs familles chez une tribu alliée, à neuf journées dans le désert : le siége de la ville fut formé aussitôt; quelques coups de canon amenèrent les Arabes à une capitulation dont les conditions furent : 1° que les Ammonites reconnaîtraient le sultan Mahmoud comme leur seigneur suzerain, et Méhémet-Ali comme son lieutenant; 2° qu'ils payeraient 100,000 piastres (50,000 fr.) pour les frais de la guerre; 3° qu'ils fourniraient un tribut annuel de deux mille charges de dattes. Ce traité signé, l'armée, après trois mois de campagne, revit les bords du Nil.

Le vice-roi me confia encore ses desseins sur une partie de l'Abyssinie indépendante. Il désirait la soumettre à son pouvoir, et en ramener des colons pour la basse Égypte, dont la population est insuffisante. Cinq cents cavaliers étaient déjà partis en éclaireurs sous les ordres du Kachef de Minieh. Dix mille hommes destinés à cette guerre devaient être commandés par Ismaïl-Pacha, fils du vice-roi, jaloux d'égaler les triomphes de son frère Ibrahim, le vainqueur des Wehhabbis.

C'était pour seconder ses entreprises guerrières sur la Nubie, que Méhémet-Ali songeait à percer les cataractes du Nil. Il m'expliqua lui-même ce plan déjà tout arrêté; il cherchait à pratiquer un passage ou à creuser un canal pour les djermes munitionnaires de ses armées, à travers les rochers qui barrent le cours du fleuve, et dont quelques anciens voyageurs ont ridiculement exagéré la hauteur. On voit que de vastes projets de *canalisation*, appliqués au Nil, datent d'une époque où cet étrange substantif et son verbe (*mots aventuriers*, dit la Bruyère, *qui paraissent subitement durant un temps, et que bientôt on ne revoit plus* [1]) n'étaient pas encore créés en France. Plus d'une fois, dans le cours de mes investigations, je vins à penser que si l'Égypte étudiait avec raison, et copiait nos améliorations progressives, nous avions bien aussi, à notre tour, quelque chose à emprunter et à imiter de l'Égypte.

La veille de mon départ, le vice-roi me reçut dans le kiosk qui donne sur le vieux port; et, regardant l'*Estafette* avec une lunette d'approche,

---

[1] Caractères de LA BRUYÈRE, ch. v.

« Vous avez, me dit-il, un bâtiment tout à fait
« propre à la navigation de l'Archipel; il s'al-
« longe comme pour mettre le nez entre deux
« îles; je multiplierai ce modèle dans ma ma-
« rine. ». Puis il m'adressa des questions assez pres-
santes et détaillées sur les fortifications de Saint-
Jean d'Acre que je venais de visiter, et sur l'état de
la Syrie. Je savais qu'à la mort de Suleyman-Pacha,
Méhémet-Ali avait eu la pensée de mettre ce gouvernement entre les mains de son fils Ibrahim.
C'était asseoir sa puissance sur de larges fondements, et couvrir ses frontières d'un inexpugnable
rempart. Le juif *Haïm-Fahri*, premier ministre et
tuteur du jeune Abdallah, prodigua l'or, et fit
jouer, assez habilement pour parer le coup, les
ressorts de la ruse et de l'intrigue aussi efficaces
en Asie qu'en Europe. Mais cette grande idée,
qui devait s'exécuter plus tard, agitait toujours
l'esprit du vice-roi passionné pour le merveilleux
et l'utile. Je répondis exactement à ses questions,
et j'ajoutai en souriant que la conquête de la
Syrie me paraissait moins difficile aujourd'hui
qu'au temps où le général Bonaparte l'avait entreprise. Le vice-roi sourit à son tour. « Vous

« m'avez compris, me dit-il, le présent seul est « aux hommes, et l'avenir n'est qu'à Dieu. » Sans beaucoup de pénétration il était aisé de pressentir dès lors entre la Turquie et l'Égypte une lutte prochaine dont l'issue ne pouvait être douteuse. Un empire naissant et plein de force ne saurait se soumettre longtemps à un pouvoir faible et décrépit. « Dès le règne d'Auguste, dit « Tacite, on envoya en Égypte des chevaliers « romains en guise de rois absolus : on jugeait ce « régime propre à maintenir dans la dépendance « de la métropole une province d'un accès difficile, riche en denrées, en même temps fac- « tieuse et mobile par son fanatisme et par son « amour des plaisirs, enfin toujours ignorante « des institutions et indocile aux lois [1]. » Ce système vieilli, qu'il soit mis en œuvre par Rome ou par Constantinople, ne convient plus aujour-

---

[1] Ægyptum..... jam indè à divo Augusto, equites romani obtinent, loco regum. Ità visum expedire, provinciam aditu difficilem, annonæ fœcundam, superstitione ac lasciviâ discordem et mobilem, insciam legum, ignaram magistratuum, domi retinere.

TAC., Hist., lib. I.

d'hui à l'Égypte, et ses souverains ne naîtront plus que chez elle.

Vers la fin de ma dernière conversation, Méhémet-Ali détacha un sabre monté en or, qu'il portait à la mode des mameluks, suspendu à son épaule; il voulut bien le passer lui-même autour de mon col. Il me pria de lui écrire dès mon retour en France, et il m'indiqua les moyens de rendre nos relations sûres et rapides; il me promit de son côté d'être fidèle à me répondre. Cette correspondance, qui me flattait et m'intéressait à la fois, a duré en effet quelques années.

Je quittai le vice-roi ému de ses bontés et de sa confiance, et peu d'heures avant de retourner à bord de l'*Estafette*, je lui fis remettre avec quelques lignes une tabatière en or de peu de valeur, mais dont la forme et la ciselure étaient bizarres. Je le priais d'accepter sans rougir cette feuille cueillie dans le jardin de l'amitié. Méhémet-Ali m'envoya aussitôt son premier médecin pour me porter ses remercîments, ses vœux pour mon voyage, et une provision de glace qu'il était difficile de ne pas apprécier sous le climat d'Alexandrie, par une chaleur de trente degrés. Cette glace venait du Taurus et des montagnes de la Caramanie; elle n'arrivait ainsi en Égypte qu'après avoir traversé deux cents lieues de mer.

J'emportais avec le beau sabre du vice-roi de nombreux produits de l'Égypte, en masse plutôt qu'en collection. Mes compatriotes et les consuls étrangers, si bienveillants dans leur accueil, payaient ainsi, disaient-ils, le tribut hospitalier dû, suivant l'usage d'Homère, à ma visite. Amulettes, talismans, petits dieux de terre cuite et de bronze, anneaux d'or exhumés des catacombes, scarabées couverts d'hiéroglyphes, onyx et cornalines gravés; puis des papyrus, des tissus d'une toile plus aérienne que nos mousselines, et vieille de deux mille ans, etc., etc. M. Drovetti avait, en grande partie, composé de ses dons ce musée portatif. Un négociant grec, auquel j'avais rendu de très-légers services, avait augmenté ma richesse, en m'envoyant quelques pierres antiques avec ces paroles de Théocrite[1]. Puissiez-vous dire! « Il y a une grande

---

[1] . . . . Ἡ μεγάλα χάρις
Δώρῳ ξὺν ὀλίγῳ· πάντα δὲ τιμᾶντα τὰ πὰρ φίλων.
THÉOCRITE, IDYLLE XXVIII, v. 24.

« reconnaissance cachée sous ce petit présent ;
« et tout ce qui nous vient d'un ami mérite d'être
« estimé. »

Ces souvenirs appartenaient aux siècles passés. Pour me rappeler le temps présent, j'avais de grosses provisions des meilleures fèves du café arrivé de Moka par la dernière caravane; quelques échantillons du sucre récolté, et raffiné près du Caire. Je dois ajouter que c'était rare alors : puis des branches de palmiers chargées de longs régimes de dattes qui achèveraient de mûrir pendant ma navigation ; enfin, comme j'avais obstinément refusé une momie, je trouvai, établie à sa place, à bord du vaisseau, une pauvre, jeune et jolie gazelle qui, fatiguée des flots et de la tempête, devait bientôt y mourir loin de ses déserts.

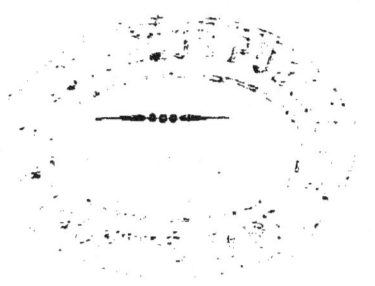

CHAPITRE VINGTIÈME.

RHODES.

PLAINE DE KRÉMASTI.

LA FONTAINE RODINI.

(1820.)

Rhodes, des Ottomans ce redoutable écueil,
De tous ses défenseurs devenu le cercueil.

RACINE, Baj., acte II, sc. I.

Le 9 août, au lever du soleil, pendant que, pilotée par deux Arabes, l'*Estafette* se mettait hors du port d'Alexandrie, la chaloupe du vaisseau vint m'arracher à l'Égypte. Le timonier qui la dirigeait me dit comme Septime à Pompée :

> Seigneur, passez dans cette barque,
> Les sables et les bancs cachés dessous les eaux
> Rendent l'accès mal sûr à de plus grands vaisseaux [1]:

En effet, l'abord d'Alexandrie fut de tout temps mal famé, et le vieux Corneille, nourri de la lecture des anciens auteurs, dans un temps où l'homme de génie lui-même croyait devoir être savant avant d'être poëte, est ici entièrement d'accord avec Solinus, géographe si exact en cette occasion, mais qui, du reste, a mêlé, dans ses descriptions, si peu de vérités à tant de fables [2].

J'atteignis la goëlette au moment où elle prenait le large; et, à midi, je vis disparaître pour toujours l'Égypte, *pays de l'Éternité*, dit M. de Châteaubriand.

Le 10, le vent passe à l'ouest. Nous faisons route au plus près, sous toutes voiles; le soir,

---

[1] CORNEILLE, Mort de Pompée, acte II.

[2] Alexandria insidioso accessu aditur, fallacibus vadis, cæco mari.

SOLINI Polyhist., ch. XLV.

seulement, quand la brise fraîchit, on amène *les perroquets,* et on *prend un ris* dans les huniers.

Ces termes nautiques, que j'emprunte ici à mon journal de mer, et que je copiais parfois sur celui du vaisseau, me rappellent mes progrès en science maritime. J'étais arrivé à connaître par leurs noms techniques les agrès et toutes les parties de la goëlette. De temps en temps, saisissant le porte-voix, je tentais, sous les yeux du capitaine, de diriger une manœuvre; mais, fort heureusement pour nous, il ne me permit jamais de commander mon quart.

Pendant trois jours, même navigation ; une mer toujours houleuse : *Dieu nous envoie le souffle des vents retentissants, et des vagues enflées, immenses, pareilles à des montagnes*[1]. Nous parcourons assez régulièrement cinquante lieues par vingt-quatre heures : quelques oiseaux, transfuges du rivage, nous annoncent la terre; et sans d'épaisses brumes qui pèsent sur l'horizon à l'est,

---

[1] . . . . λιγέων δ' ἀνέμων ἐπ' ἀϋτμένα χεῦε
Κύματά τε τροφόεντα, πελώρια, ἶσα ὄρεσσιν.

HOMÈRE, Odyssée, ch. III, v. 289.

nous verrions Chypre. Nous avons toujours le cap sur la Lycie.

Enfin, *le quatrième jour, la terre* que nous voyons pour la première fois depuis notre départ de l'Égypte, *paraît grandir devant nous ; le sommet des montagnes se découvre au loin, et la fumée ondoie sur leurs flancs* [1]. Nous louvoyons contre un vent violent de nord-ouest pour doubler l'île et le cap de *Castellorizo*, l'ancienne Cisthène ; rochers rougeâtres et stériles qui semblent veiller sur les plaines sous-marines où croît l'éponge ; là, vivent aussi les plus habiles et les plus riches plongeurs, heureux de trouver sous la mer les ressources qu'un sol ingrat leur refuse. Nous apercevons au loin le beau golfe de Satalie avec ses îlots et ses écueils ; ensuite, remontant dans la nuit le long des plages rocailleuses de la Cilicie, nous distinguons de bonne heure la rade de *Calamaki* où nous devions mouiller.

Une fantaisie ambitieuse m'amenait vers ces

---

[1] Quarto terra die primùm se adtollere tandem
Visa, aperire procul montes, et volvere fumum.

VIRGILE, Énéide, liv. III, v. 205.

parages de la Lycie. En Égypte, un homme, moitié Grec, moitié Franc, vêtu de jupons albanais, d'une veste de matelot turc, le tout couronné du chapeau européen, s'était présenté à moi comme un révélateur mystérieux : lui seul, disait-il, *d'un ton bas et tout près de mon oreille*[1], connaissait de magnifiques ruines sur les côtes de la Caramanie, presque toujours négligées des voyageurs. Il ne parlait que de statues et de colonnes ignorées des antiquaires, et il promettait de dignes compagnes à ma Vénus toujours couchée dans l'entrepont. J'aurais dû, sans doute, me défier de ces pompeuses annonces; mais cet homme avait *chatouillé ma faiblesse;* mes succès à Milo m'avaient en quelque sorte affriandé, et, sur son indication, je me présentai successivement aux vallées et aux roches inhospitalières du Taurus; mais, à chaque baie où nous portions le cap, le Grec ne reconnaissait plus les abords et l'apparence de la contrée si riche en ruines. Nous côtoyâmes ainsi ces plages abandonnées,

---

[1] Ἄγχι σχὼν κεφαλὴν, ἵνα μὴ πευθοίαθ' οἱ ἄλλοι.

HOMÈRE, Odyssée, ch. IV, v. 70.

jusqu'aux sept promontoires où commence le golfe de Makri. Peut-être mon aventurier avait-il quelque obscure idée des tombeaux de *Telmissus*, que signale M. de Choiseul, ou des ruines de *Myra*. J'aime mieux avouer, à ma honte, qu'il n'était autre chose qu'un parasite rusé, cherchant à exploiter à son profit ma crédulité et mon zèle pour les marbres antiques : à l'aide des espérances dont il me leurrait, il parvint à passer sur mon vaisseau; mais je le quittai à Rhodes, bien qu'il renouvelât ses mensonges pour essayer de se faire porter jusqu'à Smyrne.

Le 15, lassés de raser les écueils d'une côte rude et d'un accès difficile (ainsi la représente Strabon, τραχὺς μὲν καὶ χαλεπὸς), nous portâmes au large, où bientôt nous retint un calme plat; la brise du soir nous permit seulement de donner chasse à des requins qu'on apercevait sous les eaux et qui venaient rôder autour de nos hameçons.

Enfin, le 16, nous nous trouvions à trois milles à peu près par le travers de *Marmaritsa*; de là, nos regards suivaient, dans leurs sinuosités ondulées, les flancs déchirés du Cragus et les sommets des hautes montagnes de la Caramanie chargées de neige. Bientôt le vent céda de quelques points et nous mit en route pour la rive méridionale de Rhodes. Nous vîmes de loin la petite île Saint-Nicolas, les collines de *Lindo*, le village de *Paradisos*, et, nous élevant par d'heureuses bordées jusqu'au port, nous y mouillâmes vers le soir. Ma navigation était la même que celle dont Lucien rend compte dans son style plein de grâce et d'élégance.

« Lorsque, dépassant les plages de la Cilicie,
« dit-il, nous atteignîmes le golfe Pamphylien,
« et qu'après avoir côtoyé, non sans quelque
« danger, les *Chélidones*, fortunées limites de
« l'antique Grèce, nous parvînmes aux villes de
« la Lycie; nous nous plaisions à retracer leur
« fabuleuse histoire : car on ne voit plus aujour-
« d'hui aucun vestige de leur ancienne beauté.
« Enfin nous touchâmes à Rhodes l'éclatante, vé-
« ritable ville du soleil, et belle comme le soleil
« lui-même [1]. »

---

[1] . . . . . . ἔστι γὰρ ὄντως ἡ πόλις ἡλίου, πρέπον ἔχουσα τῷ θεῷ τὸ κάλλος.

LUCIEN, Dialogues.

La chaloupe de l'*Estafette* me mit à terre sur un quai latéral qui devait se trouver entre les jambes du colosse, et le bâtiment revint aussitôt sur la côte d'Asie pour y faire sa provision de bois dans les taillis déserts du golfe de *Makri*.

Rhodes est l'île que j'aime. Scio, triste victime des révolutions, n'est plus qu'un séjour de deuil. Lesbos, oubliée des voyageurs, est froide et sauvage; Chypre et Candie sont des royaumes plus que des îles : mais Rhodes est la rose de l'Archipel. Rhodes, patrie des roses, porte une rose dans sa médaille; médaille parlante, si j'ose le dire, puisqu'elle traduit son nom. Jetée vers la grande mer, comme une fleur détachée du rivage, Rhodes touche presque aux belles montagnes de la Cilicie et s'avance dans les flots telle qu'une sentinelle vigilante; elle est asiatique et européenne à la fois; les vents familiers à ces parages y amènent de toutes parts, et elle devient la relâche obligée de tous les vaisseaux qui cinglent vers la Syrie ou l'Égypte.

Son climat, tiède en hiver, rafraîchi pendant l'été par des brises régulières, son ciel si pur et si brillant, en font, aujourd'hui comme autrefois, le plus délicieux séjour. « Jamais, disaient « les Grecs des temps passés, un jour ne finit à « Rhodes sans y voir le soleil. Sa ville vaste et « opulente se pare des plus beaux temples, des « tableaux de Protogènes, d'Apelles, d'un colosse « de bronze, merveille du monde, et de trois « mille statues; elle est forte comme une cita-« delle, et ornée comme un grand palais; c'est « la fille de Vénus, l'épouse du soleil; Jupiter y « répandit par torrents d'immenses richesses, « dit Homère; le roi des dieux y fit tomber des « pluies d'or, ajoute Pindare.... » Et comme si les Rhodiens, accoutumés aux faveurs de la nature, ne pouvaient respirer que sous le plus beau ciel, choisissant entre tous les rivages de l'Italie, ils fondèrent Naples, Naples la fortunée, chérie des hommes et des dieux.

Je le répète, Rhodes est ma terre favorite.

>Ille terrarum mihi præter omnes
>Angulus ridet [1].

C'est là que vont mes vœux et mes regrets. C'est

---

[1] Horace, liv. II, ode 6,

là que je voudrais aborder, si le flot des révolutions doit me jeter loin de mon pays; et quel homme, depuis cinquante ans, n'a pas chaque jour mêlé cette triste prévision à ses rêveries! C'est là, même sans révolutions, que je voudrais revenir : il est si facile et si doux d'y vivre! Après tant d'années, je songe encore avec bonheur à la maison que j'y habitais, et que je n'hésitai pas à acheter, tant Rhodes s'était associée à mes chimères et me semblait devoir jouer un rôle dans mon avenir! Qui donc ne m'eût envié un tel asile?

Qu'on se figure dans les faubourgs, ou plutôt dans la campagne qui sépare la citadelle de la mer, une grande maison à deux étages; d'immenses galeries percées de mille fenêtres, pour y recevoir plus de cette lumière si resplendissante, plus de cette agréable fraîcheur, comme aussi pour mieux jouir de ces nombreux aspects sur l'entrée du port, les îles d'Asie, la ville et les montagnes: un beau jardin, clos de murs élevés, dont une porte ouvre sur une plage isolée : des oranges et des limons, mûrissant toute l'année auprès de quelques palmiers; des figuiers, des vignes, char-

gés des fruits les plus abondants . . . . ;
eh bien! ce beau jardin, cette grande maison, ils furent à moi; j'en eus la propriété pour *cent louis*, deux mille quatre cents livres de France.

Je ne pouvais conclure définitivement ce marché que sous le nom d'un sujet de la Sublime Porte, les lois de l'empire ne permettant pas à un Européen de devenir propriétaire dans les États du Grand Seigneur. Je cédai mon acquisition ainsi régularisée à l'ambassadeur, M. le marquis de Rivière, dont la famille possède encore cette charmante retraite.

Le lendemain de mon arrivée, je partis pour une maison de campagne située près du village de *Trianta*, sur la côte occidentale de l'île. Je devais y passer la nuit. Dans cette excursion, l'agent de France voulut bien être mon guide; mon chien nous précédait, tout joyeux d'échapper à la goëlette et de retrouver la terre; je cheminais tantôt sur le sable de la grève, tantôt sur les pierres brisées qui s'étaient détachées des rochers, plus souvent entre deux haies de grenadiers et de mûriers séparant des jardins pleins de fruits et d'ombrages. Je m'arrêtais parfois à de faibles sources, appauvries par la saison, qui filtraient à travers les cailloux; puis je gravissais la montagne de *Rodovecchio* pour y voir les ruines de ces vieux châteaux chrétiens d'où les regards planent sur les collines et les vallées de Linde et d'Yalysus. Après trois heures, nous parvînmes à une jolie maison placée au pied des dernières ondulations du mont Atabyre, au sein des vignes et des vergers. La vue s'étendait au loin sur la mer; on apercevait comme une ombre l'île de Télos et les sommets pierreux de Nisyre.

Une jeune dame Grecque m'accueillit dans un pavillon de repos, avec cette hospitalité confiante de l'Orient qui ne ressemble à nulle autre. Elle était vêtue du costume levantin, usité parmi les dames européennes de Péra. Un étroit *livadé*, espèce de spencer à larges manches, serrait sa taille sans corset, et la calotte de coton blanc, dont on cache vainement sous des fleurs la forme disgracieuse, recouvrait sa tête. Elle seule me fit les honneurs de sa maison avec un abandon et un oubli des cérémonies qui me charmèrent : son mari semblait n'être pour rien dans le ménage et ne vivre que pour fumer, se promener lentement à l'ombre et cueillir des oranges.

Le repas sans faste fut abondant; des poissons, des coquillages y figurèrent avec le *dolma*, ragout de concombres si apprécié des Turcs, les plus beaux fruits, et un vin de Rhodes assez bon parce qu'il était vieux et soigné. De jeunes filles de l'île de Symé nous servaient; elles n'avaient pas la molle nonchalance, la taille souple et abandonnée des femmes de Rhodes : grandes et droites, elles portaient sur leur tête des bonnets allongés, plus hauts encore que ceux de nos Cauchoises. Cette coiffure, particulière à leur île, était d'une étoffe verte surchargée de broderies d'or et de paillettes : de près, elles ressemblaient à des caryatides colossales; elles en avaient les formes et la stature. Je m'étonnai du choix de cette couleur, apanage exclusif des descendants de Mahomet et du front impérial; le jaloux émir ne permet à aucun Ottoman, bien moins encore à une tête esclave et soumise, de se parer de ce saint privilége : la jeune dame Grecque me rassura en me disant que le sceptre musulman était léger à Rhodes et y inspirait peu de frayeur. « Notre île est même en cela plus heureuse que

« ses sœurs, et nous n'y éprouvons d'autre con-
« trainte que celle de nos propres coutumes.
« Qu'importe, après tout, au *Mutsellim,* ajouta-
« t-elle en souriant, que nous mêlions à nos che-
« veux des feuilles ou des fleurs, des rubans
« verts ou roses, des émeraudes ou des rubis?
« Il est homme d'esprit; il a un harem nombreux;
« il y a sans doute appris qu'on ne gagne rien à
« lutter contre notre coquetterie.... » Rhodes,
disais-je en moi-même, serait-elle donc encore le
séjour des plaisirs et de la volupté? Est-ce toujours l'île où Anacréon comptait deux mille de
ses amantes [1]?

Après le repas, la *Cocconitza* me conduisit au
fond de son jardin, sur une terrasse ombragée
de pampres et de grappes déjà mûres. Nos regards
plongeaient sur la plaine, sur la mer, et sur le
petit archipel des Sporades. Le soleil s'abaissait
vers l'horizon; un petit nuage d'or qui nous dérobait son disque le suivit jusque sous les flots.

---

[1] Τίθει . . . . Ῥόδον τε
Δισχιλίους ἐρώτας.

ANACRÉON, Ode XXXII.

Nous restions dans l'ombre, et les hauteurs seules de Rhodes étaient colorées de cette teinte lilas et rose que jettent en Orient les derniers rayons de l'astre du jour.

Par l'ordre du maître de la maison on apporta dans ce joli kiosk une guitare, ou, pour mieux dire un téorbe comme j'en avais déjà vu à Scio. Le *Tchélébi* chanta d'abord d'un ton joyeux, sur un mode presque européen, quelques chansons de Christopule, l'Anacréon de la Grèce moderne, entre autres la petite ode intitulée : *Ce que je veux* ; j'ai tenté de la traduire dans les vers suivants, qui me paraissent à moi-même de la prose commune, et mal rimée, auprès de l'élégante poésie de l'original [1].

---

[1] Θέληση.

Πλοῦτον δὲν θέλω,
Δόξαν δὲν θέλω,
Οὔτ' ἐξουσίαν
Ποτὲ καμμίαν.
Τούτες ἢ κρύες
Ἡ φαντασίες

SOUVENIRS DE L'ORIENT.

Je ne veux pas
Gloire et richesse;
Pouvoir, sagesse
Je n'en fais cas.
De ces chimères
Quand je goûtai,
Je les trouvai
Toutes amères.
Je veux la paix
Sans nulle gêne,
Point de regrets,
Aucune peine;

Ὅσο εὐφραίνουν
Τόσο πικραίνουν.
Θέλω εἰρήνην,
Ψυχῆς γαλήνην
Χοροὺς ἐρώτων
Τρέλλαις, καὶ κρότον.
Θέλω τραγούδια
Κήπους, λουλούδια,
Καὶ χωράταδαις
'ς ταῖς πρασσινάδαις.
Τοῦτα λατρεύω,
Τοῦτα ζηλεύω,
Κ' εἰς τοῦτ' ἀπάνω
Θελ' ν' ἀπαιθάγω.

Odes d'Athanase Christopule.

> Je veux les jeux,
> Le bruit, le rire,
> Surtout ma lyre
> Présent des dieux :
> Puis des chansons,
> Des fleurs, de l'ombre,
> Un bosquet sombre
> De verts gazons.
> Voilà ma vie,
> C'est mon plaisir,
> C'est ma folie;
> Ma seule envie
> C'est d'en jouir,
> Et puis mourir.

Après son mari, la *Cocconitza*, sans se faire prier, fit entendre d'une voix douce et triste plusieurs de ces *travoudiais* qui font le tour des îles; ce sont des plaintes et d'amoureux soupirs, lesquels se chantent sans rhythme, et comme d'inspiration. Ces courtes élégies ont quelque air de famille avec les allégories et les versets du *Cantique des Cantiques*. Elles vont, copiées presque toujours en caractères européens, de Constantinople jusqu'à Chypre; mais l'impression ne les a pas encore atteintes. J'en ai écrit plusieurs strophes récentes et fort à la mode, sous la dictée de ma jeune hôtesse, *car c'est toujours la chanson qui court la plus nouvelle que les hommes recherchent et estiment le plus*, dit Homère [1]. Il le savait bien, le divin aveugle, lui qui avait tant chanté en mendiant par toutes les îles de la Grèce! Voici les vers que chanta la *Cocconitza*:

Je souffre, je gémis, je m'abreuve de pleurs,
Et rien ne peut guérir mes amères douleurs.

O vous, monts élevés qui cachez mon amie,
Beaux arbres, ornement de son heureux séjour;
Recevez-moi près d'elle, en sa verte prairie,
Car, je pleure, je brûle, et je languis d'amour.

Deux ans se sont passés depuis que je l'adore,
Deux ans finis pour moi, sans espoir, sans plaisirs;
Hélas! pourquoi compter le temps qui s'évapore?
Chaque heure en s'envolant emporte nos soupirs.

Je souffre, je gémis, etc. [2].

Ces accents d'un amour passionné, accompagnés

---

[1] Τὴν γὰρ ἀοιδὴν μᾶλλον ἐπικλείουσ' ἄνθρωποι,
Ἥτις ἀκουόντεσσι νεωτάτη ἀμφιπέληται.

HOMÈRE, Odyss. liv. 1, v. 351.

[2] Πάσχω, 'ξετάζω, ἐρευνῶ, ζητῶ, ἐρωτῶ, γυρεύω
'ς τοὺς πόνους μου ἰατρικὸν ἀδύνατον νὰ εὕρω·

CHAPITRE XX.

des accords lents et mélancoliques qui soutiennent le chant par intervalles; les yeux humides de la *Cocconitza*, et sa voix animée d'une touchante expression; ces sons d'une mélodie sauvage sans cadence ni mesure; enfin ces paroles d'une langue étrangère et harmonieuse, m'agitaient plus vivement que tous les effets d'une musique régulière et savante.

Je dus chanter à mon tour quelques romances françaises dont mes hôtes ne comprenaient pas le sens, mais goûtaient la mélodie. Ce petit concert terminé, la jeune dame me dit comme Minerve à Nestor, et presque avec les mêmes mots; tant les deux langues grecques se ressemblent! *Pensons à notre lit, car c'est l'heure* [1]. Alors on

---

'Ψηλὰ βουνὰ καὶ πράσινα, καὶ δένδρα φουντωμένα
Ποῦ φέρτε τὴν ἀγάπην μου, πάρετέ με κ' ἐμένα.
Εἶν' δύο χρόνοι ὁποῦ πάσχω, καὶ καμμίαν ἰατρείαν
Δὲν ἠμπόρεσα νὰ εὕρω, 'ς τὴν ἀθλίαν μου καρδίαν.
Τὸν χρόνον ὁποῦ τρέχει δὲν θέλω νὰ τὸν γράψω
Διατὶ ὥρα δὲν ἐπέρασε, νὰ μὴν ἀναστενάξω.
Πάσχω, 'ξετάζω, ἐρευνῶ, κτλ.

---

[1] . . . . Κοίτοιο μεδώμεθα· τοῖο γὰρ ὥρη.
HOMÈRE, Odyssée, ch. III, v. 334.

me conduisit dans une chambre au milieu de laquelle étaient dressés, sur un tapis de Smyrne, des matelas et des couvertures ; les Orientaux ignorent l'usage des bois de lits. Les deux côtés de cette chambre donnant sur les jardins et la mer, n'étaient que des fenêtres. Au bas régnait un large divan, comme dans les jolis salons de Thérapia ouverts sur le Bosphore.

Je me levai avant le jour pour jouir du plaisir d'une chasse qu'on m'annonçait devoir être abondante. Deux guides nous furent donnés, chargés de longs fusils simples, et suivis de chiens d'une race bâtarde. Mais ces chiens étaient doués d'une rare intelligence, et d'une infatigable ardeur ; comme aussi ces fusils lourds et grossiers manquaient rarement leur but, entre les mains de nos chasseurs expérimentés. Après avoir battu sans beaucoup de succès des collines escarpées et des taillis d'arbousiers, nous descendîmes dans la plaine de *Kremasti*, sillonnée de mille ravins que les torrents vagabonds de l'hiver y creusent.

C'est là que les habitants du pays placent la scène du serpent de Dieudonné de Gozon, si souvent traitée de mensonge, malgré tant de preuves historiques ; il n'est pas invraisemblable cependant qu'un de ces petits crocodiles, qui se montrent encore de temps en temps à Rhodes, ait vieilli et grossi dans ces marais, comme dans l'imagination des laboureurs effrayés, et qu'il ait fallu toute l'intrépidité du chevalier, ainsi que de ses nobles chiens, pour attaquer et vaincre le monstre. On voit encore, vers le milieu de la grande rue, sculptés en bas-reliefs sur la maison de Dieudonné de Gozon, les dragons à gueule béante, témoignage de son aventure. Mais ce combat est presque de l'époque où régnaient les magiciens, les andriagues, les grands coups de lances, et notre génération sceptique a tout confondu dans sa vaste incrédulité.

Près d'un moulin qui chômait depuis longtemps, je passai le lit d'un ruisseau coulant goutte à goutte, et je me mis à poursuivre au milieu des myrtes et des lauriers-rose que rougissaient encore quelques dernières fleurs, des vols nombreux de perdrix, dont j'abattis une grande quantité, comme aussi des francolins retirés dans les hautes herbes et les buissons nains sur le bord.

de la rivière. Ces jolis oiseaux, au plumage blanc et noir, commencent à devenir rares à Rhodes, où leur chair est préférée à tout autre gibier. Je fis halte à la jolie fontaine de *Kamariès*, sous un platane large et touffu, tel que l'Orient seul en produit. Les Rhodiens qui travaillaient dans les champs, dès qu'ils nous virent arrêtés sous cet ombrage, nous y apportèrent un de ces plateaux ronds qu'on pose sur un tabouret, meuble obligé de toutes les maisons, même des cabanes ; ils le couvrirent de raisins et de pastèques. Ce renfort, joint aux abondantes provisions dont nous avait munis la *Cocconitza*, composa un vrai festin. Ainsi le veut Hippolyte, le roi des chasseurs : *Rien de si doux après la chasse*, dit-il, *qu'une table pleine* [1].

Nous revînmes vers le soir chargés d'un si riche butin, que nous pûmes le distribuer aux paysans grecs, dont les perdrix ravagent les moissons, à nos guides, surtout à nos hôtes, et

---

[1] . . . . τερπνὸν ἐκ κυναγίας
Τράπεζα πλήρης.

EURIPIDE, Hipp. v. 110.

que nous en fûmes encore abondamment pourvus. J'osai même, de retour en ville, en faire part à deux Anglais missionnaires bibliques qui se trouvaient à Rhodes en même temps que moi.

Ces bons voyageurs m'avouèrent naïvement leur embarras pour mettre à fin la tâche qu'ils avaient entreprise ; ils devaient répandre dans l'Archipel et la Grèce, deux milliers de Bibles qu'ils me firent voir entassées et presque moisies dans de grandes caisses. Ces gros volumes carrés gisaient là, attendant fortune : et, chose assez digne de remarque, en l'absence des missionnaires qui ne pouvaient transporter avec eux ce lourd bagage, les Bibles *réformées* restaient sous la garde des prêtres romains qui habitent à Rhodes une espèce de couvent. Les Anglais me prièrent d'accepter en échange de mes perdrix, un de ces Nouveaux Testaments dont les pages à deux colonnes portent en regard le grec ancien, et le grec moderne : je sauvai cet exemplaire de la poussière et des vers, et je me plais parfois à comparer les deux textes d'une même langue que les siècles ont si peu altérée.

Je vis le gouverneur turc qui, dès mon arrivée, m'avait envoyé de larges tributs de fruits et de fleurs. Peu occupé de politique, il ne me parla ni de l'Égypte et de ses expéditions guerrières, ni de Constantinople et de ses agitations intérieures. Il ne m'entretint que du Bosphore, des châteaux d'Asie et d'Europe, des *Eaux douces*, et des villages turcs qu'il avait habités quand il commandait à quelques compagnies de janissaires. « Ce sont, me disait-il, de belles et
« pompeuses journées que le *courban bairam* (la
« fin du jeûne mahométan); la mise au vert des
« écuries impériales; les *benisch*, (fêtes du sé-
« rail). Ici, j'ai moins de bruit et de plaisirs;
« mais je suis plus heureux, plus tranquille;
« et, après tout, il vaut mieux commander à
« Rhodes. »

En feuilletant mes notes sur Rhodes, je lis ceci dans mon carnet : « Aujourd'hui 18 août,
« vendredi, je n'ai pu passer par la porte d'Am-
« boise; les Turcs, suivant leur usage, l'ont fer-
« mée ainsi que les autres portes de la ville,
« pendant leurs prières à la mosquée, parce
« qu'une vieille tradition leur dit que Rhodes

« doit être reprise un vendredi par les Français.
« Quel hommage à la valeur des chevaliers! »
J'employais soir et matin quelques heures à monter et redescendre cette glorieuse rue des Chevaliers où sont encore près des écussons des preux, les niches gothiques terminées en ogive, ancien asile des saints et de la Vierge. Je pénétrais sous les grandes arcades réunies de l'hôpital, où je voyais encore les murs croulants chargés de croix; et ces croix, que les Turcs n'effacent jamais (quelle leçon pour certain peuple civilisé!) se retrouvent jusque sur les pierres de leurs mosquées : plus loin, je visitais le cimetière abandonné des défenseurs de Rhodes; quelques Ottomans marchaient gravement, comme moi, au milieu de ces tombeaux détruits, et semblaient se souvenir des beaux vers du grand poëte persan : « Garde-toi, ô mon frère, de te
« réjouir lorsque tu passes sur la tombe de ton
« ennemi; jette plutôt un regard pensif et silen-
« cieux sur celle qui s'entr'ouvre déjà pour te
« recevoir [1]. »

Je passais et repassais par la porte d'Amboise

---

[1] SAADY, Odes.

pour y voir les lourdes armures des vieux chrétiens, suspendues à la voûte, et les remparts qui ne purent les protéger. Je lisais chaque jour ces nobles annales qui font partie de notre histoire. Car la gloire des chevaliers est toute française; c'est la France qui créa l'ordre; et si plus tard d'autres nations furent admises en communauté de travaux et de périls, toujours et partout la meilleure part en revint à la France.

J'avais vu à Jérusalem la chapelle consacrée à saint Jean l'aumônier où Gérard *de France* fonda son premier hospice. A Ptolémaïde, Abdallah-Pacha m'avait reçu sous les voûtes du palais de Jean de Villiers, *de France;* lequel, après les revers de saint Louis, abandonnant cette Palestine tant regrettée, se retira en Chypre. Là, décimé par les batailles, l'ordre se trouva réduit au nombre de vingt-six chevaliers. Et cependant, vingt ans après, Foulques de Villaret, *Français*, s'emparait de Rhodes. Ensuite viennent plus de deux cents ans de combats et de gloire, jusqu'au siége soutenu par Villiers de l'Ile-Adam, *de France*, avec six mille hommes, contre deux cent mille Turcs et Soliman Ier. — A Malte, encore quelques

journées heureuses et brillantes; puis la décadence et la fin. Cette croix, ornée de fleurs de lis, devait tomber comme une autre croix, et d'autres fleurs de lis, renversée par les mêmes tempêtes.. . . . .
. . . .

Mon guide grec voulut me mener à la fontaine Rodini. « Partons de bonne heure, me dit-il; on « ne va pas à Rodini pour des minutes; quand « on y est, on a de la peine à en revenir. » Nous traversâmes d'abord des rues obscures, et un premier cercle de maisons de campagne, où je remarquais des marbres antiques et de nombreux autels votifs à guirlandes et à têtes de taureau; ensuite, des sentiers pierreux, bordés de nopals, de grenadiers chargés de fruits, et de ces saules crépus qui croissent sur les bords de la mer; enfin nous atteignîmes les grands platanes de la fontaine. L'eau de Rodini, me dit le guide, est la meilleure eau connue. On en envoie régulièrement des barils cachetés au Grand Seigneur pour son usage personnel; Rodini partage ce privilége avec la fontaine du Pacha, à Scio. Je riais de ces précautions que nous réservons, nous autres

Bordelais, pour le nectar de nos premiers crus; mais les Turcs sont d'aussi habiles gourmets en eau que nos plus expérimentés dégustateurs en vin.

De larges bassins d'une eau bleue et limpide entretiennent à Rodini une fraîcheur constante. Les arbres garantissent du midi la terrasse ouverte à toutes les brises du nord; là, point d'autre bruit que celui de la source qui tombe du rocher. Les Turcs, quand ils interrompent leur long silence, y parlent bas, de peur d'éveiller l'écho. Muet aussi, je laissai le chef du café (*Kaouedgi*) étendre un tapis à mes pieds, et je m'y assis, adossé contre un platane, promenant lentement ma vue d'un objet à l'autre, pour en mieux jouir.

Devant moi, des bocages d'orangers et de vignes jusqu'à la mer; puis trois lieues des ondes les plus calmes et les plus azurées; dans cette étendue, quelques barques rares et un vaisseau à trois mâts, agitant en vain ses voiles pour y recueillir un souffle qui l'entraîne vers le Liban : à l'horizon, les forêts des noirs sapins et les sommets couverts de neige des monts de la Cilicie.

Quelques Ottomans silencieux contemplaient avec moi ce beau et tranquille spectacle : de temps en temps ils s'aidaient d'une lunette d'approche, puis ils reprenaient leur attitude nonchalante. A demi couchés sur de moelleux coussins, tantôt ils puisaient des haleines vaporeuses dans l'alambic de la pipe persane; tantôt, brûlant le tabac parfumé de Syrie dans de longs tuyaux de jasmin, ils faisaient onduler autour d'eux des couronnes d'une fumée blanche, chefs-d'œuvre de l'art de fumer; parfois la fève de Moka mouillait leurs lèvres, ou une légère boisson d'opium voilait leurs yeux d'un nuage et favorisait leurs rêveries. C'est à Rodini que j'ai compris, bien mieux encore qu'à Constantinople, cette vie extatique des Turcs, sans préoccupations ni désirs. Sur le Bosphore, l'ombre du sérail rappelle sans cesse aux Musulmans l'inconstance de la destinée : à Rhodes, rien ne trouble la sérénité des jours.

Moi-même, j'éprouvai peu à peu ces impressions de langueur et d'indolence. Il est des heures où, lasse de voir et d'observer, l'âme se replie sur elle-même, et, comme anéantie sous son propre poids, n'a plus d'autre plaisir que de se sentir vivre : cet état de l'esprit, qui n'est pas la mélancolie, a un charme ineffable; les Turcs, avides de toute joie paisible et intérieure, ont aussi, je l'ai déjà dit, un mot pour exprimer ce bien-être, mélange du repos du corps et de la parfaite tranquillité de l'âme. Comme eux, je laissais errer ma pensée; en regardant les promontoires de la Pamphylie, je suivais des yeux ce vaisseau qui allait voir la Palestine. Je remontais de la mer aux montagnes dont les neiges blanchissaient à l'horizon; des montagnes aux nuages, des nuages au ciel, du ciel au *Dieu qui nous fit ces loisirs*. Je me perdais dans de longues extases, d'où je redescendais pour y revenir encore; et je bénissais au fond de mon cœur cette Providence divine qui a ménagé à l'homme de si pures jouissances pour ses belles années, et pour sa vieillesse de tels souvenirs.

Quelques heures à Rodini passèrent comme une seconde. Je ne pouvais m'en arracher. Il fallut enfin regagner la ville; le plaisir s'envole si vite!

CHAPITRE VINGT ET UNIÈME.

L'ARCHIPEL.

CANDIE. PAROS.

NAXOS. SYRA.

(1820.)

—

. . . ferimur spumantibus undis,
Quà cursum ventusque gubernatorque vocabant.

VIRGILE, ÉNÉIDE, liv. III, v. 268.

Nous sommes portés par les ondes écumantes là où le vent et le pilote dirigent notre course.

Le 20 août, nous sortons vers midi du canal de Rhodes; battus par le vent d'ouest, nous tirons une bordée sur la pointe de Gnide; et nous restons la nuit presque en calme à la hauteur de l'île de Symé, patrie de Nirée, *le plus beau des Grecs après Achille l'accompli*[1].

Le 21, nous dépassons dans la journée par une marche au plus près, Épiscopia (l'ancienne Télos), Limonia, Calki, et les premiers écueils de la mer Carpathienne. Nous avons perdu de vue les sommets de Gnide, et nous apercevons l'île de Karpathos, *où règnent les vents*; ainsi la désigne Homère, dont les épithètes géographiques n'ont jamais menti[2]. Dans la nuit, nous sommes assaillis d'une violente tempête, non sans quelque péril au milieu de ces mille rochers; nous embarquons des vagues, et nous éprouvons des avaries dans le gréement.

Le 22, la tempête continue, le vaisseau fatigue beaucoup; nous faisons trois pouces d'eau

---

[1] Νιρεὺς δ' αὖ Σύμηθεν, ...
Νιρεὺς . . . κάλλιστος . . . .
. . . . μετ' ἀμύμονα Πηλείωνα.

Homère, Iliade, ch. II, v. 674.

[2] Καὶ Κνίδος αἰπεινὴ, καὶ Κάρπαθος ἠνεμόεσσα.

Hom., Hym. à Apoll. vers. 43.

par heure; on relève les îles de Scarphanto, puis Kasos; enfin Staside, Piana, les Adelphes, dont je ne puis retrouver les noms dans Strabon ni même dans Mélétius, mais que je rapporte sur la foi du pilote. Le vent mollit vers le soir.

Le 23, les nuages ont fui; la brise est douce et facile, le soleil reparaît. Nous commençons à voir le cap Zéphyrion et l'île de Crète; nous nous rapprochons peu à peu de Candie; nos regards se dirigent vers les hautes montagnes couvertes de noirs sapins, qui entourent les ruines de Dicté. « Dicté, nous dit l'Arioste, la plus riche « et la plus agréable des cent grandes villes de la « Crète, ornée de femmes amoureuses et belles, « et égayée du matin au soir par mille plaisirs [1]. » Les plaines de Setia et de Lycaste s'étendent aux pieds des cimes de Dicté, parées de la plus fraîche verdure. Nous arrivons avec le crépuscule sur les rochers déserts de l'île de Dia; on aperçoit à

---

[1] Frà cento alme città, ch'erano in Creta
Dictea più ricca e più piacevol era;
Di belle donne ed amorose lieta,
Lieta di giochi, da mattino a sera.
ARIOSTE, Roland Furieux, ch. xx, st. 15.

peine les buissons et les arbustes nains qui hérissent ces côteaux escarpés, asile des chèvres sauvages. Le pilote déclare ne pas connaître assez la rade de Candie, célèbre par ses écueils et ses bas-fonds, pour y mouiller dans les ténèbres. Nous nous éloignons du rivage, et nous portons le cap sur la Canée.

Le 24, nous sommes rejetés par les courants sur Rétimo; nous luttons vainement, tantôt contre le calme, tantôt contre une brise directement défavorable; nous ne pouvons pénétrer dans le golfe de la Sude dont nous ne sommes plus qu'à cinq lieues. Vers le soir, on aperçoit au large un brick dont la manœuvre est suspecte : les côtes de la Crète fourmillent de pirates; c'est là que règnent les Sphakiotes, les plus hardis des forbans. Le branle-bas est ordonné; on se prépare au combat. Profitant d'une petite brise de terre, nous tentons l'approche du vaisseau équivoque; mais il a plus de vent que nous dans ses voiles : il fuit rapidement, et la nuit le dérobe à notre vue.

Les courants nous ramènent toujours vers Rétimo. « Nous vîmes le sommet du mont Ida au-

« dessus des autres montagnes de l'île, comme
« un vieux cerf dans une forêt porte son bois
« rameux au-dessus des têtes des jeunes faons [1] ».
Nous apercevions à la fois la région occidentale
de l'Ida, et la première chaîne des *montagnes
blanches* (Λευκὰ ὄρη), revêtues de cyprès. Quelques cimes sont encore couronnées de neige ; les
campagnes de l'ancienne Rithymne et du cap
Drepano prolongent jusqu'à la mer leurs forêts
d'oliviers, ainsi que leurs jardins enrichis de
grenades, de pistaches et d'oranges.

Le 25, jour de Saint-Louis, grande tenue de
l'équipage. A midi, première salve de vingt et un
coups de canon ; joyeuses aubades ; les matelots
dansent autour des mâts sous les grands pavillons blancs. Une barque arrive du port ; elle a
traversé cinq milles de mer ; elle porte le gouverneur de Rétimo, et des *couffes* pleines de raisins, de melons et de figues. Le Turc a su qu'on
célébrait la fête du *Padischah* de France ; et pendant que le canon de ses forts répondait au nôtre,

---

[1] Fénélon, Télémaque, liv. v.

il est venu nous offrir lui-même ses compliments et son tribut; nous l'accueillons de notre mieux; il s'assied à notre table, assiste à nos réjouissances, puis il nous quitte; et, au coucher du soleil, après une seconde salve, et trois cris de *Vive le roi!* la joie finit, le silence règne sur les ondes muettes comme le vaisseau. Pouvais-je penser alors que bientôt la fête de Saint-Louis passerait triste et inobservée, et que le souvenir des rois bienfaiteurs de mon pays cesserait sitôt d'y être solennellement béni ou invoqué?

Dans la nuit du 26, le vent se déclare nord-ouest, et m'amène en face de Candie, entre l'île de Dia et le port. Je quitte la goëlette encore sous voiles, elle va mouiller dans une des deux anses de Standia. J'arrive à terre de bonne heure. Je devais déposer à Candie M. Rottier, élève interprète, qui venait d'être attaché en qualité de drogman au service de cette échelle. Le consul était absent quand j'y débarquai; je ne passai donc que deux jours en Crète.

« La Crète, dit Homère, est une grande terre
« au milieu d'une mer immense; belle, féconde
« et entourée des flots, elle a quatre-vingt-dix

« villes, et des hommes innombrables [1]. »

C'est aussi le berceau de la Fable, l'île sacrée ; tous les dieux sont plus ou moins d'origine crétoise. Du haut des remparts de Candie, je voyais la montagne où Jupiter fut élevé ; plus près sur les bords du fleuve Thérène, torrent sans eau aujourd'hui, se célébrèrent ses noces avec Junon ; là sont les platanes presque toujours verts, qui prêtèrent leur ombre à la belle Europe. Au loin paraissent les rochers d'où se précipita la nymphe Dictynne pour échapper aux poursuites du *sage législateur Minos* [2], et le promontoire d'Aptère, où les Muses vainquirent les Sirènes au combat du chant.

Plein de souvenirs mythologiques, je voulus visiter le tombeau de Jupiter qu'on me montrait du doigt sur une des dernières collines du mont

---

[1] Κρήτη τις γαῖ' ἐστὶ μέσῳ ἐνὶ οἴνοπι πόντῳ,
Καλὴ καὶ πίειρα, περίρρυτος· ἐν δ' ἄνθρωποι
Πολλοί, ἀπειρέσιοι, καὶ ἐννήκοντα πόληες.

HOMÈRE, Odyssée, liv. XIX, v. 173.

[2] Μίνωος ὀλοόφρονος.

HOM., Odyss., liv. XI, vs. 321.

Ida, et les ruines de Cnosse, *la grande ville de Crète*[1], dont Candie, autrefois Héraclée, n'était que le port, ou plutôt l'échelle, pour m'exprimer en langage levantin. J'arrivai à *Cnossou*, cité de Minos, après une heure de route dans une plaine poudreuse et sans verdure; et cependant, d'après Homère, Cnosse était entourée d'arbres nombreux (Κνωσσὸν πολυδένδρεον [2]); mais les guerres intestines ont tout dévasté. Des murs presque au niveau du sol, des monceaux de décombres, c'est tout ce qui reste de l'ancienne ville; ses débris ont élevé les grandes maisons de Candie. Rien ne paraît du labyrinthe, chef-d'œuvre de Dédale; et le fleuve d'oubli a tant roulé de flots dans ces régions antiques, qu'on ne sait encore si ce labyrinthe était autre chose que les longues cavernes de Gortyne, et si la ville de *Kinose* aux pieds des montagnes de Dicté, ne mérite pas aussi le nom de Cnosse,

---

[1] Κνωσσὸς, μεγάλη πόλις.

Hom., Odyss., liv. xix, vers. 178.

[2] Homère, Hymne à Apollon, v. 475.

Mêmes doutes sur le tombeau de Jupiter, l'un des premiers rois de la Crète. Était-ce une tombe, un antre ou un temple?

« La route de Cnosse au temple et à l'antre
« de Jupiter est passablement longue; mais les
« haltes sur cette route sont ombragées des plus
« grands arbres, heureux asile contre les cha-
« leurs de l'été. Nous nous y arrêterons souvent;
« c'est de notre âge; mêlant nos observations et
« nos paroles, nous ferons à notre aise tout ce
« chemin [1]. Puis, arrivés aux bois sacrés, nous
« trouverons des cyprès d'une taille et d'une
« beauté merveilleuses, comme aussi des prai-
« ries où nous aimerons à nous reposer. »

Hélas! cette promenade philosophique que me promettait le divin Platon n'était qu'une illusion nouvelle. Après trois heures de marche, j'arrivai à un tertre appelé le mont Icare; nous nous assîmes sur quelques pierres amoncelées : c'était, nous dit le guide, le tombeau de Jupiter. De

---

[1] . . . . . λόγου τε ἀλλήλους παραμυθουμένους τὴν ὁδὸν ἅπασαν οὕτω μὲν ῥαστώνης διαπερᾶναι.

PLATON, Des Lois., liv. 1.

cette hauteur, je voyais le lit des torrents, fils de l'Ida, sillonner la plaine. On me montrait les villages de Dion, de Panorme et le promontoire Atale se dessinant sur les flots azurés; mais les noms donnés successivement par la Fable, la Grèce, Rome, l'Empire latin, Venise et le Turban, à ces vastes campagnes, ont laissé dans le pays une telle confusion, qu'on ne peut attacher aucun prix à des désignations si incertaines.

Il faut en dire autant d'une fleur que le Grec me présenta sous le nom du célèbre Dictame, *dont la tige est ornée de feuilles adolescentes et la fleur de grappes purpurines* [1]; c'était la grande digitale à fleurs rouges. Ainsi donc, sur cette terre si féconde en divinités, moi seul, Gaulois échappé aux forêts des druides, je cherchais les traces des temps poétiques, quand les Crétois, nés au sein de ces pompeux mensonges, en laissent périr la mémoire. *C'est le barbare qui fait le Grec*, me disait un jour la princesse *Morusi*, lorsque, auprès d'elle, sur les bords enchantés du

---

[1] Puberibus caulem foliis, et flore comantem
Purpureo.   VIRGILE, Énéide, liv. XII, v. 412.

Bosphore, je balbutiais les premiers mots de la langue moderne, (Ἑλληνίζει ὁ βάρϐαρος.)

Je revins à Candie un peu dégoûté de mes recherches mythologiques, et résolu de ne plus m'y occuper que du dix-septième siècle. Il y avait encore là pour un Français de beaux et de poétiques souvenirs.

On me montra les remparts qui ont soutenu ce mémorable siége de vingt-quatre ans, et la place où sauta, en 1669, le magasin à poudre sous les pas des assaillants français commandés par le duc de Beaufort. C'est là que disparut, marchant le premier en tête des gentilshommes, ce brave amiral de France qui devait emporter avec lui la destinée de l'île entière.

Candie, telle que les Vénitiens l'ont construite, est une ville régulière; on y voit des places, des rues larges et droites, des maisons bien bâties; toutes choses rares ou même inconnues dans les villes turques. L'enceinte d'autrefois est trop vaste aujourd'hui pour une population dont le nombre décroît journellement.

Je partis le 28 août dans la chaloupe du vaisseau; elle seule pouvait braver les récifs et les bas-fonds d'une rade qui se comble chaque jour. La goëlette m'attendait en panne à deux milles de Standia. Nous louvoyons le reste de la soirée entre cette île et le promontoire Kassoso ; enfin, vers la nuit, les vents adonnent, et nous poussons notre bordée au large.

Nous avons fait quarante milles avant le jour; on voit encore, au lever du soleil, comme une tache bleuâtre à l'horizon, le mont Ida. Nous passons, par une bonne brise, tout près de l'île de Christiana, autrefois Laguse; et, laissant à droite Santorin, nous nous dirigeons sur Polycandre.

Le 30, nous nous trouvons entre l'île de Polycandre, hérissée de rochers, et Sikino, tellement fertile en vins, qu'elle avait jadis le nom d'OEnoé (*vineuse*.) Le pilote, craignant de s'engager dans le petit archipel de Naxos, si peuplé d'écueils, laisse porter sur Milo. Que de fois n'avons-nous pas eu à constater l'impéritie de ces guides obligés de la navigation! Notre pilote ne nous dirigeait qu'à vue d'œil ; fort de sa prétendue expérience si souvent en défaut, il ne faisait aucun cas des cartes géographiques; et il montrait aujourd'hui une complète ignorance des parages les plus rapprochés de son île natale.

Bientôt cependant, après avoir revu les sommets de Milo, de l'Argentière et de Siphante, nous redressons notre marche, et portons le cap sur Naxos, dont nous ne sommes plus, au déclin du jour, qu'à trois lieues de distance. Le 31, nouvelle bévue du pilote. Il a pris successivement dans la nuit Antiparos pour Paros, et Paros pour Naxie. Nous avons quelque peine à nous dégager de l'étroit canal qui sépare les deux Paros, dont nous remarquons le sol pierreux, et presque sans végétation. En dehors de cette passe difficile nous doublons Stronghilo et toutes ces roches sans nom qui couvrent la mer. Un vent violent de nord-est se déclare ; il ne nous permet que quelques bordées infructueuses sur Naxos. Nous mouillons près de l'écueil de Dio, et à deux encablures du rivage désert de Paros.

Le vent a redoublé ; appuyés sur deux ancres, nous avons chassé, cependant ; les vagues sont si hautes, que tout rapprochés que nous sommes de la terre, je n'y aborde point sans péril.

Lassé de la mer, j'étais avide du rivage, et je marchais seul, lentement et sans but, sur la grève; mon fusil, que j'avais pris par habitude, chargeait mon épaule, et mon chien, tout étonné cette fois de mon insouciance, suivait mes pas tête baissée, au lieu de les devancer. Je m'arrêtai quelques moments auprès des vignobles qui couvrent une partie de la plaine : on les prendrait de loin pour des prairies; leurs pampres ne s'élèvent guères plus haut que des herbes, et leurs grappes mûries reposent sur un terrain poudreux.

« Les vignes du vignoble de Métélin, dit Lon-
« gus dans le style d'Amyot, sont toutes basses,
« au moins non eslevées sus arbres fort haultz;
« tellement que les branches en pendent jusques
« contre terre, et s'estendent çà et là, comme
« lierre, si qu'un enfant de mammelle, par ma-
« nière de dire, attaindroit aux grappes [1]. »

Les vignes de Paros sont très-fécondes, sans

---

[1] . . . . . καὶ παῖς ἂν ἐφίκοιτο βότρυος ἄρτι τὰς χεῖρας ἐκ σπαργάνων λελυμένος.

Longus. Past., liv. ii.

beaucoup de culture; au coin de chaque champ est un pressoir en marbre; ainsi le permet cet heureux climat de la Grèce. La terre qui donne le blé fournit aussi l'aire où on va le battre, et les pressoirs sont au milieu des vignes.

J'étais appuyé contre un mur de marbre, et je ne sais trop où allait ma pensée, quand un gardien de ces fruits en maturité s'approcha de moi, armé d'un fusil : il n'était plus qu'à une très-petite distance lorsque je l'aperçus, et comme je m'avançais vers lui, il recula de quelques pas, me couchant en joue. « *Que fais-tu donc, frère?* » lui dis-je en grec; il s'arrêta tout surpris, puis, déposant son arme, il cueillit quelques grappes de raisin qu'il vint m'offrir en signe de paix et d'amitié, me suppliant d'écarter de sa récolte la rapacité de l'équipage; je le rassurai tout à fait, et je l'engageai à m'accompagner dans l'intérieur de son île; il y consentit gaiement. Je me laissai donc diriger dans des ravins tapissés de lauriers-rose dont l'ombre, disait-il, devait cacher des perdrix.

Mon insulaire était devenu confiant et verbeux; fatigué de son insignifiant babillage, je le déterminai à aller m'attendre dans ses vignobles, où je le retrouverais quand j'aurais à mon gré parcouru la montagne et la vallée. Il me quitta, en effet, et je marchai seul alors vers le monastère de Saint-Georges, dominant un précipice et le lit des torrents de l'hiver. Je gravis la colline jusqu'aux murs du couvent. Devant moi, les pics élevés de Naxos bornaient l'horizon; les nombreux îlots dont le canal de Paros est parsemé se détachaient sur les mers, que l'aquilon, de plus en plus violent, blanchissait d'écume; plus près, je voyais le village de Marmara, une montagne couronnée des ruines d'un château vénitien, et la plaine rocailleuse et étroite qui sépare l'île en deux régions.

A Paros, tout est marbre. Je cheminais sur les flancs du mont Marpèse, aux vastes carrières; à chaque pas, des fragments de marbre brillaient sous mes pieds; je faisais le tour des roches éblouissantes qui s'étaient détachées de la montagne; sur quelques blocs seulement, j'observais des veines roses et bleues qui en relevaient l'éclat. Les murailles basses, dont les insulaires entourent leurs jardins et leurs vergers, présentent partout les plus beaux quartiers de marbre; et le village de Marmara, que je voyais à ma gauche, en prend le nom. Je redescendis la colline; je traversai une vallée sans verdure : à peine quelques figuiers et des lauriers-rose; l'herbe était sèche, la terre aride.

Je suivis longtemps un ruisseau qui me conduisit à la mer; et foulant aux pieds des cailloux du marbre le plus brillant, je longeai la plage jusqu'à l'endroit où j'avais débarqué, quatre heures auparavant. Le Grec m'y attendait, et comme j'étais revenu fort altéré de ma promenade, je lui demandai quelques gouttes d'eau. L'insulaire creusa aussitôt à l'abri d'un roc, tout près de la limite où le flot amer venait mourir, une petite fosse dans le sable, qu'en un instant je vis se remplir d'une eau douce et fraîche. Je bus à longs traits à cette source improvisée, et la chaloupe me ramena au vaisseau.

Je me rappelais que Pline le jeune, dans la délicieuse description qu'il nous a laissée de sa maison de campagne à Laurente, attribue les mêmes propriétés à la plage qu'il habitait, et qu'il cultivait jusque sur le bord des flots.

« Singulière vertu de ce rivage! dit-il; partout où
« vous remuez la terre, l'eau vous arrive aussi-
« tôt, prête à couler; et c'est l'eau la plus pure,
« à qui le voisinage si rapproché de la mer ne
« donne pas même le plus léger goût de sel[1]. »

J'avais rencontré près du village de Marmara deux inscriptions, dont l'une, enchâssée dans un mur, était complétement indéchiffrable; la seconde portait le mot isolé Χαίρε, *Adieu.* C'était sans doute un marbre tumulaire; on gravait ainsi sur la tombe d'un ami, d'une mère, d'une épouse, un simple adieu, et cet adieu signifiait encore : *Réjouis-toi;* comme si la dernière parole de l'homme à l'homme, devait féliciter celui qui s'en va, d'échapper aux amertumes de la vie.

Le 2 septembre, le vent continue à souffler dans une direction contraire; il est d'une violence insurmontable. L'*Estafette* devait me jeter à Naxie, puis se rendre à Smyrne pour y trouver

---

[1] Et omninò littoris illius mira natura; quocumque loco moveris humum, obvius et paratus humor occurrit, isque sincerus, ac ne leviter quidem tantâ maris vicinitate salsus.
PLINE LE JEUNE, liv. II, lettre 17.

CHAPITRE XXI.

les vivres que les bâtiments français lui apportaient de Toulon. J'envoie le pilote grec avec le contre-maître au port de Nausse, afin d'y noliser une barque assez hardie pour franchir le canal; ils reviennent, et je quitte la goëlette à six heures du soir, en lui donnant rendez-vous à Athènes.

Jusqu'ici, j'ai voyagé au milieu d'interprètes, sous l'escorte des janissaires, ou à l'ombre d'un vaisseau compatriote; je reste seul à présent, avec mon domestique français, me fiant à ma jeunesse, à ce que je sais de grec, et tout fier, dans les nécessités de mon itinéraire, de ne devoir plus rien qu'à moi-même.

Je pris un guide au village de Marmara; j'avais trois lieues à faire à pied, par une nuit obscure, par une route raboteuse et jonchée de marbres brisés. De temps en temps, je passais devant une misérable bourgade où ne brillait aucune lumière. Pour tromper l'ennui de la veillée et de la marche, j'interrogeais mon guide sur tout ce qu'il pouvait connaître de Paros. « Nous sommes « trois mille habitants, me disait-il, et nous « payons un tribut de vingt-cinq mille piastres;

« le drogman de la flotte, Grec comme nous, est
« plus tyran que les Turcs. Nous avons un bon
« port, beaucoup de vignes, et deux grottes de
« cristaux qui valent bien celle d'Antiparos, mais
« que personne ne vient voir; et cependant elles
« sont longues et profondes. On y fit descendre
« une fois une chèvre avec deux torches atta-
« chées à ses cornes, pour éclairer sa marche;
« la chèvre alla sortir dans l'île de Trio, à vingt
« milles de nos grottes, et les torches brûlaient
« encore. »

J'arrivai à Nausse comme finissait ce merveilleux récit. Il était tard; aucune porte n'ayant
voulu s'ouvrir pour me recevoir, je m'endormis
sur un banc de bois adossé à une maison du port.
Les premières heures du jour me montrèrent la
longue rade de Paros, et plusieurs bâtiments
marchands réfugiés dans cet asile le plus sûr de
l'Archipel.

Le bateau de Miconi qu'avait retenu pour moi
le pilote, m'emmène à la voile; en trois bordées
nous dépassons la rade, et doublant la petite île
des Lapins, ainsi que quelques autres écueils
inhabités, nous essuyons toutes les rafales du

CHAPITRE XXI.

vent le plus contraire avant d'atteindre le promontoire qui porte les ruines du temple de Bacchus. Enfin, après trois heures d'une lutte constante, j'aborde à Naxie.

J'étais depuis longtemps attendu par l'agent de France, que j'avais vu assidûment sur le Bosphore, et nous nous étions donné rendez-vous dans son île; M. de Lastic compte parmi ses ancêtres ce Jean de Lastic, de la langue d'Auvergne, grand maître de Rhodes, lequel répondit à Mahomet II, vainqueur de Constantinople : « Nous tenons Rhodes de Dieu et de nos épées ; « nous ne la rendrons pas. » Et le vieux guerrier comme l'orgueilleux Sultan moururent tous deux avant la capitulation de Rhodes.

A peine au port, je fus accueilli par mon compatriote avec ces soins bienveillants et ces mille attentions qui délassent d'une pénible traversée. J'allai voir le jour même l'archevêque latin, primat des îles catholiques. Je le connaissais personnellement; mes fonctions m'avaient mis en relations directes avec lui. Il me permit de pénétrer au couvent des Ursulines, religieuses sous la protection française; c'étaient, comme à Santorin, de jeunes filles appartenant aux familles aisées de l'Archipel, sous les ordres de quelques supérieures plus âgées ; et, en tout, cette pieuse association me rappelait plutôt un pensionnat qu'un monastère. J'offris à ces heureuses exilées du monde quelques chapelets de Jérusalem qui me valurent toutes leurs bénédictions.

M. de Lastic habitait depuis plusieurs mois sa maison de campagne, à deux lieues du port. Il voulut aussitôt m'y conduire, pour m'arracher, disait-il, aux importunités de la ville; et nous allions partir, quand un prêtre catholique demanda à me voir. Son costume s'écartait peu de celui de nos curés de campagne. « Je suis un « pauvre jésuite, me dit-il dans un jargon moitié « grec, latin et français ; j'habite depuis vingt- « huit ans Naxie et les îles voisines; me repous- « serez-vous comme font tant d'autres de nos « compatriotes ? » Je regardai l'abbé Mothe (c'était son nom) avec de grands yeux et une curiosité intense. Je n'avais jamais vu de jésuite ; à ce titre qu'il se donnait si humblement, je me tins sur mes gardes. J'appelai à mon secours toute ma sagacité diplomatique pour démêler dans les yeux du prêtre le sens profond de sa démarche, et pour surprendre son secret. J'avais lu tant de fois que rien n'égale la cauteleuse duplicité des jésuites! Je l'interrogeai captieusement; je fis pour tout dire, avec lui, ce qu'on appelle en France *le jésuite*. Hélas! le pauvre abbé Mothe ne me répondit que par l'expression du plaisir qu'il éprouvait à revoir un compatriote; et comme il me quittait en m'annonçant une seconde visite que, dans mon système de réserve, j'hésitais à accepter, « J'ai presque perdu l'usage « de notre langue, me dit-il en latin; mais tout « bon jésuite se souvient de ses études : lisez « donc ceci, que je viens d'écrire pour vous. »

Voilà le piége, me dis-je à moi-même; sans doute quelque trame adroite, quelque requête ambitieuse, quelque mystérieuse affiliation; et je ne fus pas médiocrement déconcerté en lisant les vers que je rapporte textuellement dans ma note, vers tout en l'honneur du roi de France et de mon pays [1].

---

[1] Musa, mihi dic cur hilares diffundere vultus
 Et sua quisque hodiè depromere gaudia gestit?

Je me mis en route un peu confus de mes conjectures, de ma finesse en pure perte, et tout surpris de rencontrer un humaniste exercé dans un vieux prêtre relégué depuis tant d'années au milieu de l'Archipel; ses vers pouvaient être meilleurs, sans doute, mais il faut convenir aussi que mon arrivée à Naxos était un sujet passablement stérile, « matière infertile et petite[1], » a dit le bon la Fontaine. Toutefois cet *événement* fut également célébré par un jeune primat dans une ode grecque que je retrouve au milieu des paperasses de mon portefeuille de voyage. Le

---

Insignem pietate virum, Solymisque reducem,
Qui loca lustravit Mariæ Christoque dicata
Hunc celebrat, meritique memor, circumflua Naxos.
Nostra per ora sonet laus Gallo debita regi;
Relligionis acer nostras defensor inibit
Partes, et columen nostrum non esse recusat.
Nos quoque lætificis igitur celebremus ovantes
Vocibus, atque animo regem qui talia præstat.
Vive diù Lodoïce, beataque Gallia vivat!

---

[1] La Fontaine, Fable xiv, liv. 1.

CHAPITRE XXI. 317

poëte y établit, en style pompeux, une comparaison suivie entre Godefroy de Bouillon et moi, tout à fait au désavantage du premier.

J'allai coucher au village de Langadia, dans une vieille tour qui sert de *villa* à l'agent de France. Le chemin traversait des champs de blé, puis des enclos où croissaient la vigne et l'orange; enfin des jardins où bourdonnaient des millions d'abeilles. Partout des pêchers et des figuiers chargés des plus beaux fruits; de nombreux ruisseaux arrosent au printemps ces fertiles campagnes, mais peu de sources résistaient encore à la canicule.

Le lendemain, dès l'aurore, je partis monté sur un mulet du village pour gravir la montagne de Zia; après la jolie plaine de Trémalie, toute couverte de peupliers, d'oliviers et de vignes, j'atteignis les hameaux de Damala et de Philoti. C'était l'heure où les femmes grecques, vêtues de longues robes blanches et coiffées de fleurs, se rendent à la liturgie. Elles s'acheminaient lentement vers l'église, promenant autour d'elles un regard dédaigneux et sans vivacité.

Quelques-unes s'arrêtèrent cependant pour

nous indiquer les guides les plus expérimentés de la grotte cristallisée. Ces filles d'Ariadne me parurent nonchalantes, inexpressives et blondes en majorité. Les femmes de Naxos sacrifiaient jadis à Junon, qui, voulant récompenser leur piété, abrégea pour elles la durée de la grossesse; depuis ce temps, et en l'honneur de Sémélé, vaniteuse mère de Bacchus, les Naxiennes accouchent toutes, ou presque toutes, à huit mois; je ne sais trop sur quelle autorité antique je pourrais appuyer cette tradition, que rapporte le bon archevêque Mélétius, narrateur tant soit peu crédule, mais fort amusant, des légendes grecques.

Au dernier village de Philoti, je lus assez difficilement une inscription qui avait appartenu à un temple de Jupiter berger. Là, je commençai à monter par les sentiers des bûcherons, tracés sur les flancs de ces hauteurs escarpées; je franchissais des ravins et quelques rares filets d'eau, dotés par les Grecs de nos jours, comme par leurs ancêtres, des noms les plus sonores. Puis, je mis pied à terre pour gagner le sommet aplati de la montagne. Je cueillis alors une charmante fleur, presque sans tige, épanouie tout près du sol; mes guides la nommèrent *Krinaki,* petit lis. Ce lis n'était pas bleu comme les yeux d'Hélène (expression de M. de Châteaubriand), mais plutôt rose comme les joues d'Ariadne. Je le retrouve aujourd'hui, pâle et desséché, entre deux feuilles de l'album où je traçais mes notes; il ne me reste de lui que sa forme et le souvenir de sa beauté, quand, aux premiers feux du soleil, il brillait sous les gouttes de rosée dans le vallon de Zia.

Je m'assis au haut de la montagne, récapitulant, pour ainsi dire, sur la cime de la plus belle des Cyclades, toutes les îles ses sœurs, que je comptais des yeux : Miconi et Délos, que je reconnaissais avec joie : Patmos, Amorgos, Nio, Sténuse, Nikasie et tant d'autres.... Naxos est à peu près ronde; son unique port est petit et peu sûr; le reste de la marine est presque sans mouillage; les roches de granit et de marbre qui forment son enceinte en rendent l'aspect sauvage et âpre; comme l'île des Phéaciens, *elle n'a ni des plages ni des abris pour les vaisseaux; mais, au contraire, ses bords sont escarpés et ne présentent que de grands rochers ou des écueils* [1]. C'est seulement dans l'intérieur de l'île, loin de la mer, que se déploie sa belle végétation; sous mes pieds je voyais commencer et finir la vallée de Potamia, toute semée de prairies et d'ombrages.

Nous allions pénétrer sous la grande grotte de Jupiter, qu'on nomme aussi *la grotte des Bacchantes,* en souvenir des orgies dont la montagne et les antres de Zia furent le principal théâtre. On alluma des torches et on en fit une bonne provision pour nous guider longtemps dans ce labyrinthe naturel, où je passai plus d'une heure, tantôt debout, tantôt rampant, souvent appuyé contre des parois à surface étincelante. J'étais ébloui des mille reflets de ces cristaux plus purs que ceux d'Antiparos; ici, je les voyais pendre aux voûtes, surgir du sol, s'unir en arcades, en ogives, en triangles, sous les

---

[1] Οὐ γὰρ ἔσαν λιμένες νηῶν ὀχοὶ, οὐδ' ἐπιωγαὶ,
Ἀλλ' ἀκταὶ προβλῆτες ἔσαν, σπιλάδες τε, πάγοι τε.
  Homère, Odyssée, ch. v, v. 404.

formes les plus aiguës ou les plus arrondies. J'en détachai, à coups de marteau, de longues aiguilles pâles comme l'albâtre des colonnes orientales, ainsi que des feuilles plates, fragiles, et presque luisantes comme des miroirs. J'avais pénétré fort avant dans ces longues et sinueuses cavernes; plus d'une fois j'avais affronté la pluie des eaux blanches qui se tassent et se pétrifient en tombant; tantôt ces larges gouttes, glissant l'une sur l'autre, figurent des lances polies et acérées; tantôt elles s'arrêtent, s'épanouissent et représentent des bouquets de fleurs, des festons et des grappes. Je revins, au milieu de toutes ces merveilles, par une seconde route qui aboutissait à l'unique entrée.

Je revis le jour avec bonheur après mon excursion souterraine, et j'allai me purifier de la boue de ces grottes humides et de la fumée des torches, à une source qu'on nomma la fontaine d'Ariadne. L'eau coule à peine sur quelques cailloux couverts de mousse, et ne verdit le gazon qu'à une très-faible distance. A Naxos, on parle d'Ariadne comme d'Homère à Scio, comme des chevaliers français à Rhodes. Puisque je suis à Naxos, et que je viens de Crète, il faut bien que je parle d'Ariadne aussi. En effet, je descendais ces mêmes « montagnes escarpées, que la triste Ariadne avait « gravies pour interroger de ses regards la vaste « étendue des mers [1]. » Toutefois, dois-je l'avouer, parmi « les filles et les femmes des héros [2], dont « les images, comme des songes, volaient autour « de moi, » dans ces régions classiques, la sœur de Phèdre ne fut jamais ma favorite; et je cherche encore à comprendre comment une femme aussi parfaitement sensible que l'amante de Thésée, a pu choisir pour consolateur le dieu du vin.

---

[1] Ac tum præruptos tristem conscendere montes,
Undè aciem in pelagi vastos protenderet æstus.

CATULLE, Thétis et Pélée, v. 126.

[2] . . . ἠΰτε ὄνειρος, ἀποπταμένη πεπότηται . . .
. . . .
Ὅσσας ἡρώων ἀλόχους ἴδον, ἠδὲ θύγατρας.

HOMÈRE, Odyssée, ch. XI, v. 221 et 328.

CHAPITRE XXI.

Descendu de la montagne, je repris directement le chemin de la ville sans retourner à Langadia. Je dînai ce jour-là chez l'archevêque latin que je dus quitter aussitôt pour aller recevoir chez moi la visite de l'archevêque grec. Celui-ci, jeune dignitaire, connaissant, d'après les révélations de ses confrères du Synode, mon intimité avec le patriarche Grégoire, me rendit quelques honneurs, et voulut bien prêter l'oreille aux paroles de concorde que je lui fis entendre au nom de son vénérable chef. Les primats de Naxos vinrent ensuite, et enfin, parut l'abbé Mothe, à qui je devais bien quelques excuses ainsi que des actions de grâces pour sa poésie improvisée; il me tendit cordialement sa vieille main, que je serrai en bon compatriote, et je m'entretins longtemps avec lui, sans défiance comme sans arrière-pensée. Je lui parlai de revenir en France. « Je sais bien, me répondit-il, que nous y
« sommes à peu près tolérés en ce moment :
« mais qui sait si ces temps d'indulgence dure-
« ront? D'ailleurs, je ne suis pas jeune. *Mes mem-*
« *bres et mes pieds*, comme dit le vieux poëte

« grec, *ont perdu leur solidité; et mes bras ne
« s'agitent plus légèrement des deux côtés de mes
« épaules*[1]. Je resterai donc à Naxie, je ne puis
« rien faire de mieux. »

Je partis pour Syra, le soir, dans une barque montée par des Naxiotes : mes matelots voulurent relâcher, presque en sortant du port, à l'ombre du portique ruiné de Bacchus, que j'aurais eu le loisir de toiser tout à mon aise; mais j'avais vu tant de dessins de ces débris; j'en connaissais si bien d'avance les proportions, qui n'ont rien de très-remarquable; j'avais si peu l'espérance d'ajouter, soit une description neuve, soit une ingénieuse solution aux conjectures multipliées des antiquaires, que je me bornai à faire le tour des pilastres parmi les arbrisseaux épineux de ce petit promontoire, et à voir cou-

---

[1] Οὐ γὰρ ἔτ' ἔμπεδα γυῖα, φίλος, πόδες, οὐδ' ἔτι χεῖρες
Ὤμων ἀμφοτέρωθεν ἐπαΐσσονται ἐλαφραί.

Homère, Iliade, ch. XXIII, v. 627.

cher le soleil derrière les sommets lointains de Cythnos et de Sériphe.

> Perchè a voler parlar di tutti quanti
> Sarebbe il parlar lungo, e il tempo è poco [1].

Je passai la nuit, couché sur des touffes d'absinthe marine à quelques pas du bateau.

Recommencé avec l'aurore, mon voyage fut d'abord heureux; « le calme des vents versait la « sérénité sur une mer tranquille. Une divinité « favorable endormait les ondes; mes compa- « gnons, assis sur leurs bancs, faisaient blanchir « les flots sous leurs rames polies [2]. » Cette douce navigation me rappelait la Propontide et les caï-

---

[1] Car, à vouloir parler de toutes ces choses, le discours serait long; et le temps est court.

MACHIAVELLI, Poëme de l'âne d'or, ch. VI.

[2] . . . . ἠδὲ γαλήνη
Ἔπλετο νηνεμίη, κοίμησε δὲ κύματα δαίμων.
. . . . οἱ δ' ἐπ' ἐρετμὰ
Ἑζόμενοι, λεύκαινον ὕδωρ ξεστῆς ἐλάτῃσιν.

HOMÈRE, Odyssée, ch. XII, v. 168.

ques légers du Bosphore; nous arrivions ainsi rapidement sur Syra, dont j'apercevais déjà les cimes verdoyantes. Tout à coup une brise violente de nord-ouest, chassée des montagnes de l'Attique, vint soulever et noircir les flots. Au même instant, des nuages sombres nous cachèrent les îles où je voulais aborder, et ne nous laissaient voir que celles d'où je sortais. Le tonnerre, de vifs éclairs complétèrent la tempête. C'était plus qu'il n'en fallait pour effrayer mes matelots; ils s'enfuirent, sans m'écouter, jusque dans la rade de Paros; trois heures d'une course accélérée nous y ramenèrent; j'avais perdu ainsi le jour tout ce que j'avais gagné la nuit : ouvrage au rebours de celui de Pénélope, mais contretemps assez habituel aux marins.

En touchant le rivage de Nausse, je congédiai mon bateau naxiote et je nolisai une barque génoise, à demi pontée, plus forte, pour résister aux orages de l'Archipel. J'avais aussi plus de confiance en mon nouvel équipage que commandait un capitaine : je ne sais pourtant s'il convient de donner ce titre au chef de trois hommes, dont l'un était le lieutenant du bord, l'autre le timonier, et le troisième le plus malheureux mousse qui ait jamais habité un fond de cale; ce bâtiment, à quatre petites voiles, presque aussi large que long, devait me rendre à Athènes et m'arrêter où je voudrais.

Je n'avais pas eu beaucoup à me louer, à mon premier passage, de l'hospitalité des Pariens; cette fois, trahi par l'indiscrétion des Naxiotes, qui leur révélèrent ma *grandeur*, on me fit fête; un des primats de l'île, revêtu aussi du titre d'agent de France, prépara pour moi, sous les voûtes de sa vaste maison, une réception solennelle. Il me conduisit d'abord aux antiques carrières et aux nouvelles excavations qui fournissent encore des marbres aux tombes ottomanes. Ensuite, pendant qu'il me promenait du fort de Nausse à l'église grecque et à la chapelle latine, tous édifices de marbre assez peu dignes d'attention, une grande table fut dressée; et je vins m'y asseoir, entouré des autorités de l'île. Dans ce festin, qui se prolongea en raison directe des honneurs qu'on voulait me rendre, on me fit essayer, l'un après l'autre, les vins de Paros et de Naxie, très-médiocres à mon goût, puis la Malvoisie du mont Ida, laquelle me parut excellente.

A nos dernières libations, les jeunes dames de la ville s'étaient rassemblées dans une seconde salle. Nous les trouvâmes presque couchées sur un divan qui régnait autour des murs. Une percale blanche, à longs plis, les enveloppe comme un manteau, se relève en capuchon sur leurs têtes et se serre autour de leurs reins par une large ceinture de cuir noir. Ce vêtement, qui n'est pas sans grâce, ne descend pas plus bas que le genou; là, commencent de gros bas de laine rouges ou bleus qui défigureraient la jambe de Vénus.

Sous ce costume, je remarquai plusieurs femmes d'une taille élégante et d'un teint que le brûlant soleil de la Grèce n'avait pas effleuré. Dans la soirée, une d'elles se levant, entonna un chant assez mélancolique; aussitôt tous les capuchons furent rejetés sur les épaules et laissèrent briller de jolis visages, des yeux presque tous bleus, et des fronts chargés des tresses de beaux cheveux noirs. On se mit en rond; hommes et femmes se mêlèrent sans se diviser par couples;

d'abord la marche fut lente et triste; c'était, me disait-on, la danse d'Ariadne, et le début exprimait la douleur de l'amante abandonnée; peu après, vint la joie à l'arrivée de Bacchus; alors plusieurs femmes chantèrent ensemble ; et comme le mouvement doublait de vitesse, on me pria de faire partie de la chaîne, qui s'agrandit aussi de deux vieillards reposant à mes côtés; nous nous entrelaçâmes à la façon des îles, entourant de nos bras les deux danseuses les plus rapprochées, mais donnant la main à leurs deux voisines. Alors, le balancement de cette espèce de *Romaika* devint plus rapide; nous tournions autour de la chambre, ramenés en cadence par la voix des femmes dont les chants alternaient; mais cette danse ne perdit jamais une sorte de gravité. Le bal cessa peu à peu; les capuchons retombèrent; on se dit adieu; je restai dans la salle déserte, où un lit fut dressé pour moi sur le divan.

Le lendemain, 7 septembre, je m'embarquai sur ma tartane génoise : rebelle aux rames, elle n'avançait qu'avec le vent; il fallut donc attendre des haleines favorables sous la pointe de Paros.

A midi, nous faisons route et nous rasons un écueil dont les pics aigus et la base représentent tellement un grand vaisseau, que, dans la guerre de 1770, une frégate russe le canonna toute une nuit. Ici, je retrouvais encore Homère. Jupiter ne conseille-t-il pas à Neptune « de créer un ro- « cher, semblable à un vaisseau mobile et dont « la vue étonnera tous les hommes [1] ? »

A trois heures, superbe éclipse de soleil; le capitaine s'était muni de verres enfumés pour l'observer à l'aise, et ceci me donna une grande idée de sa capacité nautique. Je m'établis sur le pont de la barque, où je suivis par degrés les bizarres effets de l'éclipse; le soleil, si éclatant sur ces mers, se couvre insensiblement d'un voile; les îles de Sériphe et de Thermia, que nous apercevions au loin comme des nuées, disparaissent peu à peu; les flots s'obscurcissent; quelques étoiles scintillent dans le ciel; la lumière diminuée

---

[1] . . . . θεῖναι λίθον . .
Νηΐ θοῇ ἴκελον, ἵνα θαυμάσσωσιν ἅπαντες
Ἄνθρωποι.

HOMÈRE, Odyssée, ch. XIII, v. 157.

jette une teinte de deuil autour de nous. J'éprouve une sensation pénible; il me semble que je voudrais venir en aide à ce soleil pâle et malade [1], *Laboranti succurrere lunæ*. Mais ma compassion cesse lorsque l'astre vainqueur verse de nouveaux torrents de lumière, et déploie toute la splendeur de ses rayons régénérés. J'arrive dans le port de Syra vers minuit; quelques feux allumés par les gardiens des vignes, brillent sur les hauteurs de l'île, comme des étoiles naissant à l'horizon.

Le 8, je me rends de bonne heure à la ville assise sur des rocs aigus. Ici, je ne suis pas tout à fait étranger; l'agent de France est un ancien courrier de l'ambassade; je rencontre dans les rues quelques-uns des domestiques qui se pressent dans les palais européens de Constantinople et reviennent vieillir dans leur patrie; ils me reconnaissent et m'offrent à l'envi l'hospitalité. La population de Syra, centre des Cyclades, est voyageuse. Les jeunes filles de l'île se rendent aussi tous les ans, par caravane, à la grande ville,

---

[1] JUVÉNAL, Sat. VI.

pour y servir les dames de Péra, et ces relations périodiques n'ont pas manqué d'altérer la simplicité et la pureté des mœurs insulaires. Presque tous les Grecs de Syra sont catholiques. J'allai voir l'évêque latin, mon ancienne connaissance; il me montra, sous le portique de son église, un bénitier, piédestal d'une ancienne statue; dans la ville, des débris de vieux marbres et des inscriptions tumulaires. Puis il me fit conduire par son *Épitropos* (chancelier laïque) à la hauteur des Cinq-Moulins, d'où j'apercevais encore les rochers de Sériphe, peuplée jadis des victimes de Tibère, et l'ombre de Cythnos, renommée pour ses eaux chaudes; après une course de deux heures autour des grands vergers de Syra, je regagnai le port, et, reprenant ma navigation, j'avais, avant la nuit, tourné la pointe méridionale de l'île.

Le 9, je relâche au point du jour dans une anse de l'île de Zéa, au pied du mont Marpèse que j'essaye de gravir. Cette haute colline, à qui fut donné le nom de la célèbre montagne de Paros, laisse voir aussi des fragments de marbre et de cristaux. Je m'arrêtai dans ma pénible promenade, dès que mes regards purent dominer la ville de Corèse, située sur le rivage de la mer, et les bords d'un torrent aux larges ravins, qui désole, pendant l'hiver, les campagnes de Zéa, sous le beau nom du fleuve Élixos.

Je me rembarque, et, passant, à la faveur du vent d'est, le détroit qui me reste à franchir, je double la pointe de Macronèse, que l'on nomme aussi *Cranaë*, par respect pour une épithète d'Homère; île témoin de la première infidélité d'Hélène, suivant certains auteurs, ou de la seconde, d'après quelques autres.

Je touche enfin l'Attique, et je jette l'ancre à l'ombre du cap Sunium; le soleil illumine encore les antiques colonnes de Minerve. Je m'élance au rivage.

CHAPITRE VINGT-DEUXIÈME.

L'ATTIQUE.

LE CAP SUNIUM.

LE PIRÉE. ATHÈNES.

(1820.)

. . . . Tacitisque sub undis
Nomina tot demersa ducum, gentisque sepultum
Cecropiæ decus, et victas veneratur Athenas.

Lebeau, Poésies latines.

Il vénère tant de grands noms disparus, tant de gloire ensevelie sous ces ondes silencieuses; et il s'incline avec respect devant Athènes vaincue.

Quand je bondissais ainsi de joie à la vue du cap Sunium, j'étais jeune, ardent, avide d'interroger ces contrées si pleines du souvenir des temps passés; je brûlais de voir si les promontoires et les campagnes d'Athènes étaient bien tels que me les représentait mon imagination classique. Un seul homme, et cet homme m'avait fait oublier tous les autres voyageurs, traversant le Péloponèse pour aller adorer la grande tombe, avait, en passant, raconté au dix-neuvième siècle la Grèce, sa désolation et ses ruines ; il restait alors quelque chose à dire sur cette terre, qui était encore pour moi la patrie de Socrate et de Léonidas.

Mais aujourd'hui que le songe de M. de Châteaubriand s'est réalisé, que « les chemins sont « ouverts, les auberges bâties, que les enfants de « toute l'Europe peuvent apprendre à l'université « d'Athènes le grec littéral et le grec vulgaire; « quand une foule de Suisses et d'Allemands se « mêle aux Albanais[1]; » enfin quand tout le monde voyage, et que presque tout le monde écrit,

---

[1] Voyez dans l'*Itinéraire*, ce songe si étrange, daté de 1806. Prodigieuse intuition du génie! Il était donné à M. de Châteaubriand d'être prophète, même en rêve. *Les songes viennent de Dieu*, dit Homère : Καὶ γὰρ τ' ὄναρ ἐκ Διός ἐστιν·

qu'y a-t-il à faire? Si les choses, à l'avenir, vont comme par le passé, et pourquoi pas?, chaque village grec ou turc va posséder son historien, chaque Bédouin son biographe. En cette occasion, comme en beaucoup d'autres, la presse, « cette source toujours jaillissante de mensonges « sans fin » comme l'appelle Cooper (*Everbubbling spring of endless lies* [1]), la presse, dis-je, prodigue plutôt que bienfaisante, donne au public bien plus qu'il ne demande ; aussi tout est connu, redit, usé, même ces réflexions, qui sont une espèce de réminiscence, et que je crois avoir lues dans je ne sais plus quelle feuille périodique.

A l'heureuse époque de mon voyage, rien n'avait encore refroidi mon enthousiasme. Je courus au temple de Sunium à la voix de Platon, *surnommé divin par consentement universel, qu'aucun n'a essayé lui envier*, dit Montaigne. Je repassais en moi-même les enseignements de l'éloquente sagesse, et je croyais voir le vénérable philosophe assis à l'ombre des colonnes de

---

[1] Cooper's works, Progress of errour.

Minerve, me tendre les bras et m'appeler à lui. Je franchis d'abord par des sentiers à peine tracés, des taillis de chênes valoniers et de cytises; mais ensuite, pour gravir le promontoire escarpé, plus d'indication, plus de route. Je me frayai un pénible passage au milieu des buissons épineux et des ronces, saisissant de mes mains quelquefois ensanglantées les tiges des arbousiers, des myrtes, et les angles saillants des rochers. Partout la solitude, partout le silence : je n'entendais que le bruit de mes pas, et de ma respiration haletante; seulement, quand j'atteignis les premiers débris de marbre, une volée de perdrix s'échappa sous mes pieds; elle s'abattit dans les bruyères voisines, et me laissa seul avec Minerve et mes pensées.

Quel pompeux hommage à la déesse protectrice de l'Attique! Ces grandes colonnes de marbre blanc dominaient au loin les mers soumises aux lois d'Athènes, et couvraient comme d'une égide les îles sujettes. Aujourd'hui le temple croulant n'est plus qu'un signal pour les navigateurs égarés, et un refuge pour les pirates. Autrefois les nations accouraient à son ombre,

CHAPITRE XXII.

maintenant elles fuient ses écueils et ses solitudes. Je m'assis contre un débris de marbre, au milieu des herbes jaunies. J'étais au-dessus de la mer, plus haut que la maison du Tasse sur les flots de Sorrente; et le rocher, plus perpendiculaire encore, me cachant sa base, ne me laissait voir que l'abîme.

J'avais devant moi l'île d'Hélène, Andros aux belles vignes, Gyare, triste et déserte, et au loin les ombres des Cyclades. Calme et unie, la mer étendait sous les derniers feux du soleil ses vastes plaines, que sillonnaient les lignes bleues des courants. De temps en temps, les folles haleines du soir, s'échappant des montagnes de l'Eubée, trop faibles pour argenter le sommet des vagues, ridaient les ondes, qu'elles brunissaient en passant. Ces souffles, parvenus au rivage, faisaient mouvoir et murmurer les feuilles des platanes de Sunium, sans agiter leurs rameaux. Je respirais, dans ces brises embaumées, les émanations des îles, la fraîcheur des flots, et les parfums des myrtes fleuris à mes pieds.

Je m'abandonnai sans mesure aux délices de mes sensations rêveuses et de ce bonheur contemplatif. Le soleil, couché derrière les cimes du mont Laurium, avait fait place au crépuscule, le crépuscule à la nuit, et je songeais encore; une détonation partie de la baie, où j'apercevais comme un point noir ma barque attachée à la rive, interrompit mon extase poétique : c'était un coup de notre unique canon; il m'expliquait l'inquiétude de mon capitaine; j'obéis à cet ordre de retraite; je regagnai assez difficilement la grève et ma tartane. Les vapeurs du soir s'étaient dissipées, la nuit étincelait d'étoiles; je fis étendre mon matelas sur le pont, et je m'endormis en face du temple, rêvant encore à Platon et à Minerve.

Bientôt un bruit de rames qui s'approchaient nous surprit dans ces parages solitaires; presque aussitôt, la tartane fut accostée par une *barque rapide où se trouvaient des matelots robustes et nombreux*[1]. Le capitaine se hâta de me dire tout bas que nous étions assaillis par des forbans, et que leur multitude rendait toute résistance superflue; je m'assis donc sur un banc, attendant

---

[1] Νῆα θοήν · ἐν δ' ἄνδρες ἔσαν πολέες τε καὶ ἐσθλοί.

HOMÈRE, Hym. à Apoll. v. 392.

ma destinée. Mais les pirates se pressant fort peu de nous dévaliser, je leur adressai la parole en grec; je ne tardai pas à comprendre qu'ils avaient peur de nous, autant que nous d'eux; le tout, fort mal à propos. C'était un bateau monté par six jeunes marins, un *Réïs* ou timonier aux moustaches blanchies, et trois passagers. Partis depuis un mois de Rhodes pour Thessalonique, ils allaient sans carte, sans boussole, d'une île à l'autre, suivant la brise, et trop nonchalants pour recourir souvent à la rame. Les matelots me demandèrent sur quelles côtes nous étions, si le mouillage était sûr, et si je pouvais leur donner quelque direction pour le reste de leur traversée; j'avais une bonne carte géographique dans mon portefeuille, j'y puisai toutes les notions utiles à leur itinéraire. Il me parut assez piquant qu'un sauvage habitant de l'Aquitaine enseignât la route de la Thessalie à des Rhodiens, les plus savants navigateurs de l'Archipel antique [1].

---

[1] Rhodiorum usque ad nostram memoriam disciplina navalis, et gloria remansit.

CICÉRON, pro lege Maniliâ.

Dès que le soleil jeta par-dessus la mer les longues traînées de sa lumière vers les hautes colonnes de Sunium, je quittai le rivage, où ma barque était encore dans l'ombre; je laissai mon domestique à bord. Je donnai au capitaine mes instructions nautiques; je lui enjoignis de passer entre le cap Laurium et l'île de Patrocle, de doubler le petit îlot d'Azénie, et de m'attendre en face d'Éléuse, dans une anse étroite, où devait se trouver autrefois le village d'Égilie, aux pieds de l'un des versants du mont Hymette. Le vent de terre, qui soufflait, devait lui rendre ce trajet facile. Je promis de me trouver à Égilie vers midi; j'avais calculé qu'il ne me fallait pas plus de temps pour franchir les derniers sommets du Laurium.

Le capitaine hasarda certaines objections; il me dit, ainsi que Mercure à Ulysse, dans l'île de Circé : « Téméraire, comment osez-vous vous « aventurer seul, au milieu de ces montagnes, « sans connaître aucunement la contrée[1]? » Mais

---

[1] Πῆ δ' αὕτως, δύστηνε, δι' ἄκριας ἔρχεαι οἶος
Χώρου ἄϊδρις ἐών;

HOMÈRE, Odyssée, liv. x, v. 281.

je ne tins compte de sa remontrance; car je voulais, une fois dans ma vie, mettre à profit sur les collines de l'Attique une de ces matinées de septembre, si favorables à la chasse, dont je savais si bien jouir dans les plaines de mon pays. D'ailleurs, je ne sais quel instinct m'avertissait que Minerve avait laissé quelque empire à Diane dans ces solitudes[1]. Je m'enfonçai dans les taillis avec mon fusil et mon chien. C'était la saison où les cailles voyagent par troupes nombreuses, sur toutes les côtes maritimes; j'en vis beaucoup dans les grandes herbes des clairières; puis des tourterelles, passagères aussi, volant par couple. Rien ne s'opposa à mes plaisirs, que variaient quelques compagnies de perdrix, et même des lièvres. Je traversai, poursuivant ainsi ma proie, les hauteurs qui divisent Sunium du golfe athénien.

La végétation était dans tout son luxe; je foulais aux pieds des prairies que la faux n'a

---

[1] Experieris non Dianam magis montibus quàm Minervam inerrare.

PLINE, liv. 1er, Lett. 6.

jamais effleurées. Sous de longs graminées desséchés par les ardeurs de l'été, brillaient le colchique violet, et le plus vert gazon ranimé par les premières pluies de l'automne; ensuite, des ravins chargés d'oliviers sylvestres, de lentisques et de cèdres nains. Des guirlandes de liane, et des pampres rougis par la saison, où les grives des montagnes avaient laissé quelques grappes d'un raisin sauvage, entrelaçaient ces arbrisseaux croissant ensemble. Enfin je descendais les collines au milieu des bruyères en fleur, par des sentiers bordés de cystes et des touffes roses de la centaurée.

Arrivé au penchant des monts qui s'abaissent vers la mer Saronique, je rencontrai des bûcherons qui redressèrent ma course. Je parvins de la sorte à quelques cabanes où devait être l'ancienne Anaphlyste; de là, tournant les écueils, et côtoyant la rive, j'atteignis ma tartane en repos depuis une heure dans l'anse que j'avais désignée; elle mit aussitôt à la voile pour Athènes. J'étalai mon butin sur le pont; je choisis ce qui me parut le plus digne de la table de M. Fauvel; le reste fut la proie de mon petit équipage.

CHAPITRE XXII.

Cependant un vent du large nous poussait rapidement vers le Pirée. Tantôt, rasant le rivage, nous doublions le cap Zoster, presque à toucher ses roches de granit, et ses arbrisseaux pendants sur les flots; tantôt, nous évitions les écueils des îles Phaura, d'Hydruse, et les pointes de terre blanchissantes que Xercès, s'échappant après la bataille de Salamine, avait prises dans la nuit pour les voiles de la flotte athénienne, *et n'en fuyait que mieux* [1], dit Hérodote. Parvenus à la plage d'Alimos, nous fîmes le tour entier de la rade de Phalère. Dans ma pensée je rétablissais sur ces rives désertes les temples de Vénus et de Jupiter; puis, passant devant le port de Munychie, j'entrai dans le canal qui mène au Pirée, et je saluai les pierres noires qui portent le nom de tombe de Thémistocle. Ces ruines, *en forme d'autel* (βωμοειδεὲς [2]), ne seraient-elles pas aussi un autel de Neptune où les navigateurs sacri-

---

[1] . . . . . ἄκραι λεπταὶ τῆς ἠπείρου, ταύτας ἔδοξάν τε νῆας εἶναι, καὶ ἔφευγον ἐπὶ πολλόν.

HÉRODOTE, liv. VIII, ch. 107.

[2] PLUTARQUE, Vie de Thémistocle.

fiaient avant le départ? Et le héros de Salamine ne mérite-t-il pas qu'on le confonde avec le dieu des mers?

En quelques minutes je débarquai de la tartane, je fis mes adieux à mon équipage génois, et je mis en route pour Athènes mon domestique et mes bagages, après avoir satisfait aux exigences des douaniers du Pirée.

J'avais si souvent répété les vers de Properce partant pour Athènes : « Dès que j'aurai touché « les rivages du port Pirée, je m'avancerai vers « la ville de Thésée, par la route qui se divise en « deux longues branches [1]. » Surtout j'avais pâli si longtemps sur le *Jeune Anacharsis*. J'avais tant étudié les plans des environs d'Athènes et des *longs murs*, que je refusai obstinément un guide; je dédaignai même de suivre le chemin tracé; et, me fiant à mes souvenirs, je commençai à franchir la plaine à vol d'oiseau, faisant du Parthé-

---

[1] . . . Ubi Piræi capient me littora portus,
Scandam ego Theseæ brachia longa viæ.

Properce, liv. III, élégie 21.

non comme le clocher de ma course en ligne droite. Tant que je ne traversai que des chaumes et des prairies, ma direction eut quelque succès; mais bientôt des bois d'oliviers me cachant le temple de Minerve, je déviai sans m'en apercevoir, et, cherchant pour m'orienter le lit du Céphise, je tombai dans des marais dont le *Jeune Anacharsis* ne parlait pas. Je les crus d'abord parfaitement guéables, et dans mon amour-propre d'écolier, je mis mon honneur à ne pas reculer d'un pouce. Alors j'enfonçai bravement de plus en plus dans un sol fangeux, au milieu des joncs et des touffes d'iris. J'avais déjà les jambes baignées de cette boue liquide, et je ne sais où m'aurait conduit ma folle opiniâtreté, si une voix qu'il me semblait connaître ne se fût fait entendre de loin. . .
« Seigneur Marcellus, arrêtez-vous, me criait-
« on, vous n'êtes pas ici dans les rues de Cons-
« tantinople; ce sont des marais dont vous ne
« sortirez pas si vous vous obstinez. Revenez,
« revenez à la bonne route. » Cette fois je n'avais presque plus besoin de mes illusions coutumières, pour croire entendre la voix de Minerve; car rien n'était plus sage que ce conseil tombé du

ciel; je rétrogradai lentement, et j'aperçus sur un sentier voisin des marais, un Grec qui me suivait des yeux. Il tenait un cheval par la bride, et il m'adressait de loin les signes et les gestes les plus animés.

Dès qu'il me vit en bonne voie, il vint me baiser la main : « Effendi, me dit-il, reconnaisez « donc votre pauvre Yani; moi qui vous ai tant « de fois guidé dans les bois du Bosphore, je « devais encore vous sauver des marais d'Athè- « nes. » J'avais besoin de cette voix et de cet accueil fraternel pour effacer la mauvaise honte qui me restait de ma mésaventure. J'embrassai cordialement Yani, et il exigea que son cheval me portât jusqu'à Athènes, tandis qu'il cheminait gaiement à côté de moi.

Yani était de Syra. Je l'avais trouvé dès mon arrivée à Constantinople, sous la livrée du palais de France, et je m'étais affectionné à lui; il m'avait servi longtemps : leste et adroit, il était l'intendant de mes chasses; mais Yani, inconstant comme un Grec, ou comme un Français, se lassa de la vie monotone de Constantinople; il voulut revoir les rochers de Syra; et bientôt, fatigué de son île natale, il s'était donné de nouveau à la vie des voyages, et il avait accompagné un Anglais à Athènes ; il revenait en ce moment de noliser une barque au Pirée pour son nouveau maître, quand il rencontra l'ancien. Il me prit dès lors sous sa protection, recommençant son service comme s'il ne m'eût jamais quitté ; il me fit traverser sans arrêt et sans difficultés le corps de garde turc qui veillait à la porte d'Athènes, et il ne m'abandonna qu'après m'avoir conduit chez M. Fauvel, et déposé à l'ombre de l'autorité consulaire.

De tout ce qu'Athènes devait offrir à ma curiosité, M. Fauvel était l'objet que je désirais le plus ardemment connaître. Dans ma pensée, le vieil antiquaire tenait sa place au milieu des grands monuments d'un autre âge, et s'identifiait en quelque sorte avec les édifices qu'il allait m'expliquer. Je me le figurais assis à la porte de ce vaste musée, sous la forme de *Jupiter-Gardien*.

M. Fauvel m'avait destiné dans sa maison une chambre à côté de la sienne. Cette chambre était son cabinet d'antiques et sa bibliothèque ; j'y vis d'abord, comme dans l'*Adone du Cavalier Marini*, « une grande quantité de livres défaits, dont « les feuilles étaient en désordre ou déchirées. Ils « gisaient par terre, l'un sur l'autre, négligés et « amoncelés en un grand tas, presque tous ron- « gés des vers, et couverts de poussière [1]. » Plus loin, chaque chaise portait un ou deux fragments de marbre; mille clous fixés aux murs y suspendaient des frustes, des bas-reliefs ou des plâtres ébauchés; dans les angles quelques statues incomplètes; sur les tables, des médailles, des armures rouillées, une flèche des Perses morts à Marathon. Le tout dans une confusion où l'habile artiste pouvait seul se reconnaître. Mon lit était dressé contre un mur, au milieu de ces poudreux débris; et le premier soir, à peine avais-je posé ma tête sur le traversin, que je sentis une main se promener dans mes cheveux; je saisis

---

[1] Vidde gran quantità di libri sciolti,
C'havean mal conce e lacere le carte;
Tutti sossopra in un gran mucchio accolti
Giacean negletti al suol, la maggior parte
Rosi dal tarlo, e nella polve involti.

Cav. Marini Adone, ch. x, st. 160.

cette main en frissonnant; elle était de marbre. C'était le bras d'une statue de Vénus, lequel, accroché à un fil d'archal, remuait encore le long du mur, de la secousse que j'avais donnée à mon lit, en m'y jetant.

Je confiai aveuglément à M. Fauvel la direction de mes visites antiques. Le savant archéologue était sensible à cette soumission passive toute au profit du voyageur : chaque soir, il donnait le plan de campagne du lendemain ; tantôt, suivant l'ordre chronologique, il me faisait admirer les progrès de l'architecture grecque ; il passait par degrés de l'enfance de l'art à son apogée, et produisait des types précieux des phases intermédiaires. Tantôt rappelant la hiérarchie mythologique, il m'amenait des colonnes de Jupiter Olympien par tous les monuments des divinités secondaires, jusqu'au temple du demi-dieu Thésée. D'autres fois, quand, obéissant à ses devoirs consulaires, il avait lu les journaux de France si lents à nous parvenir, et les harangues des députés : « Allons au Pnyx, me disait le ma-
« lin vieillard, oublier ces obscurs débats à la voix
« de Démosthènes. » Parlions-nous du commerce

et des productions de la Grèce? « Venez à l'A-
« gora, maintenant le bazar, me disait-il, c'est la
« même chose qui seulement a changé de nom,
« c'est encore là que sont les boutiques; mais vous
« n'y rencontrerez plus ces marchandes d'herbes
« dont Alcibiade craignait les railleries, et qui
« firent rougir Théophraste de ne pas être Athé-
« nien... Voyez-vous, ajoutait-il, cette tour carrée
« à horloge, neuve, massive et sans grâce, qui
« domine le marché? elle vient d'être élevée par
« lord Elgin, comme une espèce d'amende hono-
« rable de ses rapines. Ne semble-t-il pas plutôt
« que chaque heure qui sonne doit les rappeler?
« c'est bien le cas de répéter avec lord Byron :
« *Érostrate et Elgin sont à jamais immortels dans*
« *la malédiction des hommes, et peut-être le se-*
« *cond vaut-il moins que le premier*[1]? Mais, à
« propos de Byron, montons aux Propylées;
« voilà son nom sur une colonne du Parthénon;

---

[1] Alike condemned for aye to stand accursed;
Perchance the second viler than the first.

Lord Byron's Curse of Minerva.

« je l'ai vu moi-même graver de sa main cette
« sanglante épigramme contre le moderne Ala-
« ric. Quelle indignation brillait alors dans ses
« yeux presque toujours mélancoliques! J'ai vu
« aussi, bien longtemps auparavant, un poëte
« moins passionné, l'abbé Delille, inscrire quel-
« ques vers faciles et élégants sur ces marbres;
« il n'y reste plus que son nom que vous lisez
« là-bas, tracé en caractères si réguliers, et je ne
« revois jamais sans émotion ce nom du premier
« de nos poëtes français qui ait visité et chanté
« mon Athènes chérie. J'étais avec lui quand j'en-
« trai au Parthénon pour la première fois; je ne
« le quittais guères; une tendre admiration m'at-
« tachait à tous ses pas. C'est près de moi qu'il
« écrivit les pages inspirées de l'*Imagination*; et
« il m'apprenait à dire, comme lui, à la malheu-
« reuse Grèce :

Partout de tes palais, de tes temples épars,
Quelque reste imposant, dans sa décrépitude,
Semble encore à lui seul peupler ta solitude [1]. »

---

[1] Delille, Imagination, ch. VII.

Parfois, quand la conversation devenait moins sérieuse, et que je demandais des détails sur les coutumes modernes des Athéniennes dont j'admirais la beauté : « Je vais vous montrer, me disait mon « guide, l'endroit où je place la maison d'As- « pasie; » et, chemin faisant, le caustique narrateur citait, sur les mœurs des anciennes protégées de Minerve, comme sur la coquetterie des nouvelles habitantes d'Athènes, certains traits qui valaient les dialogues de Lucien. Je m'abandonnai donc sans réserve à la savante direction de M. Fauvel; je ne faisais avec lui ou sans lui que ce qu'il me disait de faire. Dans sa longue expérience il avait observé les effets de *ses* ruines sur l'imagination des voyageurs; il avait calculé la nature des impressions, la portée des souvenirs; et, les présentant dans une habile symétrie, il ménageait à chacun des jouissances particulières, sans laisser deviner son bienveillant artifice.

Dès mon arrivée, il me conduisit au Parthénon, qui méritait mes premiers hommages. Il voulait me présenter la ville, l'Attique, et ses montagnes, comme on soumet aux yeux une grande carte d'ensemble avant de dérouler les

CHAPITRE XXII.

plans spéciaux. « A un autre jour les détails, me
« dit M. Fauvel; ce soir je vous laisse à vous-
« même, et je ne veux pas gâter votre première
« contemplation. »

La scène était sublime; le soleil se couchait
derrière l'Acro-Corinthe; c'était l'heure où Socrate avait bu la ciguë. Mes regards planaient
sur les rues d'Athènes, ses minarets et ses jardins, sur le temple de Thésée et son palmier solitaire, puis sur les guérêts dépouillés et les bois
d'oliviers du Céphise. A l'horizon, le mont Icare
nous cachait la Béotie; la mer brillait vers le
Pirée et au rivage de Salamine; je tournais le
dos au Parthénon, à l'Ilissus, à l'Hymetté : ce
grand tableau était revêtu d'une lumière si douce
et si transparente, le soleil y jetait des teintes
d'un rose si pâle, l'air était si pur et si léger,
qu'oubliant les souvenirs de l'histoire, et les monuments que le temps détruit, je donnai toute
ma pensée à ces merveilleuses beautés de la nature que le temps conserve, multiplie, et dont la
Grèce offre partout le spectacle, sous le prisme
de son bienfaisant climat.

Après ce début, M. Fauvel ouvrit avec moi,

dès le lendemain, un cours régulier d'antiquités. Mais que dire aujourd'hui d'Athènes? Chaque carrefour est exploré, chaque rue décrite. La ville de Thésée a ses manuels et ses *cicerone*, comme Rome et Florence : elle était moins connue quand je la parcourais avec mon vieux guide; mais ces longues heures que je passais à contempler des débris, à étudier la topographie ancienne et nouvelle, ne doivent laisser de trace que dans ma mémoire; le récit en serait monotone autant qu'il est maintenant superflu. Je me borne à quelques notes rapides, uniquement pour ne pas interrompre tout à fait la chronologie de mon voyage.

Et d'abord, le temple de Thésée, le mieux conservé de tous les monuments grecs, me fut expliqué en entier par M. Fauvel, à commencer par les bas-reliefs de Phidias jusqu'aux tombes des Anglais, qui, depuis quarante ans, ont la singulière fantaisie de se faire enterrer à l'ombre et sous la protection du vainqueur du Minotaure. Sur une colonne de la façade occidentale, je lus ceci : *Delille*, 1784; et une main habile, sans doute celle d'un compatriote, avait entouré ce nom d'une guirlande de roses, sculptée récemment sur le marbre.

Sortis de la ville, nous avons parcouru les solitudes de la tribune aux harangues, et de l'aréopage, emplacement longtemps incertain, que M. Fauvel croit avoir retrouvé depuis deux ans; les remparts de l'Acropolis, construits ou réparés à trois époques bien distinctes, les murs de la ville actuelle, et le monument de Philopappus sur la colline du musée, sorte d'observatoire central, passent tour à tour sous nos regards; redescendus dans la plaine de Limné, nous voyons les ruines du temple d'Esculape, les restes du théâtre et du temple de Bacchus, le lit de l'Ilissus, sec et poudreux en ce moment, la fontaine Callirhoë, la trace antique de ses cascades, quand les torrents de l'Hymette, grossis par les pluies de l'hiver, donnaient leur tribut à ses neuf canaux (ἐννεάκρουνος); puis un temple de Cérès écroulé il y a quarante ans, et un autel de la Victoire.

Enfin, j'arrive au stade : tous les gradins de cet immense amphithéâtre ont disparu brisés ou dispersés. M. Fauvel se souvient d'y avoir vu dans sa jeunesse un dernier débris informe de marbre pentélique, qu'on retrouverait, dit-il, au musée de Londres et qui ne valait pas un si long voyage. On distingue encore la route des Chars. Les jeunes femmes d'Athènes font aujourd'hui de ce stade désert un rendez-vous superstitieux : et quand elles demandent au ciel un heureux hyménée, le retour d'un époux, la santé d'un enfant, liant d'un fil cramoisi une pièce de monnaie dans le milieu d'un mouchoir brodé, elles le déposent sur la route antique des Chars avec un peu de miel, une coupe de lait, du pain et des amandes; puis elles s'en vont, invoquant les Parques, et disant : « Déesses Parques, qui « présidez à la destinée de l'univers, chargez-vous « aussi de ma destinée [1]. » Et ce sortilége, où M. Fauvel prétendait découvrir quelque tradition éloignée des mystères d'Éleusis, est fort en honneur à Athènes.

Nous revînmes par le panthéon d'Adrien, ainsi M. Fauvel veut qu'on l'appelle, réservant le nom de Jupiter Olympien pour les marbres de

---

[1] Μοίρες, ὁποῦ μοιράζετε τὸν κοσμὸν, μοιράζετε καὶ ἐμένα.

l'Agora. L'archéologue ne parlait qu'avec une sorte de dédain de ces colonnes corinthiennes qui feraient la fortune et l'honneur d'une de nos grandes villes françaises; il y reconnaissait un style de décadence, et il ne passait jamais à leur ombre sans lancer quelque épigramme à la *Voltaire* contre le derviche stylite qui habita vingt ans leur sommet. Nous rentrâmes dans la ville par la porte d'Adrien, et nous admirâmes sur notre route la tour octogone des Vents, comme ses colossales sculptures. Ainsi se termina la première journée de nos promenades.

Deux chiens épagneuls, compagnons assidus de M. Fauvel, nous avaient constamment précédés dans nos excursions, s'arrêtant d'eux-mêmes aux points où leur maître avait coutume d'appliquer ses doctes commentaires; ces fidèles animaux, chez qui l'instinct tenait lieu de science, auraient pu, à leur tour, servir de guides dans Athènes.

Notre seconde journée ne fut pas d'un moindre intérêt, je revis à loisir l'Acropolis et toutes ses richesses : d'abord les Propylées, le temple de la Victoire, ensuite le Parthénon dans tous ses

débris, dans toutes ses phases historiques, illustré par les explications de M. Fauvel. « Sur ce
« magnifique édifice, me disait-il, autant d'opi-
« nions que d'antiquaires; chacun veut avoir son
« système et sa préférence. Un artiste, frappé de
« ces majestueuses ruines, dit en soupirant :
« *Oh! que les anciens architectes étaient de*
« *grands hommes en comparaison des nôtres!* Un
« autre artiste, perdu dans l'immense basilique
« du Vatican, s'écriera avec transport : *Non, les*
« *anciens ne nous valaient pas*. Ces deux hommes,
« s'ils sont Français, seraient gens à se battre ou
« à dépenser des tonnes d'encre pour soutenir leur
« exclusive assertion ; et, bien appréciée, à quoi se
« réduit-elle? A ceci précisément : savoir, que
« les anciens ne construisaient point des églises
« sur les bords du Tibre, et que nous ne bâtis-
« sons pas de temples dans la Grèce. »

Nous vîmes ensuite les trois temples, presque contigus, d'Érechthée, de Minerve Poliade, le Pandroséum, avec ces volutes ioniques, et ces caryatides, éternels modèles d'une élégance et d'une grâce inimitables. Revenus dans la ville, après avoir pénétré dans la grotte de Pan, nous visitons le temple d'Auguste, la rue des Trépieds, et, comme pour me purifier de tant de souillures païennes, je vais m'asseoir sur l'escabelle du père Paul, le plus humble des religieux de Saint-François. Celui-ci écoute avec émotion mes récits de Jérusalem, il m'interroge sur ses frères, sur la misère des couvents, sur les persécutions accoutumées. « Je suis allé moi-même me prosterner aux pieds du saint sépulcre, me dit-il; puis on m'a envoyé en Grèce. Et là, bien souvent, comme l'apôtre dont je porte le nom, je me désole, et *mon esprit se révolte en lui-même quand je vois l'idolâtrie régner par toute la ville*[1]. » A l'ombre de ce petit couvent qu'habitait le père Paul, j'aurais pu me croire encore en Palestine, si, pour me remercier des consolations que je lui avais apportées, le bon capucin ne m'eût fait admirer en détail la Lanterne de Démosthènes où se cache sa pauvre cellule.

---

[1] Paulus autem quùm Athenis eos exspectaret, incitabatur spiritus ejus in ipso, videns idololatriæ deditam civitatem.

Actes des Apôtres, ch. XVII, v. 16.

CHAPIT. VINGT-TROISIÈME.

CORINTHE. ARGOS.

ÉGINE.

(1820.)

—

« T'is Greece, but living Greece no more!
« So coldly sweet, so deadly fair.
« We start, for soul is wanting there. »

BYRON'S, Giaour.

C'est la Grèce, mais ce n'est plus la Grèce vivante : froide, et si gracieuse; morte, et pourtant si belle; on tressaille à sa vue, car une âme lui manque.

CEPENDANT mes journées s'écoulaient rapidement à Athènes. Je me laissais aller peu à peu à cette rêveuse mollesse, fille du climat, ainsi qu'au bonheur d'un loisir complet au milieu de ces ruines si familières, pour ainsi dire, et si favorables aux divagations de la pensée. D'autres ruines moins accessibles m'attiraient vers le Péloponèse : je n'avais plus que peu de moments avant l'arrivée de *l'Estafette*, qui devait m'enlever à l'Attique ; je me hâtai d'en profiter pour voir tout ce que je pourrais atteindre de la Morée.

Muni de mille instructions verbales, et de quelques notes manuscrites de M. Fauvel, j'arrêtai cinq chevaux qui devaient porter mon domestique, mon bagage, un janissaire, le guide et moi. Cette excursion rapide est une de celles dont j'ai le mieux joui ; ce n'est pas que mes recherches sur ce sol antique aient été profondes, et que j'aie à me vanter d'une découverte ou même d'une observation échappée à mes devanciers : tout au contraire, j'ai négligé, je m'en accuse, bien des colonnes debout, bien des chapiteaux renversés, d'Éleusis à Sicyone ; mais, dans mon incurie, j'ai trouvé un charme inexprimable à parcourir ces belles mers, ces montagnes célèbres, pendant la saison la plus favorable aux voyages. J'aurais perdu mon temps à interpréter péniblement des inscriptions toutes traduites, à décrire des ruines dessinées déjà par pieds et pouces; enfin, à citer des villages et des ruisseaux enregistrés dans tous les itinéraires. Il valait mieux m'abandonner à mes impressions et à mes souvenirs.

Je partis d'Athènes de très-bonne heure, le 14 septembre; et passant auprès du temple de Thésée, je ne sus pas me défendre d'une petite invocation mentale adressée au vaillant demi-dieu. La guerre d'Albanie avait peuplé de vagabonds et de meurtriers les montagnes de Mégare et de Corinthe; je devais traverser les roches de Scirron. « Thésée, m'écriai-je à mon tour,

Si jamais ton courage,
D'infâmes assassins nettoya le rivage [1],

« protége les pas de quelques voyageurs obscurs, « amants de la chasse et des forêts, comme ton « fils Hippolyte. » Je passai ensuite la porte

---

[1] Je ne sais s'il est permis à un classique aussi dévergondé que je me vante de l'être, d'altérer ainsi les beaux vers de Racine.

d'Athènes, et je traversai le Céramique quand le soleil se levait derrière le mont Hymette, couronné de quelques petits nuages blancs. « Triste « présage, seigneur, me dit mon guide, car « voici le proverbe grec : Quand la montagne « couvre sa tête au lever du soleil, voyageur, « couvre aussi la tienne ; l'orage n'est pas loin. » Des forêts d'oliviers s'étendent aujourd'hui dans toute la plaine du Céphise, en descendant de Décélie, jusqu'au Pirée. Dans ces masses d'un feuillage triste et gris se cachent Lacie, Colone, Corydalle. Les jardins de Platon sont maintenant entretenus à grands frais, et embellis par un vayvode turc retiré du monde ; ce tyran subalterne de la Livadie s'occupe, dit-on, dans les bocages de l'Académie, d'un commentaire sur le Coran ; et l'écho qui répéta le Phédon, redit aujourd'hui l'ouvrage du rival d'Aboul-Feda.

Je passai le Céphise. Quatre rivières, en Grèce, portent ce joli nom ; celle-ci, comme du temps de Spon, fait plus de bruit dans le monde que dans son lit. Ses eaux, vagabondes pendant l'hiver, ne coulent pas l'été ; elles n'ont jamais un cours tracé et régulier ; on a construit, pour la

CHAPITRE XXIII.

saison des pluies, un pont de quelques arches, inutile dans tout le reste de l'année; et même alors, ce pont n'offre pas toujours un passage certain, car le fleuve s'amuse parfois à rouler ses flots capricieux, non sous les arches, mais à côté.

Le Céphise me rappela une folie de mon adolescence. A cet âge où le cœur s'ouvre à des rêveries si douces parce qu'elles sont folles et sans objet, dans une de ces extases d'écolier enthousiaste de Périclès, d'Alcibiade, et surtout d'Aspasie, j'avais écrit une sorte de *Nouvelle* grecque (épisode ou poëme, peu m'importait le titre) surchargée de citations, plus encore que n'en contient ce voyage. La scène se passait dans l'Attique. Je ne laisserais pas sans doute subsister aujourd'hui vingt lignes de cette œuvre prématurée; mais il y avait de l'amour, du néant, des tombeaux surtout à foison. J'eus quelques succès; des yeux de province pleurèrent : je me crus un Bernardin de Saint-Pierre, enté sur un abbé Barthélemy; et affamé de suffrages, j'allai lire un soir à une femme moins jeune que mes pleureuses, ces balivernes qu'elle eut la patience bonté d'écouter. J'en étais à la fin de l'histoire, c'est-à-dire à la mort successive de tous mes personnages, y compris un chien molosse, sur lequel je comptais un peu pour l'intérêt du récit; et pas la moindre petite larme, dont elle eût pu me faire hommage sans beaucoup de peine, n'était tombée au bruit de mes phrases sentimentales [1]. Enfin, j'arrive à mon paragraphe favori, je renfle ma voix; et voilà le héros et l'héroïne errant en silence parmi les pierres sépulcrales du Céramique; parvenus au Céphise, ils s'asseyent loin l'un de l'autre, sur des colonnes brisées; et ils regardent les ondes s'écouler lentement. « Nos années, s'écrie alors le jeune « Grec, fuient aussi comme cette onde rapide; « rien de ce qui appartient à l'homme n'est sta- « ble, dit Isocrate; et le sublime Pindare ajoute « que la vie est le rêve d'une ombre..... » J'en étais là, quand j'entendis auprès de moi des sourires étouffés dont j'allais montrer quelque

---

[1] . . . . Una, mehercule, falsa lacrymula,
Quam, oculos terendo misere, vix vi expresserit.

TÉRENCE, Eun. act. 1, sc. 1.

humeur. « Croyez-moi, mon ami, me dit la dame
« expérimentée; écrivez avec votre cœur, et non
« point avec votre dictionnaire; laissez là tout
« ce fatras mélancolique et savant. A qui voulez-
« vous persuader que deux amants, seuls, près
« d'un ruisseau, n'ont rien de mieux à faire que
« de citer Pindare ? » .....Je ne suis pas sûr
d'avoir profité de la leçon autant que je l'aurais
dû, et je ne sais comment ce trait de ma jeunesse me revint dans l'esprit, en passant le
Céphise. Au reste, je me promis que ce serait
le dernier; et que dans le pays des grands souvenirs, toute ma mémoire serait pour eux.

En quittant les champs d'oliviers d'Athènes,
j'entrai dans un défilé qui me conduisit au torrent de Daphné. C'est un nom commun en Grèce
à tous les ravins dont les lauriers-rose amers,
Pikro-daphnais, couvrent le lit rocailleux. Un
couvent aux sombres murailles s'élève dans cette
gorge resserrée; il est protégé, d'un côté, par
un bois de sapins argentés qui touche à ses
murs, et verdit le mont jusqu'au sommet; de
l'autre, le monastère s'adosse à une haute colline
revêtue d'arbousiers et de bruyères. De là, la vue

s'étend sur le golfe de Salamine, le promontoire Amphiale, les îles Pharmacuses, et vers la ville d'Éleusis. Je cheminais dans l'antique voie Sacrée; j'en reconnus aisément les traces sur le bord de la mer : la route est quelquefois creusée dans le roc, et la roue des chars des mystérieuses prêtresses y a laissé plus d'une empreinte. Bientôt un nuage noir, parti du mont Corydalle, me rappela les sinistres prédictions du guide. J'étais dans les marais sans arbres d'un second Céphise, le Céphise de la Béotie, sur les rives des petits lacs et des courants salés. Je demandai en vain au temple de Vénus, dont je foulais le sol, une colonne encore debout, une ruine pour abri; je ne vis que des pierres rongées de mousse, et je me hâtai d'arriver à Lepsina. C'est le nom sous lequel se cache aujourd'hui la ville de Proserpine et de Cérès.

Je m'arrêtai dans une taverne où j'eus bientôt la visite des habitants du village, tous aussi curieux que désœuvrés. A toutes mes haltes, je cherchais à lier conversation avec les paysans grecs; et je les interrogeais sur leurs travaux, leur vie, les impositions, leurs vayvodes; ils me répondaient volontiers, et dévoilaient sans crainte leur pauvreté, leur paresse, en même temps que l'avarice et la tyrannie de leurs chefs, Grecs ou Turcs. Parfois aussi je leur parlais de leurs ancêtres et de leur gloire antique; alors ils restaient muets et ne me comprenaient plus.

Je parcourus les décombres du temple d'Éleusis; on retrouve encore, sur le tertre qui domine le village, le pavé d'un second temple. Les autres débris ont disparu, enlevés par les antiquaires européens, ou détruits par leur marteau, hormis deux statues mutilées, à qui on ne peut assigner ni une pose, ni un sexe, ni un nom. Enfin, je déchiffrai trois ou quatre inscriptions, toutes du temps de l'empire romain, que j'avais déjà lues bien moins péniblement, dans les voyages de Spon. La pluie tombait par torrents; les nuages me dérobaient la vue de Salamine, de la mer, et des montagnes béotiennes, qui bordent l'horizon d'Éleusis; je partis pour Mégare.

La route, qui n'est qu'un sentier battu, traverse d'abord des campagnes cultivées par intervalles, souvent nues et désertes, ensuite un vallon, où Cérès s'assit à terre, lasse et altérée (Αὐσταλέα, ἄποτός τε¹), à l'ombre d'un olivier, quand elle cherchait Proserpine. On l'appelait alors, et plus tard au temps d'Ovide, *la triste vallée* ². C'est là que la fille du vieux Céléus rencontra la déesse, cachée sous la forme d'une vieille femme. « Mère, » lui dit-elle ; et Cérès tressaillit à ce nom de mère ; « que fais-tu, seule dans ces montagnes « désertes ? » — « Sois toujours heureuse, et ne « perds jamais tes enfants, lui répondit Cérès ; « pour moi, ma fille m'a été enlevée. » Et la déesse se prit à pleurer ³.

Avant d'atteindre le mont Cérate, à deux cimes, ou à *deux cornes*, traduction de son nom, on passe le défilé où Cercyon fut mis à mort par Thésée ; un second orage me surprit dans la montagne, et m'enveloppa de nuées qui me suivirent dans la plaine, et se dissipèrent à

---

¹ CALLIMAQUE, Hymne à Cérès, vers. 17.
² Illud Cecropidæ nunc quoque Triste vocant.
     OVIDE, Fastes, liv. IV, v. 518.
³ Sospes eas, semperque parens, mihi filia rapta est.
     OVID., loc. cit.

mon entrée dans la ville, tout exprès pour me laisser admirer la vue que présentent les hauteurs de Mégare. Salamine, abandonnée et solitaire, se déploie tout entière sous les yeux; les monts Géraniens, noircis de sapins, s'élèvent à l'ouest; et sous la ville, s'étend une vaste plaine, coupée de champs d'orge et de bois d'oliviers, qui se termine à la rade de Nisée.

Je trouvai à Mégare, plus encore qu'à Éleusis, des fragments de statues renversées et sans honneur. Ces frustes informes servent de banc sous le péristyle des églises grecques, construites elles-mêmes de colonnes brisées ; souvent, du milieu d'un mur grossier, on voit surgir en relief la volute élégante d'un chapiteau ionique, ou la feuille de l'acanthe corinthienne. On me montra une statue récemment découverte, à laquelle, disait-on sérieusement, il ne manquait, pour avoir une grande valeur, que la tête, les bras et une jambe.

Je revenais par le chemin qui conduit à Nisée, après une longue promenade autour des ruines de Mégare, et je considérais les colonnes gisant auprès de la citerne, dans la place publique, quand une vieille femme accourut vers moi, et me pria de venir dans sa maison pour y voir une demoiselle franque (κοπέλα Φράνκη). Dans ma passion pour l'*Itinéraire*, passion qui m'est restée, je me figurai aussitôt une aventure toute *Châteaubriantique*. N'est-ce pas à Mégare que l'auteur du *Génie* essaya de guérir cette jeune Grecque pâle et mourante? La demoiselle franque pouvait être une fille, une sœur de la pauvre malade; que sais-je!... Tout cela me traversa rapidement l'esprit et le cœur; je demandai donc à mon tour si la demoiselle était souffrante. « Non, seigneur; elle a bien ses jam- « bes et ses bras. » — « J'entends, répliquai-je, elle n'est peut-être pas estropiée; mais vous m'avez pris pour un médecin, et si elle est malade, je ne puis en conscience..... » — « Oh! « vous la verrez, » reprit impétueusement la vieille femme; et me saisissant par mon habit, elle me traîna jusqu'à une petite porte qu'elle ferma scrupuleusement sur nous. La chambre était obscure;

Quelques restes de feu sous la cendre épandu
D'un souffle haletant par Baucis s'allumèrent.

CHAPITRE XXIII. 379

Et, à cette pâle lueur, exhumant d'une petite niche un de ces bronzes égyptiens, grands comme le pouce et si communs, qui représentent la déesse Isis, « La voilà, me dit-elle, la demoiselle « franque! et elle vaut bien cent piastres. » J'eus beaucoup de peine à ne pas éclater de rire, et je démontrai gravement à Baucis que son morceau de cuivre était presque sans valeur; elle me pria de garder pour moi ce jugement sévère, et de vanter partout sa demoiselle franque, afin que d'autres voyageurs plus accommodants en fissent l'acquisition.

Cette petite aventure me donna une première leçon du style lapidaire albanais. J'appris bientôt toutes les dénominations à contre-sens qu'appliquent aux restes antiques les Grecs de nos jours : ainsi, une statue de femme, grande ou petite, se nomme *kopela*, demoiselle; celle d'un homme, *palicari*, garçon; l'appellation générique des statues, sans distinction de sexe, est *kolonais*, colonnes; celle des colonnes, *marmara*, marbres; enfin, les bas-reliefs, les inscriptions et les tombeaux sont des pierres blanches, *aspri petra*. Et toutes ces désignations vont accompagnées de l'épithète de *frankais*, franques; car on n'attribue qu'aux seuls Européens tous ces merveilleux ouvrages. Les pauvres Grecs ne savent pas que quand leurs ancêtres dressaient, sous le climat le plus brillant, ces monuments de leur grandeur et de leur génie, les pères des Francs erraient, ignorants et farouches, sur des rochers stériles, ou dans le sein des plus froides forêts.

Je ne fus pas très-mécontent du kan de Mégare. Ces espèces de hangars sont assez commodes : on est à peu près sûr d'y trouver toujours une poule étique pour dîner, et une natte de joncs pour lit; cela est infiniment préférable aux villages de la Romélie, où l'on court grand risque de ne pas souper, et de dormir dans la rue.

Deux heures après avoir quitté Mégare, je gravis les premières collines; je dominais les *Écueils Maudits*, que le mont Onéius prolonge sur la mer, ancienne demeure de Scirron. Un seul de ces écueils se dérobe à la renommée infamante des exploits du brigand vaincu par Thésée; c'est le roc Moluris, témoin des malheurs d'Ino et de Mélicerte, et qui leur fut consacré quand ils prirent place parmi les dieux

des eaux : « Ce rocher, dit Ovide, domine les
« ondes ; sa base est rongée par les flots, qu'elle
« couvre comme un toit ; sa cime est aiguë, et
« s'avance sur la profonde mer [1]. » Le Cromyon,
le promontoire de Boudore, l'île Minoë, le rivage de Riti, m'apparaissaient successivement ;
puis je pénétrai dans les hautes vallées des
monts Géraniens, et je parvins à un corps de
garde établi, je crois, plutôt pour demander
l'aumône aux passants que pour garantir leur
sécurité. La route devint très-variée; tantôt j'arrivais au sommet de roches noires, escarpées ;
tantôt je longeais leurs flancs, chargés de bruyères
fleuries, et de rhododendron ; quelquefois je
passais des gorges étroites sur les cailloux et les
quartiers de rocs roulés par les torrents, ou je
me perdais dans de grands bois de sapins ; mais
partout une abondante végétation ; partout le
myrte aux baies noires, l'arbousier et sa fraise

---

[1] Imminet æquoribus scopulus, pars ima cavatur
Fluctibus, et tectas defendit ab imbribus undas,
Summa riget, frontemque in apertum porrigit æquor.
OVIDE, Métamorphoses, liv. IV, vers. 524.

rouge. Sur ces désertes cimes, je fus quelque temps enveloppé par des nuées froides et humides; mais ces brumes, en se dissipant, donnèrent au ciel plus de sérénité et de transparence. J'atteignais alors le dernier sommet du mont Géranien : on fit halte à un second corps de garde, près d'une eau vive qui s'échappe d'un énorme rocher. Un platane *verdoyant, vigoureux, gros comme une colonne* [1], m'y prêta son asile; j'admirai longtemps ce bel arbre, amant de la plaine et du rivage; je m'étonnais de le voir cacher sous son ombre les pics des montagnes et le cours des eaux glacées. J'appris avec reconnaissance qu'un Turc bienfaisant l'avait porté de Corinthe sur ces hautes régions. Le platane est pour l'Orient ce que le chêne est pour le Nord. C'est là qu'il se couvre des plus larges feuilles et des plus longs rameaux. Il prête son appui aux buveurs, comme au temps de Virgile [2], mais à de sobres buveurs; et les Turcs

---

[1] Ἀκμηνὸς θαλέθων· πάχετος δ' ἦν ἠΰτε κίων.

Homère, Odyssée, ch. xxiii, v. 191.

[2] . . . ministrantem platanum potantibus umbras.

Virg., Géorg., liv. iv, v. 146.

abstêmes choisissent les eaux qu'il protége pour leur breuvage comme pour leurs pieuses ablutions.

Je descendis lentement la montagne; je dépassai, à l'entrée de la plaine, les grands murs, les tours ruinées qui, autrefois, défendaient le défilé appelé aujourd'hui par les Turcs, et même par les Grecs, le *Dervent*. Je vins à l'endroit le plus étroit de l'isthme, là où se voient encore les traces du canal commencé autant peut-être pour joindre les deux mers intérieures d'Athènes et de Corinthe, pendant la paix, que pour séparer le Péloponèse de l'Attique, en temps de guerre; ce canal inachevé est devenu un grand ravin. La chaleur était extrême au bas des dernières collines; j'ordonnai une seconde halte, et je me baignai avec délices dans la mer de Crissa. Une heure après, j'étais à Corinthe.

Du kan, où je venais de retenir une place pour la nuit, je courus à l'Acro-Corinthe. Je montai aussi haut qu'on peut aller quand on n'a pas l'honneur d'être Turc, ou tout au moins Albanais; car il faut un de ces titres pour pénétrer dans la forteresse : on n'y laisse entrer aucun Européen, de peur qu'il ne s'en empare à lui seul et ne la garde. Je m'arrêtai un peu au-dessous de la citadelle, auprès de la fontaine Pirène, où s'abreuvait le cheval Pégase, *source toujours remplie*, dit Strabon, *d'une eau transparente et bonne à boire* [1]; et là où la dernière montagne de l'Argolide, s'inclinant vers l'isthme, domine à la fois *les deux mers que sépare Corinthe*, une grande scène m'attendait.

Un orage sombre s'appesantissait sur les montagnes de Delphes; il appuyait son premier nuage sur le sommet du mont Parnasse, par delà les rivages de la Phocide, et le dernier sur l'Hélicon, au-dessus des plaines de la Béotie; la foudre sillonnait cet espace immense, et un tonnerre lointain venait retentir sourdement à mes pieds. La mer de Crissa, battue par le vent de la tempête, lançait avec fureur ses vagues blanchies sur les grèves de Sicyone; mais la voûte des nuées ne s'avançait pas jusqu'à l'isthme; et quand tout était désordre, violence et obscurité

---

[1] Μεστὴν δ' ἀεὶ διαυγοῦς καὶ ποτίμου ὕδατος.

Strabon, liv. VIII, ch. VII.

sur le golfe de Corinthe, le golfe d'Athènes resplendissait, calme et paisible, sous les feux du soleil. Je voyais les eaux de la mer Saronique à peine ridées par les courants et les brises que forment les promontoires des îles Mégariennes. Tout était sérénité sur cette rive; la vue, reposant sur les ondes aplanies, se prolongeait délicieusement vers les côtes d'Épidaure; l'œil, en suivant la chaîne de ces hautes collines, passait d'Égine au cap Sunium, à Athènes, à Nisée, pour revenir, par les contours des mont Géraniens, aux belles campagnes de Corinthe.

Je ne pouvais me lasser de ce spectacle; la nuit approchait, cependant. L'orage avait fui vers les montagnes de l'Étolie; quelques souffles des vents égarés soulevaient encore les ondes. « J'entendais bruire la mer de deux rivages [1]. » Je lus quelques vers de l'Odyssée, comme c'était mon habitude dans toutes mes stations en Grèce et dans l'Archipel. Je cherchai l'harmonieuse et sombre peinture de la tempête qui jeta Ulysse

---

[1] . . . In mediis audit duo littora campis.
STACE, Théb., liv. 1, v. 335.

dans l'île d'Alcinoüs, « quand les nuées et les té-
« nèbres tombaient du ciel [1]; » ensuite les jeux de
Nausicaa sur le rivage, au retour des rayons du
soleil, « lorsque la sérénité s'étend sans nuages, et
« qu'une blanche splendeur court sur toute la
« terre [2]. » Homère me disait ainsi ce que je venais
de voir; mais de quels grands traits il peignait
la nature!

Je descendis de l'Acro-Corinthe, et je trouvai
au kan un architecte écossais qui venait comme
moi d'Athènes. Je le priai de partager mon dîner,
il m'offrit le sien; tous deux réunis composaient
une pauvre chère : mais si je savais peindre les
groupes et faire ressortir les contrastes, j'aurais
à représenter ici le Gaulois et le Picte accroupis
à la même table, dans la patrie de Timoléon;
puis, comme pour achever le tableau de cette
réunion bizarre, nos janissaires, sauvages enfants

---

[1] . . . . ὀρώρει δ' οὐρανόθεν νύξ.

HOMÈRE, Odyssée, liv. v, v. 294.

[2] . . . . Ἀλλὰ μάλ' αἴθρη
Πέπταται ἀννέφελας, λευκὴ δ' ἐπιδέδρομεν αἴγλη.

HOMÈRE, Odyssée, liv. vi, v. 45.

d'Othman, fumant leurs pipes dans un coin du hangar, et près d'eux des Corinthiens empressés de leur obéir, comme avides de leur plaire. L'architecte devait séjourner à Corinthe, où il venait constater les vraies dimensions des colonnes d'un temple de Diane ou de Junon. On lui avait dit que ces colonnes jetaient un jour nouveau sur l'art antique, et que l'application de leurs proportions à l'ordre dorique était restée ignorée jusqu'à nos temps.

Ce repas sans apprêts et sans gêne, ce mauvais gîte qui nous était commun, cette paille où nous allions reposer ensemble, enfin cette familiarité intime qu'apportent avec eux les voyages en général, et surtout les voyages aux rives inhospitalières de la Grèce, tout établit entre nous, dès l'abord, une sorte de fraternité. Confiants comme deux hommes qui n'ont rien à espérer ni à craindre l'un de l'autre, nous prolongeâmes notre entretien bien avant dans la nuit, nous faisant passer le pot de terre qui contenait le vin aigri de Corinthe autour d'un plateau d'étain, avec autant de gravité que si nous eussions fait glisser le *Claret* sur l'acajou luisant et poli d'Édimbourg. Nous parlions longuement de la Grèce et de ses misères. « Je n'ai pas beaucoup de pitié « pour les Grecs, me dit l'Écossais ; nation dégé- « nérée et sans foi, elle ne mérite pas mieux « que ce qu'elle a. Savez-vous ce qu'en dit le « célèbre moine de Venise, *Frà Paolo Sarpi ?* « N'oubliez pas de tenir les Grecs humiliés, et de « leur rogner les dents et les griffes ; le bâton « et du pain, voilà ce qu'il leur faut. Gardons « l'humanité pour une meilleure occasion. » — C'est là de l'humeur, répondis-je, et point du raisonnement. Faut-il d'ailleurs conclure de ce que sont aujourd'hui les Grecs, ou de ce qu'ils paraissent être, qu'ils soient condamnés à rester ainsi toujours ? Croyez-en plutôt votre Byron : « On accuse les Grecs d'être ingrats, dit-il ; mais, « par Némésis ! de quoi faut-il donc qu'ils soient « reconnaissants ? Doivent-ils beaucoup de grati- « tude aux Turcs, pour leurs chaînes ; aux Euro- « péens, pour leurs vaines promesses et leurs « conseils menteurs ; aux artistes, qui retracent « leurs ruines, ou aux antiquaires, qui les em- « portent ; au voyageur, dont le janissaire les « bâtonne, ou au journaliste, dont le feuilleton

CHAPITRE XXIII.

« les calomnie ? » — « Après tout, reprenait l'ar-
« chitecte, je n'aime pas beaucoup plus les
« Turcs, avec leurs incendies en forme de péti-
« tion, leur fanatisme qui propage la peste, et
« leur maître aussi absolu que fainéant. D'un
« autre côté, je n'ai pas un grand penchant pour
« les Russes, leur sanglant despotisme et leur
« ignorance. » — Gardez-vous donc exclusivement votre admiration pour les institutions an-
glaises ? lui dis-je à mon tour. — « Il y a sans
« doute beaucoup à louer, répliqua-t-il ; j'aime
« assez qu'un roi, puisqu'il en faut un, soit si
« peu roi ; en effet, que le roi chez nous soit
« d'origine allemande ou écossaise, qu'il soit
« vertueux ou débauché, bon père ou mauvais
« mari, imbécile ou fou, aîné ou cadet, jeune
« ou vieux, mâle ou femelle, qu'importe ? Les
« ministres que lui impose le pays n'ont besoin
« que de son nom, et dirigent seuls les intérêts
« publics. Voilà bien, vous en conviendrez, le
« gouvernement que nous possédons, parce que
« nous l'avons voulu ; et c'est aussi celui que
« vous aurez bientôt, vous autres Français, sans
« l'avoir voulu, peut-être..... Mais, sous cette

« apparente liberté, que d'orgueil et d'égoïsme!
« que d'inégalité dans les conditions, et de vieux
« priviléges ! » — C'est donc la république et
les États-Unis qui vous charment?, interrompis-je. — « Non, pas encore; la constitution de
« New-York est trop jeune, et la société qu'elle
« a faite, trop triste. Mais qu'ai-je besoin de choi-
« sir une forme de gouvernement et de l'aimer?
« L'artiste voyageur est cosmopolite; il est à lui-
« même son despote et sa loi. Il passe d'un pays
« esclave à l'autre, et reste seul indépendant; il
« n'obéit qu'à la nature : il ne courbe le genou
« que devant cette grande image du beau idéal
« qu'il divinise, et il traverse le monde social
« sans se préoccuper des vains soucis des autres
« hommes. » Après ces mots si fiers et si enthousiastes, mais cachant aussi quelque peu d'égoïsme,
l'architecte me serra la main, me souhaita une
bonne nuit, s'enveloppa de son manteau, et
s'étendit sur la paille. Il ne me demanda pas
mon nom, je ne sus pas le sien : il ne devina pas
à ma réserve que j'étais diplomate; de mon
côté, je ne me choquai point de sa franchise.
Nous nous étions rencontrés quelques secondes

dans les agitations de notre vie si diverse ; nous nous *prîmes* et nous nous *quittâmes* dans la même hôtellerie, si l'on peut donner ce nom aux hangars du caravansérai de Corinthe.

J'étais avant le jour en chemin pour Argos. Je passai successivement un ravin et des ruisseaux s'échappant des montagnes de la Corinthie pour aller se perdre dans le golfe de Lépante; puis une vaste forêt d'oliviers, et j'arrivai à des collines chargées de bruyères et de taillis que la route surmontait et longeait quelquefois. Ce sont les dernières ondulations du mont Polyphengos. Plusieurs ponts sur des torrents sans eau, et les hautes cimes de quelques cyprès, m'annoncèrent les ruines de Cléones. Je descendis de cheval par respect pour les grosses pierres qui furent les terrasses et les tours de Cléones *la bien bâtie* (ἐϋκτιμένας τε Κλεωνάς [1]). Je devais revenir le soir à Mycènes ; je ne m'arrêtai qu'un moment sur les hauteurs de Carvathi, pour y contempler la grande plaine d'Argos, et le magnifique golfe de Nauplia, qui se déroulait pour la première fois à ma vue. Je

---

[1] Homère, Iliade, liv. II, v. 570.

distinguai près de la route, à ma gauche, quelques monceaux de pierres qui ont pu être les tombeaux de Persée et de Thyeste. Je me dirigeai ensuite vers l'Inachus, que je passai à gué, près des antiques ruines d'un pont dont il reste trois arches, et j'entrai à Argos.

Ainsi peu d'heures m'avaient suffi pour traverser le territoire de Corinthe, les États d'Agamemnon, roi des rois, et ceux du belliqueux Diomède. Au reste, ceci doit donner, non pas une grande idée de mon activité, mais bien plutôt une très-petite idée de la puissance de ces monarques primitifs qu'Homère a métamorphosés en grands souverains et en géants des batailles; il n'est guère aujourd'hui de vayvode dont le district ne soit plus étendu; et le plus petit arrondissement d'un petit département de France équivaudrait à un de ces royaumes.

Depuis que je voyage, je n'ai pas vu de ville dont la situation me paraisse l'emporter sur Argos. Sa population est de huit mille âmes environ. Elle domine une plaine fertile qui s'étend jusqu'à la mer éloignée d'une lieue. Je cherchais des yeux sur le rivage lointain la fontaine d'Amymone, en répétant les jolis vers qu'une élégante cantate de Rousseau avait gravés dans ma mémoire :

> Sur les rives d'Argos, près de ces bords arides
> Où la mer vient briser ses flots impérieux,
> La plus jeune des Danaïdes
> Amymone implorait l'assistance des dieux.

Je ne vis près de la ville que les vieux débris d'un théâtre; je gravis ensuite, non sans peine, l'ancienne Acropolis; son château vénitien était désert et à demi ruiné. Je m'assis à terre en face de ce merveilleux golfe, qui semble ne se prolonger vers Argos que pour se soumettre à sa domination, et pour l'embellir; je plaçai sur cette hauteur une de ces stations géographiques que je répète beaucoup trop sans doute, mais qui, monotones pour les autres, ont pour moi le don de représenter à mon souvenir ces observatoires, comme si j'y étais encore.

J'avais au midi les marais de Lerne, environnés des montagnes de l'Arcadie; plus loin, en suivant l'horizon, je distinguais les champs de Thyrée que les monts de la Laconie dominaient.

A l'orient, vis-à-vis de moi, blanchissaient les mosquées et les minarets de Nauplia appuyée sur un roc que couronne la citadelle Palamide aux larges créneaux. Derrière Napoli, les hautes cimes qui cachent Épidaure; puis, au loin sur la mer, les îles de Pityuse et d'Éphirée, l'ombre de Spézia; en revenant vers le rivage, je retrouvai Tirynthe, et, à mes pieds, Argos et ses grands jardins.

J'étais à quelques heures de Tégée dont je voyais la route blanchir dans la plaine; un jour encore, et j'atteignais le Lycée, le Ménale et Mégalopolis. De là je descendais à Sparte pour y interroger l'ombre des héros, pour y boire l'onde de l'Eurotas. Gravissant les sommets du Taygète, j'allais visiter dans leurs sauvages retraites ces fils de Maïna, chez qui brûle encore le feu du courage et la passion de la liberté. J'avais rencontré à Constantinople un Maïnote *civilisé;* il m'avait promis un accueil fraternel dans ses rochers indépendants. Après, je passais en Élide : j'étais berger sur les rives de l'Alphée, pancrate et lutteur à Olympie, chasseur dans les marais de Stymphale; je ne sais enfin jusqu'où j'aurais poussé mes *châteaux en Morée*, si mes devoirs n'eussent hâté mon retour aux rives du Bosphore: il me fallut mettre ces poétiques projets au rang de tant d'autres rêves inaccomplis.

La position topographique des principales villes grecques est merveilleusement choisie; c'est partout un accès facile, des aspects variés sur la mer et les campagnes, un air salubre. « La Grèce, dit Montesquieu, était une grande « péninsule, dont les caps semblaient avoir fait « reculer les mers, et les golfes s'ouvrir de tous « côtés comme pour les recevoir encore [1]. » Il y a une certaine similitude dans la situation de plusieurs des anciennes villes que j'ai parcourues : ainsi le mont Pérée protége Argos comme le mont Géranien Corinthe, et la chaîne des Cérates Mégare. Presque toujours de longs murs garantissaient les communications de la ville avec le port ; et des citadelles escarpées offraient de sûrs asiles contre les irruptions d'un puissant voisin.

Rentré dans Argos, je passai près d'une école que me fit reconnaître le bourdonnement con-

---

[1] MONTESQUIEU, Esprit des Lois, liv. XXI, ch. VII.

tinu des enfants lisant et répétant tous ensemble à haute voix la leçon du jour. J'eus la fantaisie de pénétrer dans ce réduit des lettres grecques, et d'inspecter la génération future des pauvres Albanais. Le *Didascalos* (instituteur) me reçut fort poliment; il me fit asseoir à côté de lui; et pendant que l'on m'apportait une tasse de café, il me vanta beaucoup l'intelligence de ses élèves, et un peu sa méthode d'enseignement. Il me montra les livres élémentaires, la grammaire de Lascaris, quelques extraits imprimés à Corfou des grands auteurs classiques, la rhétorique d'Oikonomos, et pour compléter l'examen, il ordonna aux plus habiles de ses disciples de réciter plusieurs scènes de *Léonidas aux Thermopyles*, drame héroïque qui préludait assez heureusement à la révolution de 1820, et qui fut publié en 1816, aux frais d'un capitaine hydriote; je vais citer ces fragments, et les traduire.

CHAPITRE XXIII.

TROISIÈME SCÈNE

DU SECOND ACTE.

XERCÈS, sa cour, et ses gardes,

SPERTIAS et BOULÈS. spartiates.

SPERTIAS.
« Roi des Perses. . . . . . .
LES GARDES DE XERCÈS.
« Baisez d'abord la terre, prosternez-vous, et
« témoignez le respect le plus profond et le plus
« soumis.
SPERTIAS.
« Nous ne sommes pas des esclaves.
BOULÈS.
« Nous ne courbons le genou que devant les
« dieux.
XERCÈS.
« (A ses gardes.) Ne les inquiétez pas. (Aux Spartiates.)
« Parlez librement; que me voulez-vous ?

SPERTIAS.

« O roi! les Lacédémoniens, il y a quelques « années, égarés par la colère, mirent à mort les « envoyés de ton père Darius. Pour effacer cette « tache qui pèse sur notre race, nous venons « afin que tu nous immoles à ton tour; et comme « tes envoyés étaient sans armes, nous sommes « venus sans armes aussi.

XERCÈS.

« Êtes-vous insensés?

SPERTIAS.

« Ne tarde pas, ô roi! Ordonne que le sang de « tes ambassadeurs soit vengé.

XERCÈS.

« Mais d'où vous vient cette résolution déses-« pérée?

BOULÈS.

« N'appelle pas désespoir les sentiments les « plus sacrés chez les Spartiates, l'honneur et « l'amour de la patrie [1] . . . .

---

[1] Cette scène se retrouve presque mot pour mot dans Hérodote. (Voyez la septième Muse.)

SCÈNE PREMIÈRE

DU QUATRIÈME ACTE.

UN ESPION PERSE, UN JEUNE SPARTIATE.

L'ESPION.

« Je t'en prie, mon ami, satisfais ma curio-
« sité. D'où vient que vous peignez si artiste-
« ment vos cheveux comme pour des noces ou
« des assemblées ? Avez-vous donc quelque fête
« aujourd'hui ?

LE SPARTIATE.

« Non, mais c'est notre coutume quand nous
« avons décrété de combattre jusqu'à la mort.

L'ESPION.

« Il est étrange que vous vous pariez ainsi pour
« mourir. Je pensais que c'était pour effrayer
« l'ennemi.

LE SPARTIATE.

« Nous effrayons l'ennemi avec nos armes, et
« non point avec nos chevelures. C'est à vous
« seuls que les cheveux peuvent être utiles dans
« le combat.

L'ESPION.

« En quoi donc ?

LE SPARTIATE.

« Pour cacher vos visages honteux, quand « vous fuyez comme des lièvres.

L'ESPION.

« Tu es un homme libre; veux-tu me suivre « au camp de Xercès? Le grand roi te récom- « pensera largement.

LE SPARTIATE.

« Je ne le crois point.

L'ESPION.

« Pourquoi ?

LE SPARTIATE.

« C'est que ma lance pourrait lui déplaire.

L'ESPION.

« Tu ne me comprends pas. N'y viens pas en « ennemi mais en ami.

LE SPARTIATE.

« Jamais.

L'ESPION.

« Es-tu riche ?

LE SPARTIATE.

« Assez pour mes besoins.

CHAPITRE XXIII.

L'ESPION.

« Adieu. Tu n'es pas digne de jouir d'une vie « heureuse.

LE SPARTIATE.

« Garde ton heureuse vie; l'honneur vaut « mieux que toutes les richesses. . . . .

DERNIÈRE SCÈNE.

MORT DE LÉONIDAS COUCHÉ SUR LES CADAVRES DES PERSES.

LÉONIDAS.

« Laissez-moi là. Cette flèche a pénétré plus « avant que l'autre; mes forces s'en vont; ma vie « est à sa fin. . . . . . Les secours me sont « inutiles. . . . . . . Je meurs pour l'indé-« pendance de la Grèce. . . . . . . O dieux! « justes protecteurs de ma patrie! recevez mon « sacrifice comme un hommage. . . . . . . « Que ma mort serve à la gloire de tous les « Grecs. . . . . . . et à l'honneur de Sparte, « mon pays. . . . .

« Il expire. Quelques Spartiates blessés, qui
« restent encore, se précipitent sur les Perses,
« en criant : *Mourons pour la liberté de la Grèce.* »

J'écoutais, muet de stupeur, ces expressions énergiques et brûlantes ; je m'abstins de toute question ou commentaire sur leur sens politique. Je me bornai à quelques remarques sur le style et le dialecte. Ce n'était plus le langage moraïte que sa corruption et sa rapidité rendent presque inintelligible ; c'était une prononciation lente et cadencée ; la voix de ces enfants se traînait sur les accents que les Grecs observent avec tant de scrupule dans leur idiome vulgaire. On rirait si je parlais de la grâce de leur débit ; mais je puis assurer au moins que ces jeunes élèves me parurent comprendre ce qu'ils récitaient, et s'animer à ces courageuses paroles. Je demandai à acquérir un exemplaire du Drame de Léonidas. Le *Didascalos* me fit apporter cette petite brochure que j'ai conservée. Je remontai à cheval préoccupé de ce que je venais d'entendre ; et je *suivis tout pensif le chemin de Mycènes*.

CHAPITRE XXIII.

Après une heure et demie de marche, je m'arrêtai de nouveau à Carvathi. Les ruines de Mycènes sont dans la montagne, à quelques minutes de ce hameau qui termine, du côté de la Corinthie, la plaine d'Argos. Je vis de grands murs de pierre, ouvrage des géants ou des cyclopes, quelques brisures de marbre, des traces d'une architecture primitive et colossale, bien plus que des vestiges de l'art grec; enfin les lions en relief qui veillaient aux portes de la ville; j'inscrivis mon nom sur leur crinière, à la suite de mille autres voyageurs. Au milieu de ces ruines de Mycènes *aux larges rues*, comme l'appelle Homère (εὐρυάγυια Μυκήνη), je marchais silencieux et rêveur sur des bruyères roses et quelques liserons bleus. Je ne retrouvai plus de la cité des Atrides que leur tombeau. Mais ce vaste monument est très-remarquable par sa belle conservation, ses deux entrées, la forme de sa coupole, et par les voûtes souterraines qui se prolongent fort loin sous la colline.

Je passai à la fontaine de Persée pour y recueillir avec peine, dans ma tasse de voyage, quelques rares gouttes d'eau, et je revins à Carvathi où il n'y a point de kan et peu de maisons. Je ne trouvai d'autre abri qu'un arbre, touffu comme les oliviers qui cachèrent Ulysse dans l'île des Phéaciens. « Jamais les souffles humides « des vents, jamais les rayons ardents du soleil « ne perçaient leur feuillage; la pluie même ne « pouvait les pénétrer entièrement [1]. » Mes chevaux campaient dans une prairie voisine; le jour allait finir; j'avais avec moi quelques provisions qui suffirent à ma petite troupe. Pendant ce repas modeste pris en plein air, le chef du village, pourquoi ne pas dire l'Éphore?, suivi de plusieurs Albanais, vint s'asseoir à côté de moi. Je n'y fis d'abord nulle attention; mais bientôt il m'adressa quelques paroles polies, et des excuses sur son inhospitalité. « Seigneur voyageur, me « dit-il, nos cabanes sont si étroites et si pleines « de nos familles, que nous ne pouvons vous y « recevoir : mais la nuit est belle; il faut se con-

---

[1] Τοὺς μὲν ἄρ' οὔτ' ἀνέμων διάει μένος ὑγρὸν ἀέντων,
Οὐδέποτ' ἠέλιος φαέθων ἀκτῖσιν ἔβαλλεν,
Οὔτ' ὄμβρος περάασκε διαμπερές. . . . .

HOMÈRE, Odyssée, ch. v, v. 478.

« tenter de tout dans ce monde : peut-être si
« vous étiez mollement couché dans un beau
« palais, le toit viendrait à s'écrouler sur vous;
« ici vous n'avez pas ce danger à courir. » A cette
réflexion philosophique du vieillard, je me soulevai sur la natte où j'étais étendu, et je lui répondis par le proverbe grec, Κάθε ἐμπόδιον διὰ τὸ καλόν, Tout mal est pour un bien. — « Vous avez
« raison, seigneur voyageur, reprit l'éphore,
« c'est ainsi qu'il faut prendre les mésaventures;
« mais puisque vous savez notre langue et que
« vous connaissez nos proverbes, vous a-t-on dit
« d'où vient celui que vous avez cité ? » — Non
vraiment. — « Eh bien ! son origine est toute
« moraïte, et si vous voulez, je vais vous la ra-
« conter. » Je n'avais guère envie de dormir; je
m'assis plus près de l'historien : les Albanais se
réunirent en rond; mon janissaire, né à Athènes,
et parlant le grec quand il ne pouvait mieux faire,
compléta le cercle. J'avais, en Arabie, écouté
sans les comprendre, les longues narrations des
Bédouins : ici, je me promis de ne rien perdre
de ce récit; et le primat commença :

« Apprenez donc, Effendi, qu'un de ces sul-

« tans dont vous connaissez les noms, vous au-
« tres Européens, et dont vous cherchez avec
« tant de curiosité les monnaies et les anciens sé-
« rails, régnait à Carvathi il y a quelques centai-
« nes d'années, peut-être plus, peut-être moins;
« vous le savez, vous; mais, pour nous, peu
« nous importe. Son royaume s'étendait depuis
« la Planitza jusqu'à Saint-Georges, et touchait
« presque à Napoli. C'était donc plutôt un vay-
« vode qu'un sultan; comme il avait beaucoup de
« voisins, il avait beaucoup d'ennemis, entre
« autres le pacha de Vasiliko (Sicyone), lequel
« menaçait fréquemment ses États. Il préparait
« contre ce pacha une expédition prochaine; et,
« pendant qu'il prenait ses mesures pour faire la
« guerre à son avantage, il avait envoyé quelques
« *Capidgi-Bachis* (chambellans) pour parler de
« paix; vous n'ignorez pas que c'est l'usage. Au
« reste, notre sultan avait de grandes richesses,
« de beaux jardins dont les ombrages allaient
« jusqu'à la plaine, un superbe palais dans la
« montagne que vous venez de visiter, enfin un
« harem plein de jolies odalisques; il n'avait
« pourtant qu'une femme, et cette femme était

« restée sa favorite, ce qui était rare alors comme
« aujourd'hui.

« Une nuit, comme il dormait profondément,
« quelques-uns de ses plus fidèles *Tschaouch*
« (gardes) le réveillèrent en lui annonçant que
« la ville était en émeute, que son *Kehaya* (lieu-
« tenant), d'accord avec la favorite, cherchait à
« s'emparer de sa personne pour le mettre à mort
« et pour régner à sa place. Aussitôt, le sultan,
« effrayé, se hâte de prendre sa bourse et sa
« pelisse et de s'enfuir par une porte secrète du
« sérail, maudissant son *Soubachi* (chef de la
« police), qui n'avait su ni prévenir la révolte
« ni l'en avertir. Or, ce sultan était ce qu'on ap-
« pelle un sage; il était doux, patient, résigné,
« et prenait tout en bien. Chemin faisant, il rê-
« vait à sa disgrâce inopinée, et, se laissant con-
« duire par ses pensées plus que par le sentier,
« il vint dans un lieu sauvage, où il fut attaqué
« par des voleurs : ceux-ci lui enlevèrent son ar-
« gent; mais quand il leur dit qu'il était le sul-
« tan, ils le crurent insensé, et, par respect pour
« sa folie, ils lui laissèrent sa pelisse. La nuit
« était froide : le fugitif, après s'être éloigné de

« quelques milles, se coucha sous une roche, et
« s'endormit en injuriant de nouveau le négli-
« gent *Soubachi* qui ne réprimait pas les voleurs :
« après quelques heures de repos, sa sagesse lui
« revint avec sa résignation habituelle. Vraiment,
« se dit-il à lui-même, il est fort heureux que les
« brigands aient pris mon or en me laissant ma
« pelisse; s'ils avaient pris ma pelisse et laissé ma
« bourse, j'aurais grelotté toute la nuit, et tous
« les *Mahmoudiés* du monde (monnaie d'or à
« l'effigie du sultan Mahmoud) n'eussent pu me
« réchauffer : A quelque chose le malheur est
« bon. (Κάθε ἐμπόδιον διὰ τὸ καλόν).

« En achevant ces mots, il se remit à fuir au
« milieu des ravins; il n'était pas encore jour, et
« le pauvre sultan, peu accoutumé à la marche,
« tomba de fort haut dans le lit de la Planitza
« (l'Inachus), et resta immobile de la douleur de
« sa chute. Il reprenait ses sens, quand un villa-
« geois qui passait en eut pitié et l'aida à se di-
« riger vers une cabane : Félicitez-moi, mon ami,
« lui disait le sultan, heureusement la Planitza
« était à sec; si la rivière avait eu toute l'eau
« qu'elle roule au printemps, je m'y serais in-

« failliblement noyé. Κάθε ἐμπόδιον διὰ τὸ καλόν.

« Bientôt le sultan fut en état de reprendre
« sa route et de mettre encore plus d'espace en-
« tre lui et ses ennemis ; il alla jusqu'à Tripo-
« litza : à peine entrait-il dans la ville qu'il y
« rencontra sa femme favorite, qui se jeta à son
« cou et lui prouva clairement qu'on l'avait ca-
« lomniée en l'accusant de traîtreuses intelligen-
« ces avec le rebelle *Kehaya*. Le sultan était bon
« homme ; il fut pénétré de joie et s'écria : O ma
« chère femme, si je ne t'avais jamais quittée, si
« des revers n'eussent pas changé nos destins,
« j'aurais en ce moment bien moins de plaisir à
« te voir et à te serrer dans mes bras. A quelque
« chose le malheur est bon.

« C'est beaucoup, après de grandes infortunes,
« de retrouver sa femme ; mais ce n'est pas assez
« pour un sultan : quand il a une fois commandé
« aux hommes, il veut commander toujours ;
« et....

Ici, le janissaire fit un mouvement comme
pour interrompre ces réflexions presque irrévé-
rentes envers les sultans ; mais, par une suite
de ce respect profond qu'on porte en Orient à

tout homme qui raconte, il garda le silence, et le narrateur continua :

« Notre sage regrettait de temps en temps sa « puissance, son sérail et ses richesses, lorsqu'on « apprit à Tripolitza les révolutions de Carvathi. « Le pacha de Vasiliko, instruit de la révolte du « *Kehaya*, avait profité de ces moments de dé-« sordre, et, surprenant la ville, il avait fait « étrangler le lieutenant infidèle. — Voilà le der-« nier coup de bonheur, dit le sultan à cette « nouvelle. Je me trouve vengé sans en avoir pris « la peine; et, si j'avais encore régné à Carvathi, « c'est moi que le vainqueur eût égorgé. Alors, « tout à fait consolé de ses disgrâces, il se retira « avec sa femme dans les montagnes de Maïna, et « il apprit à ses enfants, comme ceux-ci nous « l'ont appris, à répéter le proverbe : Κάθε ἐμπό-« διον διὰ τὸ καλόν, A quelque chose le malheur « est bon. »

Le récit finit là. « V' Allah! s'écria le janissaire, « *Dieu en sait plus que nous*[1]. » Pour moi, cher-

---

[1] Phrase turque proverbiale. *Takdir tedbiri bozar* : mot à mot : Le destin brise ce que l'homme dispose.

chant à démêler quelques vestiges d'antiquité dans cette narration un peu confuse, et tout plein de la famille des Atrides, je m'imaginai qu'à la première partie de l'histoire, le sultan de Carvathi était le grand Agamemnon, roi de Mycènes, le lieutenant révolté, Égysthe, et la favorite Clytemnestre ; mais que, vers la fin de la chronique, les rôles changeaient : le sultan devenait Ménélas, le pacha de Vasiliko Oreste ; les paroles d'Hélène dans l'Odyssée, quand, revenue à Sparte, elle dore la pillule au bon Ménélas, sont à peu de chose près, les excuses de la favorite auprès de son vertueux philosophe : enfin les jolies odalisques, c'étaient Chryséis, Briséis, belles filles réservées pour *soigner le lit du roi des rois* (Λέχος ἀντιόωσαν [1]). *Oda-lyk* signifie aussi en turc *la femme qui s'occupe de la chambre du maître*. Je ne sais pourquoi cependant, malgré mes rapprochements antiques, je trouvais à cette légende un faux air des petits contes arabes fort répandus en Grèce sous le nom de *Syntipas,* et surtout de Candide l'optimiste. Mais, sans accuser de pla-

---

[1] Homère, Iliade, ch. I, v. 32.

giat le Mycénien imitateur de Voltaire, je répétai comme lui, « à quelque chose le malheur est bon, » et j'appuyai intérieurement ce refrain du vers d'Ovide : *Aliquisque malo fuit usus in illo*; ensuite, me recouchant sur ma natte, je fus bientôt atteint d'un profond sommeil, qui céda seulement à la fraîcheur de l'aurore.

Dès la pointe du jour, après avoir écrit le récit du primat de Carvathi sur mes tablettes, où je le retrouve tel qu'il l'avait raconté, je pris la route de Sicyone. Et, laissant bientôt derrière moi les restes cyclopéens de Mycènes, j'entrai dans le défilé de Trétos ou des Cavernes. « Le terrible lion que « Junon avait nourri, dit Hésiode, régnait sur Tré- « tos, sur Némée et sur l'Apésas [1]. » J'avançai long-temps sous des berceaux de verdure : des myrtes élevés et des arbousiers parés à la fois de fruits et de fleurs cachaient la route, tandis que les chênes-verts, les peupliers, et quelques cyprès, dominant ces arbustes de leurs vastes rameaux, redoublaient l'épaisseur de l'ombrage;

---

[1] Κοιρανέων Τρητοῖο, Νεμείης ἠδ' Ἀπέσαντος.

Hésiode, Théogonie, vers. 335.

les prairies étaient émaillées des fleurs du colchique et de l'eufraise. Parvenu au plus étroit de la longue vallée, je passai près de quelques chaumières, et, gravissant une des collines du mont Apésas, je descendis sur Némée.

On reconnaît encore, au terrain nivelé sous les ronces et les fougères, le stade consacré aux jeux herculéens. J'allai voir l'antre du Lion; des chèvres y parquent aujourd'hui sous la garde d'un pauvre berger, qui s'enfuyait à notre approche, quand mon janissaire, instruit des ressources de Némée, lui cria de nous apporter du miel. Je revins m'asseoir à l'ombre des trois grandes colonnes cannelées d'ordre dorique, ornement de cette solitude. Elles seules sont encore debout au milieu de leurs compagnes couchées à terre. Ces colonnes se composent de piles ou tambours de marbre superposés et liés ensemble par un trou carré à leur centre, correspondant avec son voisin. Ces tambours recevaient ainsi chacun un tenon de cèdre, bois incorruptible, qui les rapprochait intérieurement et en faisait une seule masse. Le temps a renversé ces colonnes de Némée dans une sorte de symétrie; et, quand elles se sont affaissées, leurs piles, se déroulant, ont mis à nu l'ingénieux mystère de leur union.

Des essaims d'abeilles bourdonnaient dans ces débris et suspendaient leurs ruches aux colonnes debout ou à demi détruites. Là, rien ne les trouble, si ce n'est, à de longs intervalles, le pas d'un voyageur. Le berger n'eut pas de peine à s'emparer de quelques rayons d'un miel excellent; j'en fis mon déjeuner au milieu des débris du temple d'Hercule, pendant que mes chevaux paissaient l'herbe du stade.

Après un court repos, je me remis en marche, et je suivis le cours que prennent les eaux de la rivière quand elle en a. Les traces des ravages de ce petit torrent me conduisirent au travers de l'antique forêt de Némée, jusqu'aux pieds des collines du mont Cyllène, que je traversai pour me rendre de la vallée de Bembina dans celle de l'Asope. Passant ensuite près des lieux où furent Phlionte et Titane, le janissaire m'arrêta à la vue de quelques décombres qui pouvaient avoir été le temple des Euménides. Il était à la gauche de l'Asope; et ces ruines sont ombragées, alors comme aujourd'hui, des plus belles yeuses (ἄλσος

CHAPITRE XXIII. 415

πρίνων). Je fis halte sous cet épais feuillage, pensant à la petite ville de Phlionte, si illustre par son courage et sa fidélité. Alliée inébranlable de Lacédémone, elle sut résister à la Grèce entière liguée après la bataille de Leuctres. Je lisais avec admiration l'intrépidité généreuse des habitants de Phlionte, leur pieuse vaillance, l'enthousiasme de leurs femmes pleurant de joie et s'attendrissant sur les malheurs de la guerre au milieu des rires de la victoire (Κλαυσίγελως). Puis je disais en moi-même, comme Xénophon : « Tant d'écrivains « célèbrent les moindres exploits des grands « peuples ; pour moi, je crois beaucoup plus di- « gnes de mémoire les belles actions des petites « cités [1]. »

Plus bas, dans la vallée, les eaux de l'hiver avaient tellement raviné les bords du fleuve, que je ne pus trouver d'autre sentier que son lit. Heureusement il était presque à sec. Si, comme l'assuraient les anciens habitants de Sicyone (et

---

[1] Ἐμοὶ δὲ δοκεῖ, καὶ εἴ τις μικρὰ πόλις οὖσα πολλὰ καὶ καλὰ ἔργα διαπέπρακται, ἔτι μᾶλλον ἄξιον εἶναι ἀποφαίνειν.

Xénophon, Helléniques, liv. VII, ch. II.

Pausanias n'a pas la hardiesse de combattre cette tradition en la rapportant), si, dis-je, l'Asope n'est autre chose que le Méandre de l'Asie Mineure, lequel, se jetant dans la mer à Milet, passe sous l'Archipel pour reparaître dans le Péloponèse, il faut avouer qu'il fait un bien long voyage pour peu d'effet, et qu'il ne vaut pas la peine de venir de si loin pour montrer si peu d'eau [1]. Asope ou Méandre, je le passai sur quelques cailloux, menant mon cheval par la bride, et j'entrai vers midi à Sicyone.

Quel grand spectacle, et quelle riche variété d'aspects autour de ces hautes montagnes de la Corinthie! Hier, le golfe d'Argos avec ses belles îles et ses larges rives s'étendait à mes pieds. Aujourd'hui, Sicyone me fait voir toute la mer de Lépante, les cimes aiguës des roches de Delphes, la Phocide, l'Étolie et le royaume d'Ali-Pacha.

On reconnaît, à Sicyone, l'emplacement de trois villes. L'une, l'antique Sicyone, demeure des plus anciens rois de la Grèce, était au bas du coteau et n'existe plus. On l'appelait le port, et la mer en est aujourd'hui à plus de deux milles

---

[1] Pausanias, liv. II, ch. v.

de distance. La seconde ville se cache maintenant sous les masures de Vasiliko, et ses débris couronnent les premières collines. Enfin, la troisième était la belle Sicyone; et celle-ci, couchée sur le second plan des ondulations du mont Cyllène, est dans la situation la plus majestueuse. Elle présente ses ruines en demi-cercle à la mer de Lépante; du sommet de ses tours on dominait, à une grande hauteur, les campagnes de l'Achaïe, d'Égyre, et, loin du rivage, les flots du golfe. Les nombreux vaisseaux partis de la mer Icarienne ne pouvaient arriver à Corinthe sans être signalés à Sicyone et sans avoir passé à l'ombre des colonnes du beau temple de Neptune qui s'avançait sur les ondes de Crissa. Le regard maintenant cherche en vain une barque sur ce grand lac solitaire; de temps en temps la voile isolée d'un pauvre pêcheur blanchit près de la grève et conduit l'œil attristé vers les rives de Naupacte et les campagnes de la Locride que surmontent les cimes neigeuses du Parnasse. (Παρνησὸν νιφόεντα [1]).

---

[1] Homère, Hymne à Apollon, v. 282.

Je visitai le stade de Sicyone, des débris sans nom, et le superbe théâtre, dont l'enceinte est encore tracée par quelques murs conservés. Le Pappas de Vasiliko m'avait conduit sur ces décombres sans pouvoir m'aider d'aucune indication; il me ramena au village, où je m'arrêtai près de son église. Je tenais Homère à la main et j'y cherchais ce qu'il a dit de Sicyone; des habitants, sortis de leurs maisons sales et délabrées, s'approchèrent et firent bientôt cercle autour de moi, s'asseyant à terre auprès de la natte qui me servait de tapis. Le moins timide s'adressa au Pappas et lui demanda quel était le livre où je lisais. J'avais entendu la question, et, pour donner au prêtre grec la facilité d'y répondre, je lui présentai l'Odyssée; il la feuilleta longtemps, et enfin me la rendit en disant : « Répondez-leur « vous-même, car, pour moi, je n'y comprends « rien; et c'est sans doute la langue des Hellènes. » — Eh bien, mes enfants, (*Palikaria*), ce sont les chansons d'un grand poëte qui parcourait vos villages il y a trois mille ans, et célébrait les exploits de vos pères. — « Voyons, « qu'en dit-il?, me demandèrent quelques hommes

« du cercle : avaient-ils plus de troupeaux que
« nous, plus de champs et plus d'oliviers? —
« Non, interrompit un Albanais accroupi près
« de moi comme les autres, mais c'étaient des
« Hellènes, et nous, nous ne sommes que des
« esclaves et des brutes. » Ses yeux étincelaient ; il se leva, reprit son bâton ferré, et
nous quitta se dirigeant vers les bruyères de
Sicyone. Ses compatriotes restèrent quelque
temps silencieux, puis chacun retourna dans sa
cabane.

Il était tard, je remontai à cheval et je descendis la colline de Vasiliko pour reprendre le
chemin de la plaine. Je traversai de nouveau l'Asope, fleuve célèbre, qui n'a pas plus de cinq
lieues de cours, digne frère du divin Céphise,
qui ne parcourt guère plus de douze milles dans
la campagne d'Athènes. L'Ilissus, aussi fameux,
est moins voyageur encore : et, quant à l'Inopus,
illustre fleuve de Délos, je suis allé en dix minutes de l'endroit où fut sa source aux lieux où
fut son embouchure. Au reste, l'Asope est très-
rapide en hiver et mérite bien l'épithète que lui

donne le poëte Agis (Ποταμοῦ βαθυδινήεντος [1]),
« Fleuve aux profonds tourbillons. » Je passai
ensuite presque à sec la rivière de Némée. Elle
roule tant d'eau dans la mauvaise saison qu'elle
a déjà enlevé les arches d'un pont de construction
turque, fort peu solide, il est vrai. Le pont antique, tout près de celui-ci, est tellement ruiné
qu'on a renoncé à le réparer; on travaillait au
troisième, qui n'avait guère l'apparence d'être
plus durable, et sans doute le premier voyageur
du printemps prochain aura à raconter sa chute.

Une pluie douce, qui avait redoublé le parfum
du feuillage et des campagnes, venait de cesser;
des nuages noirs fuyaient vers le Parnasse; je
cheminais lentement au pas de mon cheval.
Cette promenade nocturne au travers de la vaste
plaine de Sicyone fut délicieuse. Tantôt je traversais de grands bois d'oliviers où les rayons de
la lune avaient peine à m'atteindre; tantôt je
voyais sa lueur se répandre sur des chaumes arides ou d'obscures bruyères; de nombreux trou-

---

[1] Voyez Pausanias, liv. xi.

peaux de moutons et de chèvres y passent la nuit sans bergers et sans crainte des loups. Serait-ce qu'il n'y a plus de loups dans ces champs depuis qu'Apollon enseigna aux pasteurs de l'Arcadie la manière de les exterminer, et qu'un temple lui fut élevé à Sicyone en mémoire de ce bienfait sous le nom d'Apollon-Louvetier (Ἀπόλλονος Λυκαίου)? J'arrivai à Corinthe dans la nuit, après trois heures de marche.

Réveillé avant le lever du soleil, j'allai voir à Lesché, échelle de Corinthe, sur le golfe de Lépante, quelques ruines vénitiennes, des traces confuses de l'ancien port, et les baraques des douanes qui forment le nouveau; puis je revins dans la vieille ville pour y admirer les cinq colonnes du temple de Junon; je ne sais si, en dédiant à la reine des dieux ces belles colonnes cannelées et d'ordre dorique sans base, je ne commets pas un crime de lèse-antiquité; mais je répète, sans garantie, ce que l'on m'a dit à Corinthe. Je contemplai, avec un étonnement qui s'était reproduit dans toutes mes excursions en Morée, ces énormes blocs de pierre, à qui l'art antique sut donner de si précises et de si élégantes proportions. Je crus alors aux prodiges d'Homère; les hommes qui manièrent avec tant d'adresse ces fragments de montagne devaient être les mêmes héros lançant des rocs que dix hommes de nos jours auraient peine à soulever. Je ne remarquai pas avec moins d'admiration cette liaison imperceptible des marbres qui en fait un seul corps : les chapiteaux étaient si artistement adaptés à leurs colonnes, que, même après tant de siècles, l'union en était dissimulée aux yeux les plus perçants et les plus expérimentés. *Tantùm series juncturaque pollet!*

J'avais oublié, à mon premier passage, de remettre une lettre qu'on m'avait donnée à Athènes pour un Grec de Corinthe. Je me présentai, une heure avant mon départ, dans sa jolie maison, hors du village, adossée au penchant de la citadelle et faisant face à la mer de Crissa comme aux montagnes de Delphes. Cette maison n'était pas encore terminée : le Grec habitait en attendant une bicoque. Il me parut très-occupé et très-inquiet de ce qui se passait en Albanie. Il me demanda des nouvelles de l'expédition déjà très-avancée contre Ali-Pacha; j'en savais moins que lui. Il m'apprit alors que l'armée turque, sous les ordres de Pacho-Bey, s'étant avancée contre Janina, Ali-Pacha, après avoir fait piller par ses arnautes sa propre capitale, l'avait incendiée et se défendait encore dans les châteaux du lac. Le Corinthien redoutait le retour des troupes ottomanes triomphantes, et leur passage en Morée qui ne pouvait être qu'incommode au repos et à la bourse des Grecs opulents. Il ne soupçonnait même pas qu'un an plus tard son pays devait éprouver des secousses plus sérieuses et plus directes.

La route est longue de Corinthe à Cenchrées, où je devais m'embarquer; mais elle est signalée par les anciens travaux entrepris pour couper l'isthme : et, d'abord, on remarque un bel amphithéâtre creusé dans le roc, le hameau d'Hexamili, le chemin du port Schœnus : ensuite, des vestiges de muraille auprès de la route, d'anciennes carrières, des puits et des traces de sondages opérés pour connaître la nature du sol que le canal devait traverser; ce canal, un des plus anciens travaux géodésiques de l'Europe, entrepris par Démétrius, roi de Macédoine, continué par Jules César, par Caligula, et que Néron creusa lui-même de sa main impériale au son de la trompette, ne devait pas plus que tant d'autres canaux moins célèbres dans l'histoire moderne, recevoir son entière exécution. Les difficultés du terrain, l'inconstance et la superstition des peuples, les révolutions des empires s'y opposèrent. Et la prêtresse d'Apollon Pythien lança l'anathème sur les nations *qui luttent follement contre la nature, fille des dieux.*

Enfin j'arrivai, de débris en débris, au village de Cenchrées, pour y admirer ses catacombes sur le bord de la mer, et son quai de granit. Je nolisai un bateau à deux voiles pour Égine, le Pirée, et je fis mettre sur-le-champ en mer : le temps était beau, le vent faible, je longeais les rivages de l'Épidaurie. J'étais couché sur le pont de la barque et je lisais l'admirable lettre de Servius Sulpicius à Cicéron pour le consoler de la mort de sa fille. J'avais traduit cette lettre avant mon départ de Constantinople, pour mon usage, et dans le dessein de méditer avec elle quand j'approcherais d'Égine. Voici le paragraphe qui se rapportait à mon voyage.

« Je veux vous dire ce qui m'a donné une vé-

« ritable consolation, peut-être en retirerez-vous
« quelque soulagement à votre douleur. — Je
« revenais d'Asie, je faisais voile pour Mégare ; je
« considérais le pays tout autour de moi. J'avais
« derrière moi Égine, en face Mégare, à droite le
« Pirée, à gauche Corinthe : ces villes, autrefois si
« florissantes, aujourd'hui tombées et détruites,
« dorment sous la poussière. C'est alors que je fis
« intérieurement cette réflexion : Eh quoi! nous,
« mortels, dont la vie doit être si rapide, nous
« nous indignons contre la destinée, quand l'un
« de nos amis succombe sous l'âge ou sous le fer,
« tandis qu'en ce lieu seul tant de villes ruinées
« étalent à nos yeux leur triste cadavre. Ah!
« Servius, ne veux-tu donc pas rentrer en toi-
« même et te souvenir que tu es né homme?...
« Croyez-moi, cette pensée sérieuse me rendit
« ma fermeté. Eh bien! essayez de vous repré-
« senter la même image ; voyez, au même mo-
« ment, tant de grands hommes périr, l'État
« essuyer tant d'échecs, les provinces de si vio-
« lentes secousses ; et vous vous plongeriez dans
« un si profond accablement parce qu'une seule
« et faible femme a disparu ! Mais quoi! si elle

« n'eût aujourd'hui subi sa destinée, il lui fallait
« mourir peu d'années plus tard, puisque enfin
« elle était mortelle [1]. »

Voilà tout ce que peut, pour guérir les maux de l'âme, la philosophie du paganisme ; elle consolait la mort par la mort, et non par la certitude d'une autre vie ; il n'était donné qu'à l'Évangile de faire briller l'espérance au fond de nos douleurs et d'offrir à l'homme triste du passé, à qui le présent échappe, l'avenir de l'immortalité. Il est curieux de voir Sulpicius, par la répétition affectée des mots *sort*, *destinée*, *fortune*, se débattre pour ainsi dire contre l'idée de *Dieu*, qui semble tourmenter sa pensée sans pouvoir s'échapper de sa plume. On croirait cette lettre si mélancolique écrite tout entière de nos jours. La Mélancolie, dixième Muse, à laquelle tant de poëtes et de penseurs modernes ont sacrifié presque exclusivement, n'inspirait que par rares intervalles les écrivains de l'antiquité. Le christianisme seul pouvait développer cette maladie d'une âme immortelle.

---

[1] Cicéron, Lett. fam., liv. IV, lett. 5.

Cependant de sombres nuages chassés de l'Acro-Corinthe nous atteignirent et amenèrent, avec la pluie et les éclairs, un vent violent, qui nous fit dépasser en quelques minutes, sous une seule voile, les îles d'Éléüse, le promontoire de Spirée, traverser en trois heures un espace maritime de près de quarante milles et arriver à Égine.

Égine, dans sa petitesse, est une des plus jolies îles de la Grèce. C'est sans doute Égine que le poëte Antiphile fait parler dans cette épigramme : « Je porte des térébinthes, peu de vi-
« gnes; petite et modeste, je ne suis ni aride, ni
« escarpée. Les îles mes sœurs, longues et larges,
« mais montagneuses et stériles, l'emportent sur
« moi en grandeur. Ce n'est pas par nos stades
« qu'il faut lutter, mais par nos produits : un
« sillon de l'Égypte a-t-il quelque chose à envier
« aux immenses sables de la Libye[1] ? »

Égine est couverte de débris antiques; je m'approchai des deux colonnes du temple de Vénus qui dominent la ville construite en cercle dans la rade, et je revins m'asseoir sur le banc exté-

---

[1] Anthologie, liv. I, ép. d'Antiphile.

rieur de la taverne où je m'étais établi. Le soleil brillait de nouveau; mais la mer se souvenait de l'orage, et ses vagues houleuses, soulevant les barques du port, venaient se briser à mes pieds. Mes conversations avec les Éginiotes commencèrent; ils me parlèrent aussitôt (car c'étaient là leurs malheurs les plus récents) d'un délégué du drogman de l'arsenal qui se trouvait alors dans l'île pour y lever les contributions, et dont la rigueur les réduisait à une réelle pauvreté; ils nommaient respectueusement ce dignitaire, le prince Yanko.

Je croyais connaître assez bien la noblesse grecque du Fanal, et, repassant en moi-même les générations des boyards, je cherchais inutilement à rattacher à quelque famille fanariote ce prince Yanko, quand on me le montra sur le bout du quai; il allait passer devant moi avec une nombreuse suite de courtisans éginiotes: un châle de cachemire couvrait sa tête; il marchait lentement, d'un air d'insouciance et de mépris, et portait une longue pipe avec une aisance singulière. Je considérai attentivement ce grand personnage, et je ne fus pas peu surpris de reconnaître, sous ces formes hautaines, un des laquais du drogman grec, honoré dans l'intérieur de sa maison du titre de *Tchibouktchi*, et chargé exclusivement, à Constantinople, du soin de préparer, d'allumer et d'approcher de nos lèvres les pipes de son maître.

Il me reconnut aussi sur-le-champ; et sa politesse égala son effronterie. « Seigneur, me dit-il
« en s'approchant de moi avec les gestes les plus
« respectueux, par quel bonheur vous vois-je à
« Égine? Commandez-y en roi. Mes services peu-
« vent vous être utiles; ces vils paysans n'ont à
« vous offrir que des olives, des amandes, des
« pastèques; faites-moi l'honneur de paraître
« dans mon hôtel, vous y trouverez quelques
« mets plus dignes de vous. » En même temps il remplit avec une dextérité exercée la longue pipe qu'il portait, et, par habitude, il l'approcha de ma bouche. Je refusai en souriant ses offres bienveillantes, et je lui dis de s'asseoir auprès de moi. A peine assis : « Savez-vous, dit-il en s'a-
« dressant au cercle des Éginiotes, qui vous pos-
« sédez dans votre île? C'est un grand général
« français, un homme puissant et parent du roi,

« un homme enfin qui.... » En effet, le prince Yanko ne pouvait s'abaisser à tant de prévenances que pour un maréchal de France ou l'héritier de la couronne. Que faites-vous donc ici, lui dis-je en l'interrompant? — « Ah! seigneur,
« me répondit-il d'un ton nonchalant, j'y meurs
« d'ennui. Rien de si triste qu'Égine! Voilà huit
« mortels jours que j'y languis : pas de société;
« nulle distraction; ce n'est pas vivre. J'y lève les
« impôts, il est vrai, mais je me sens peu fait
« pour ce mauvais métier : il est temps que mon
« exil cesse et que je revoie la grande ville. »
Le *Tchibouktchi*, dans tout ce qu'il disait, adroit imitateur des manières et du langage de ses maîtres, me prouvait qu'il avait étudié avec fruit les conversations des boyards, dont ses camarades et lui sont ordinairement les témoins muets. Bientôt, lassé de se contraindre, et impertinent de bonne foi, il renvoya ses gens d'un signe :
« Pardonnez-moi, dit-il, seigneur, ces façons qui
« vous choquent peut-être; mais cette espèce
« d'arrogance, je vous l'assure, est fort utile à
« mes fonctions; et je ne recevrais pas une obole
« de ces insulaires, si je ne leur donnais une

« grande idée de ma naissance et de mon crédit. »

Je quittai à l'entrée de la nuit ce tyran d'Égine, et je repris la barque qui devait me conduire au Pirée. Il nous fallut lutter contre les mêmes ondes que l'orage avait soulevées pour nous porter si rapidement à Égine. Ce ne fut pas sans quelque péril que nous passâmes dans les ténèbres auprès des écueils dont l'île est hérissée. « Égine, dit Pausanias, est de tou-
« tes les îles grecques celle dont l'accès est le
« plus difficile ; car elle est entourée de toutes
« parts de roches cachées, et de récifs à fleur
« d'eau [1]. »

A l'aube du jour, nous étions tout près de Salamine. Ces eaux, qu'avaient agitées au milieu de cris sanglants les trirèmes des Athéniens et les mille vaisseaux des Perses, cédaient maintenant sans bruit, devant ma barque solitaire. Dès que l'aurore me permit de lire, je me mis a

---

[1] Προσπλεῦσαι δὲ Αἴγινά ἐστι νήσων τῶν Ἑλληνίδων ἀπορωτάτη· πέτραι τε γὰρ ὕφαλοι περὶ πᾶσαν, καὶ χοιράδες ἀνεστήκασι.

PAUSANIAS, liv. II, ch. XXIX.

feuilleter Hérodote sur le pont du bateau, et je retraçais autour de moi les évolutions de cette lutte maritime, la plus illustre dont se souviennent les annales du monde, plus heureuse pour la liberté qu'Actium et que Lépante, plus décisive dans ses résultats que La Hogue et Trafalgar. Je groupais auprès de ces promontoires et de ces écueils déserts, ces grands hommes de la Grèce, tels que nous les offrait l'histoire. Aménias de Pallène, dont la bouillante ardeur engagea le combat; Eurybiade de Lacédémone, le généreux Aristide, l'immortel Thémistocle; et dans ma revue des noms célèbres, je n'avais garde d'oublier qu'Eschyle, aussi brave soldat que grand poëte, combattait à Salamine. — Là, sur le continent de l'Attique, au haut de la colline Ægalée, le roi des Perses s'assit, et contempla sa défaite; ici se plaçait la reine Artémise, prudente au conseil, courageuse et habile dans la mêlée, parmi tant de lâches; seule femme qui jamais ait osé commander une flotte. Je l'entendais dire à Xercès, après tant d'autres conseils méconnus : « Oui, sans doute, retournez « en Asie, et allez vivre dans vos palais; laissez

CHAPITRE XXIII.

« Mardonius en Grèce; s'il vient à y périr, ce ne « sera pas une grande perte. » — *Et l'avis,* continue l'historien, *fut approuvé du roi, qui avait intérieurement la même idée.* Or, cet historien, sujet de la reine Artémise, grandissait alors à Halicarnasse pour charmer bientôt l'oreille des Grecs du récit de leur valeur.

Pour moi, dans ces pages d'Hérodote, je croyais lire une nouvelle Iliade; j'y retrouvais l'allure, le style, et les grandes images d'Homère; d'abord le dénombrement des vaisseaux avant l'action; puis, la terre et la mer qui tremblent; ce fantôme d'une femme qui paraît dans les airs et s'oppose à la fuite; enfin, les paroles humbles et sublimes de Thémistocle : « Ce n'est pas « nous qui avons vaincu : ce sont les dieux. Ils « n'ont pas voulu qu'un homme impie et insensé « cherchât à les égaler en régnant seul à la fois « sur l'Asie et sur l'Europe [1]. »

---

[1] Τάδε γὰρ οὐχ ἡμεῖς κατεργασάμεθα, ἀλλὰ θεοί........ οἳ ἐφθόνησαν ἄνδρα ἕνα τῆς τε Ἀσίης καὶ τῆς Εὐρώπης βασιλεῦσαι, ἐόντα ἀνόσιόν τε καὶ ἀτάσθαλον.

HÉRODOTE, liv. VIII, ch. 109.

L'esprit uniquement occupé de ce grand drame de Salamine, j'approchai du rivage, et je mis pied à terre dans une anse abandonnée. Je marchais sur les bords de la mer sans regarder autour de moi; ma pensée était en arrière de plus de deux mille ans; et devenu tout à fait Athénien, je sentais mon cœur battre violemment dans ma poitrine. Je passai, sans m'en apercevoir, le lit du fleuve *Bocaros*; pas une seule goutte de son eau tarie n'était là pour me distraire de mes illusions. Je traversai le promontoire de Minerve Scirrade, toujours sous le charme de ces grands ressouvenirs antiques; et mes yeux plongeant sur la pointe de Cynosure, le détroit et les rivages : « Enfant, dis-je au ma-
« telot Éginiote qui m'accompagnait, montre-
« moi les trophées de Thémistocle. »

« Effendi, me répondit-il, il n'y a presque
« plus de pierres blanches à Colouri : le vayvode
« les laisse enlever par tous ceux qui passent;
« voilà devant vous *Ampélaki* (village de la vigne),
« où vous n'arriverez pas d'une heure, si vous
« continuez à marcher si lentement. Vous y
« trouveriez de bons raisins et une petite église

« avec des lettres écrites sur les murs. Mais le
« vent est favorable ; croyez-moi, arrivons à
« *Porto-Lione* : cela vaut mieux. »

Je baissai la tête, tout confus que j'étais de mes rêveries, des remontrances du Palicare, et je le suivis sans insister. Colouri ! Porto-Lione ! voilà donc, me disais-je, les noms de Salamine et du Pirée ! Point de ruines, point de marbres ; pas un seul vestige des temps passés, dans cette île qui vit le plus éclatant triomphe du courage, qui fut la patrie de Solon et le royaume d'Ajax. Faut-il que je n'en rapporte en souvenir que quelques feuilles vertes arrachées à de maigres arbustes ? Je n'ai pu y trouver une fleur, pas même cette fleur d'Ajax, espèce de lis ou d'hyacinthe qui naquit sur la rive à la mort du fils de Télamon.

Je remontai sur la barque éginiote, que ne commandait plus ce vaillant Polycrite, vainqueur des Sidoniens au combat de Salamine ; j'effleurai ensuite l'écueil d'Atalante, l'île Psyttalie, et une heure après, j'étais au Pirée. Le 19 septembre avant midi, j'avais repris ma chambre à Athènes, chez M. Fauvel, et ma place sur son divan, où je lui racontais tous les minutieux détails de mon excursion en Morée, trop courte sans doute, car je n'avais pu y consacrer que six jours.

CHAPITRE VINGT-QUATRIÈME.

LE MONT HYMETTE.

HOMÈRE. MARATHON.

SMARAGDI.

(1820.)

Ἵκετο δ' ἐς Μαραθῶνα, καὶ εὐρυάγυιαν Ἀθήνην,
Δῦνε δ' Ἐρεχθῆος πυκινὸν δόμον.

Homère, Odyssée, liv. vii, v. 80.

Il alla dans Marathon, dans Athènes aux larges rues, et il pénétra dans le riche palais d'Érechthée.

L'*Estafette* n'avait pas encore été signalée dans le golfe Saronique; et ses heureux retards prolongeaient mon séjour à Athènes. Ainsi les délais de la Théorie attendue de Délos avaient ajouté à la vie de Socrate quelques jours dont le souvenir est immortel. Je mis à profit ces rapides moments pour diverses excursions rapprochées que M. Fauvel conseillait et dirigeait. Tout de suite après mon retour de Corinthe, il exigea de moi une visite à la patrie d'Aristide et de Socrate, Alopége, petit village sur le mont Hymette, dont chaque soir, au coucher du soleil, on voyait s'élever la fumée blanchâtre.

Un guide me fut donné; connaissant tous les détours de la montagne, il devait me conduire au travers des collines désertes et des bois jusqu'à Alopége: puis il nous était prescrit de nous replier sur une maison de campagne dans le voisinage du hameau de Dragonisi, où quelques familles grecques fuyaient pendant l'été la chaleur des rues d'Athènes.

Nous laissâmes à notre gauche les débris de la porte Diocharis, du Gymnase et du Lycée. Je passai l'Ilissus un peu au-dessus de l'autel de Borée, dont on reconnaît à peine l'emplacement. Je n'y trouvai plus « ce magnifique platane aux « rameaux épais, cet ombrage, ces douces halei- « nes des vents, cette herbe si molle qu'on peut « s'y asseoir, et même s'y coucher; » mais j'adressai à mon guide les mêmes paroles que Phédros à Socrate : « Dites-moi, ne prétend-on « pas que jadis Borée enleva d'ici la nymphe « Orithyie, jouant sur le rivage ? » Il me répondit comme Socrate à Phédros : *On le prétend;* et il accompagna cette réponse d'un sourire tout aussi incrédule que celui du maître de Platon; car le christianisme et les premières études de son enfance avaient appris sans peine à ce Grec ignorant ce que le plus grand philosophe de l'antiquité avait dû deviner à l'aide de tout son génie. Le lit du fleuve n'avait, dans tout son cours, que de petits creux où séjournait une eau bourbeuse, reste des derniers orages, et bien plutôt digne de laver les pieds des philosophes déchaussés (ἀνυποδήτων) « que pure, fraîche et « transparente, telle qu'il la faut pour les jeux « des jeunes filles [1]. »

Quittant les bords arides de l'Ilissus, nous traversâmes d'abord quelques tertres sablonneux,

---

[1] Χαρίεντα γοῦν καὶ καθαρὰ καὶ διαφανῆ τὰ ὑδάτια φαίνεται, καὶ ἐπιτήδεια κόραις παίζειν παρ' αὐτάς.

Cette citation et celles qui précèdent sont extraites du prologue si poétique de PLATON, dans le *Phédros*.

puis des bruyères en fleur ; enfin des bosquets de lentisques et de buissons verts. Je cueillais autour de moi les mille plantes qui font la gloire de l'Hymette : le chrysanthème doré, la sauge, l'acanthe épineuse, la grande campanule, l'*aunée*, que Pline a nommée *Helenium*, et qu'il a fait naître des larmes d'Hélène dans l'île de Cranaë, si tant est qu'Hélène y pleura, quand elle s'échappait de Sparte avec le beau Pâris : enfin mille arbustes chéris des abeilles me rappelaient les vers d'Ovide :

« Sur les collines empourprées de l'Hymette « toujours fleuri, il n'y a point de forêts, mais « de petits bois où des arbrisseaux protégent le « gazon, et que parfument le romarin, le laurier « et le myrte ; on y voit aussi le buis aux « feuilles touffues, les bruyères flexibles, le cytise « élancé, et les pins odoriférants. Toutes ces « feuilles et toutes ces tiges de fleurs s'y balan- « cent, agitées par les souffles salutaires des zé- « phyrs [1]. »

---

[1] Lenibus impulsæ zephyris, auråque salubri
   Tot generum frondes, herbaque summa tremunt.
         Ovide, Art d'aimer, liv. III, v. 694.

CHAPITRE XXIV.

C'est là, dans ces délicieux bocages, que mourut Procris, plus belle encore que sa sœur Orithyie, *Dignior ista rapi*. Je m'arrêtai à l'ombre d'un cèdre à feuilles de cyprès pour relire ces malheurs de l'épouse de Céphale que le chantre de l'amour nous a si bien racontés deux fois. Ce n'était plus à mes yeux

cet Ovide
Poëte mensonger dont l'enfance est avide [1],

c'était le disciple et le rival de Catulle et de Virgile, élevant sa Procris presque à la hauteur d'Ariadne et de Didon. Mon cœur battait à ces paroles de Céphale :

« Mes douleurs, ô Phocus, ont commencé par
« des joies. Oh! qu'il m'est doux de rappeler ces
« temps fortunés des premières années de notre
« union, où tout mon bonheur était le bonheur
« de Procris........ J'aimais Procris; Procris
« était toujours dans mon cœur; le nom de
« Procris était toujours sur mes lèvres [2]. »

---

[1] Fontanes, Forêt de Navarre.
[2] Gaudia principium nostri sunt, Phoce, doloris...
. . . . Procrin amabam;
Pectore Procris erat, Procris mihi semper in ore.
Ovide, Métam., liv. VII, v. 708 et 796.

J'arrivai à Alopége bien plus occupé des soupirs de Céphale que des abeilles dont j'entendais partout les bourdonnements. On me fit connaître néanmoins en détail tous les soins qu'exigent ces républiques ailées, pour lesquelles le sage Solon avait aussi tracé des lois réglant la propriété et la divine industrie des *filles du ciel*. J'achetai une abondante provision de l'ambroisie de l'Hymette. Je possède encore quelques gouttes de ce miel, à côté du nectar de Chypre et du vin de Santorin, vieux témoins de mon voyage.

Je ne poussai pas plus loin mon excursion dans la montagne que je côtoyai en revenant sur son penchant méridional. Le soleil baissait alors vers les cimes des monts Géraniens, et me montrait le golfe d'Athènes dans tout son éclat, depuis le rocher de Belbina à l'orient, jusqu'aux rivages de Mégare et de Corinthe. J'apercevais distinctement les blanches colonnes du temple de Jupiter Panhellénien; et par-dessus Égine, les montagnes de l'Épidaurie terminées par le promontoire Scylléen.

J'atteignis, bientôt après, la maison de campagne où j'étais attendu, dans les environs du village de Dragonisi. Je devais y retrouver la famille d'un Logothète, magistrat d'Athènes, et deux Grecques, parentes d'un consul européen. Ces deux sœurs jouissaient d'une grande renommée qu'elles devaient à la lyre de lord Byron. Le poëte anglais les avait vantées dans ses chansons orientales, et même, s'il fallait en croire la chronique, il avait éprouvé un amour, violent comme toutes ses passions, pour l'une d'elles : on ne disait pas laquelle, afin d'en laisser la gloire à toutes les deux. Je fus reçu par ces mêmes dames plus belles que jeunes, et par leurs compagnes, dans la grande salle d'une maison assez apparente. Un divan régnait au bas et à côté des fenêtres qui donnaient sur un vaste jardin.

Ces Grecques au teint de neige, étaient vêtues de *spencers* de soie rose ou bleue, à manches larges et ouvertes, serrant étroitement leur taille dont ils couvraient les formes sans les déguiser. Ces petites vestes rondes se terminaient sous une large ceinture; là commençaient des jupons de mousseline et de gaze blanche, lesquels ondulaient sur de jolis pieds blancs et nus, dont les ongles teints se cachaient sous des babouches brodées. Leurs têtes étaient parées de perles et de fleurs, et leurs cheveux entrelacés de rubans tombaient derrière elles partagés en deux tresses; c'étaient là *ces tresses en liberté, suivant* l'expression du poëte, *que caressait chaque souffle de la mer Égée*[1]. De grandes Albanaises robustes et hâlées nous apportèrent des confitures et des sorbets : celles-ci étaient drapées de robes rouges finissant au genou; leurs jambes et leurs pieds nus reposaient sur des sandales de bois à talons, espèce de sabots. Leur noire chevelure, tressée aussi, agitait sur leur dos quelques petites pièces d'argent; et un long voile blanc, entourant la tête et le cou, retombait des deux côtés de leurs épaules.

La conversation fut frivole et légère comme elle devait l'être avec de jeunes dames occupées tout le jour de bains, de parures et de fleurs. J'y reconnus les caquets d'Athènes dont M. Fauvel s'était plaint amèrement, qu'il poursuivait lui-

---

[1] . . . Those tresses unconfined
Woo'd by each Ægean wind.
  BYRON's Miscell. poems.

même de ses mordantes épigrammes, et qui, s'attachant à sa vie privée, étaient parvenus à déconcerter son flegme philosophique. On me parla des nombreux voyageurs qui étaient venus successivement porter leur hommage au temple de Minerve et aux beautés modernes de l'Attique; j'en pris texte pour nommer le chantre *de la fiancée d'Abydos* et *du Giaour*; je le fis avec quelque malice, espérant découvrir ainsi l'amante de lord Byron; mais les deux sœurs rougirent à la fois.

Le soleil allait disparaître; je remerciai mes belles hôtesses de m'avoir si bien reçu, et surtout de s'être laissé voir et admirer dans l'intimité de leur gynécée; je songeais à me retirer, quand on me proposa de me conduire à la fontaine de Procris; ainsi l'avait nommée, en dépit de tous ses autres noms vulgaires, je ne sais plus quel profane voyageur. La route était courte heureusement, et la source se trouvait au bout du jardin. Le costume de la vie intérieure, un peu gênant pour la marche, n'eût pas permis une promenade lointaine, et la liberté de la campagne n'eût pas autorisé une plus longue infraction aux mœurs grecques. La fontaine n'avait que quelques gouttes d'eau. Une des jeunes filles du Logothète me dit que, le jour de la Pentecôte, on voyait tous les ans une colombe descendre des cieux, s'arrêter auprès de la source sacrée, y boire, et s'envoler aussitôt vers son divin séjour. La mère de la naïve Athénienne ajouta tout bas que les nouvelles épouses étaient sûres de trouver dans ces eaux une heureuse grossesse ou une facile délivrance.

Pendant que les dames grecques retournaient, après nos adieux, vers leur jardin, je suivis la trace du ravin que creuse en hiver la source de Procris pour se réunir aux flots de l'Ilissus. Je redescendis ainsi sur les bords du fleuve que je passai de nouveau à sec, comme un large sillon dans une campagne poudreuse, et je repris, au clair de la lune, le chemin d'Athènes, dont je m'étais fort peu éloigné.

Les aspects sur la plaine de l'Attique que m'avaient présentés les anfractuosités de l'Hymette ne m'avaient paru ni aussi variés ni aussi précis que ceux dont je jouissais à l'Acropolis. C'est là que je revenais sans cesse; j'avais fait du Parthé-

CHAPITRE XXIV.

non mon observatoire favori. Je revis ainsi de loin et de près tous ces monuments antiques que j'ai déjà si complétement énumérés.

Mais d'abord je ne puis oublier qu'à mon réveil, le lendemain de mon retour de la Morée, cherchant Homère pour en lire quelques vers, suivant ma quotidienne habitude, j'eus la douleur de ne plus retrouver mon Odyssée. Était-elle tombée de ma poche sur la route du Pirée? l'avais-je laissée sur la barque d'Égine? Je racontai à M. Fauvel, pendant le déjeuner, ma mésaventure. Ce livre, lui disais-je, portait sur la première page les paroles de Priam à Achille, Μνῆσαι πατρὸς σεῖο, *Souviens-toi de ton père* ; et c'est mon père qui les avait tracées de sa main, le jour de notre séparation. — « Je plains votre
« perte, me répondit M. Fauvel ; malheureuse-
« ment je ne puis la réparer. Je n'ai moi-même
« qu'un Homère, et nous sommes inséparables ;
« car s'il est l'ami du voyageur, il est aussi le
« manuel de l'antiquaire : chez lui tout fait image ;
« chacune de ses épithètes, consacrée par le temps,
« frappe comme d'un coin ineffaçable les lieux

« qu'il désigne. C'est surtout dans l'hymne à
« Apollon, poëme trop peu lu, qu'il déploie toute
« la beauté de son style descriptif et tout le
« luxe de sa science géographique. Avez-vous re-
« marqué dans ce merveilleux ouvrage avec quelle
« secrète préférence il s'attache à dessiner les
« îles ? Cette observation me semblerait de quel-
« que poids pour décider la grande querelle de
« son berceau. »

Cet hymne fait mes délices, disais-je à mon tour; il est gravé presque tout entier dans ma mémoire, tant je l'ai relu ! Dans cette espèce d'abrégé de la mythologie, quelle peinture harmonieuse des scènes de la nature ! soit qu'Homère représente à grands traits *les rivages de la mer, et les fleuves qui y roulent leurs ondes;* soit qu'il retrace les *hautes montagnes penchées vers les flots, et ces promontoires chers aux voyageurs, d'où la vue s'étend sur les collines abaissées, sur les îles et sur les noirs abîmes.* Enfin, quelles pensées profondes et philosophiques ! *Hommes misérables et insensés ! qui ne méditez dans vos âmes que des tristesses et des amertumes, vous vivez sans prudence, et vous ne savez pas trouver dans la vieillesse le repos de la vie, et dans la mort le remède à tous les maux.*

Homère, continuais-je, est le poëte de l'âme ; il est le charme de l'enfance, de l'âge mûr et des vieillards. Il donne toujours autant de plaisir et d'instruction que chaque lecteur en peut prendre. Son livre est le premier, le second et le dernier qu'il faut lire [1]. Pendant que tout vieillit dans le monde, seul, le plus ancien des poëtes semble rajeunir au contraire, et s'avancer de plus en plus dans la mémoire et la reconnaissance des hommes.

« Singulier privilége du génie ! reprenait M. Fau-
« vel, en applaudissant à mon enthousiasme ;
« Homère a immortalisé même ses détracteurs,
« Aristarque et Zoïle. »

Je ne m'étais pas aperçu de l'attention avec laquelle mon domestique français, debout der-

---

[1] Καὶ πρῶτος καὶ μέσος, καὶ ὕστατος, παντὶ παιδὶ, καὶ ἀνδρὶ, καὶ γέροντι.

DION CHRYSOSTÔME, Περὶ λόγου ἀσκήσεως.

rière ma chaise, écoutait nos paroles, dont le sens devait souvent lui échapper. Je ne remarquai pas davantage son absence dans le courant de la journée; mais le soir, en me couchant, quelle fut ma surprise de trouver mon Odyssée sur mon lit! Je demandai quelques explications à mon domestique; il m'avait vu, me répondit-il, si chagrin de la perte de ce petit livre; il le connaissait si bien lui-même pour l'avoir mis assidûment entre mes mains, qu'il était allé jusqu'au Pirée, le cherchant des yeux sur toute la route; et là, prenant une barque, il s'était fait conduire à quelques milles en mer, jusqu'au bateau qui nous avait amenés d'Égine, et qui était en route pour y retourner. Il y avait trouvé l'Odyssée ouverte encore sur le matelas où j'avais reposé. Je serrai sur mon cœur ce petit volume que les flots de Caïffa avaient déjà marqué de leur empreinte, et je tendis la main à mon domestique, tout attendri que j'étais, de ce qu'il entrait si bien dans mes affections ou dans mes manies.

Je jugeai que j'avais encore le temps de voir Marathon; et, pour cet effet, M. Fauvel se livra avec moi à un petit travail préparatoire. Il prit une feuille de papier, un crayon, et, d'une vieille main guidée par la plus jeune mémoire, il traça de souvenir une carte complète de la campagne et des environs de Marathon, aussi exacte et aussi fidèle qu'aurait pu l'être un plan topographique longuement médité. J'ai sous les yeux, en écrivant, cette précieuse esquisse, et je crois entendre encore le commentaire du savant archéologue.

« Après le village de Céphisia, patrie du grand
« poëte Ménandre, vous laisserez à gauche, me
« disait-il, une grotte de Pan, à la descente du
« Pentélique; puis vous traverserez un marais;
« et tout de suite après vous serez à l'endroit
« qu'on appelait Marathon, lequel est désert au-
« jourd'hui. Vous négligerez Souli, hameau in-
« signifiant, toujours à votre gauche, comme
« aussi le chemin qui mène à Rhamnus, célèbre
« autrefois par le temple de Némésis et la statue
« de Phidias, et même un premier trophée assez
« rapproché de la mer. Vous foulerez les débris
« de l'ancienne porte élevée par Hérode Atticus;
« puis, tournant vers le rivage, vous vous trou-

« verez en pleine bataille, entre un temple d'Her-
« cule, les tombeaux des Perses, et les trophées
« des Athéniens. Vous irez coucher dans une
« des maisons de Vrana, si vous n'aimez mieux
« dormir sur les flèches brisées qu'on retrouve
« encore en fouillant les *tumulus*; et vous re-
« marquerez que *Vrana* est peut-être une *corrup-*
« *tion* du mot *Brauron*. C'est à peu près, en effet,
« l'emplacement de cette ville de Brauron qui
« donna un surnom de plus à Diane. De jeunes
« vierges, vêtues de longues robes jaunes, y cé-
« lébraient tous les dix ans des fêtes solennelles
« auprès de la statue de la déesse, apportée de
« la Tauride par Oreste et sa sœur. Là, en face
« de l'Aulide, vous penserez à Iphigénie. »

Je partis pour Marathon, connaissant mon chemin, et le champ de bataille, comme si déjà j'en étais revenu. Accompagné d'un guide seulement, je sortis d'Athènes à cheval, par la porte Mélitide; et, traversant la plaine du Céphise, couverte de guérêts et d'oliviers, j'arrivai, après deux heures de marche, au charmant village de Céphisia. Je m'y reposai un moment à l'ombre des cyprès d'un cimetière turc, assis sur une tombe musulmane; je gravis ensuite les dernières collines du mont Pentélique, et je descendis vers les campagnes que baignent les flots de l'Euripe, et qui font face à l'Eubée.

J'avançais au pas de mon cheval, péniblement affaissé sur ma selle; ma tête brûlait; j'attribuai ce malaise aux exhalaisons des marais que j'avais traversés, et à l'humidité des heures de septembre (*septembribus horis*). Mes douleurs redoublèrent, et je reconnus mes frissons et ma fièvre d'Égypte, quand j'atteignis la plaine de Marathon, grand désert qui commence aux pieds du mont Pentélique, pour ne finir qu'à la mer. Les campagnes, couvertes de marécages, de joncs et de bruyères, laissaient voir par rares intervalles des terres à demi cultivées, et des monceaux de pierres arrondis en tertres. Je cherchai des yeux une maison dans cette vaste solitude; j'aperçus à la dernière ondulation de la montagne trois cabanes presque cachées par les arbres. J'allai vers la moins délabrée, et laissant mon cheval au guide, je me présentai sur le seuil de la porte.

Une jeune fille se leva à mon approche. « Puis-je passer la nuit ici? » lui dis-je. — « Vous êtes « le maître, Effendi, répondit-elle; commandez « à votre esclave. » Ces humbles paroles sont celles que les Grecs soumis adressent au Turc impérieux. Je craignis qu'on ne m'eût pris pour un Ottoman, et j'ajoutai aussitôt que j'étais étranger, et que je demandais à voir les ruines de la plaine. « Je vais vous y conduire moi-même, « Effendi, me dit la jeune fille; vous n'êtes pas « le premier voyageur que j'aie guidé dans ces « sentiers; mais je n'ai jamais deviné ce qu'ils y « cherchent. Venez, nous serons bientôt de re-« tour. »

Je la suivis, et j'admirai en silence la belle taille de la jeune Grecque, comme la grâce de sa démarche. Elle était vêtue d'une robe brune et d'une sorte de corset blanc qui voilaient mal des formes amaigries. Quelques fleurs d'automne flétries déjà se mêlaient à sa noire chevelure; elle marchait lentement, comme moi; ses pieds nus reposaient sur des sandales de bois retenues par des courroies d'un cuir grossier. Après quelques pas dans les broussailles et les roseaux,

CHAPITRE XXIV.

« Voilà, me dit-elle, où les voyageurs s'arrêtent. » Attentive et debout près de moi, elle attendit que j'eusse exploré le champ de bataille, appliqué le croquis géographique de M. Fauvel aux accidents de la plaine que je parcourais des yeux, reconnu le temple d'Hercule, les tombeaux des Athéniens, les *tumulus* sous lesquels furent entassés les cadavres des Perses avec les débris de leurs armes, de leurs chars, et enfin que mes méditations sur les trophées de Miltiade fussent terminées. Puis, comme je lui demandais de me nommer les alentours : « Vous voyez devant vous « les sommets des montagnes de Négrepont, me « dit-elle; je ne connais bien que cela, car c'est « là que je suis née. »

Je dus abréger ma promenade, et demander à la jeune fille de me ramener chez elle; un violent frisson venait de me saisir; je le lui dis. « Je vous guérirai, me dit-elle; je connais cette « maladie : j'en ai souffert bien longtemps. Voyez « comme je suis pâle. » Et le plus innocent sourire illumina ce charmant visage. Pendant la route, cherchant à me distraire de mes maux, elle m'apprit qu'elle s'appelait Smaragdi; qu'elle était venue à Marathon depuis trois ans; que, faible et maladive, elle ne pouvait, comme ses frères, son père et sa mère, travailler aux champs; mais qu'elle était chargée des soins intérieurs du ménage, et qu'elle gardait ses chèvres quand le jour était beau, dans les taillis de la montagne les plus rapprochés de sa chaumière.

En rentrant chez Smaragdi, j'y trouvai sa famille réunie; on me reçut avec obligeance et affection. « Cet étranger a la fièvre, leur dit la « jeune fille; je sais comment il faut le soigner. » Elle me fit coucher sur quelques vieux coussins du seul divan qu'elle possédait; je m'enveloppai de mon manteau; elle me couvrit encore d'une de ses robes d'hiver. La nuit était venue : ma fièvre augmentait : Smaragdi voulut veiller à côté de moi, assise sur un petit banc; de temps en temps, elle m'apportait dans une écuelle de bois une décoction de centaurée. « Buvez, Effendi, « disait-elle; cette eau est amère, mais elle m'a « guérie. » Smaragdi ne me quittait pas. Dans mes brûlantes insomnies, je lui adressais mille questions sur ses goûts et sa destinée. « Je suis « presque heureuse, disait-elle; si mes longues « fièvres ne reviennent pas, j'irai bientôt à « Athènes servir les dames grecques; car vous « voyez que les travaux de la campagne sont « au-dessus de mes forces. Mon père et ma mère « approuvent mes projets; ils viendront me voir « quelques fois : d'ailleurs, puisque j'ai appris « à lire à Négrepont, il faut bien que j'aille à la « ville. »—« Que lisez-vous donc ici? » lui demandai-je. — « Tenez, répondit-elle, voilà mes li-« vres : mon livre de prières d'abord, » me dit-elle en mettant sur mon lit trois ou quatre volumes reliés en carton jaune, et imprimés à Venise; « ceci est une longue histoire grecque « qui m'amuse, et puis *Érotocrite*, » ajouta-t-elle; et elle rougit, voyant que je connaissais cette vieille chronique d'amour. La nuit s'écoulait au milieu de ces discours de la jeune fille; enfin le sommeil me gagna, et je ne me réveillai que fort tard, quand le soleil éclairait depuis longtemps la plaine de Marathon.

Je n'avais plus de fièvre, mais j'étais d'une

grande faiblesse; je voulus partir, cependant. « Vous allez nous quitter, me dit Smaragdi; ah! « vous trouverez à Athènes des médecins habiles « et de meilleures garde-malades! » Je lui adressai mes plus vifs remercîments de ses soins et de sa bonté; je la priai de garder en souvenir de moi, *ainsi que des hôtes amis donnent à leurs hôtes* [1], des pendants d'oreilles, et un collier du sérail en pâte de rose; elle accepta comme pour me plaire. « Ces parures me siéront mal, me dit-« elle tristement; je suis si pâle et si changée! » Smaragdi voulut m'accompagner jusqu'au premier détour de la montagne, puis elle me dit : « Je suis une pauvre fille, et je n'ai rien à vous « donner; mais prenez la moitié de cette feuille « de platane que je viens de déchirer en deux « parts, et gardez-la pour vous rappeler Sma-« ragdi; je conserverai la seconde. Peut-être un « jour, ces deux moitiés de feuille, les seules

---

[1] . . . . ὅ τοι κειμήλιον ἔσται
᾿Εξ ἐμεῦ· οἷα φίλοι ξεῖνοι ξείνοισι διδοῦσι.

Hom., Odyss., liv. 1, v. 313.

« qui puissent s'ajuster l'une à l'autre, se rejoin-
« dront. C'est un adieu de l'amitié. » Tout ému,
je mis sur mon cœur la précieuse demi-feuille,
et je soupirai en quittant Smaragdi, qui se perdit
au milieu des arbres. Les deux feuilles du platane
de Marathon ne devaient pas se rejoindre, mais
bien languir l'une loin de l'autre, sécher, et disparaître insensiblement. . . . .
. . . .

Les carrières du mont Pentélique étaient in-
diquées sur mon itinéraire ; je m'y laissai conduire, mais je jetai à peine un coup d'œil sur
les vastes excavations et sur les grands blocs
négligés de ces marbres qui élevèrent les plus
beaux édifices d'Athènes. Le temps les a revêtus
d'une certaine nuance dorée et d'une couleur
feuille-morte qui distingue surtout les colonnes
du Parthénon. Je les vis sans les regarder ; ma
pensée était restée avec Smaragdi.

Enfin, je remis mon cheval au guide ; je lui
ordonnai de me précéder, et d'aller annoncer
mon retour à M. Fauvel. Pour moi, resté seul
sur le penchant du Pentélique avec mes tristes
souvenirs, je me dirigeai à pied vers Athènes. Je

marchais sur un chemin tracé quelquefois à l'ombre des oliviers et des platanes, plus souvent entre des campagnes dépouillées de leurs moissons; puis, des arbustes nains, des bruyères rampantes, quelques tombeaux de marbre détruits au bord de la route. Je passai à l'ombre du mont Anchesme, auprès du temple et des jardins de Vénus; je rentrai dans l'antique Athènes par l'endroit où devait être la porte Dioméia. Je vins aux ruines de la maison de Phocion, et à l'autel de Diane bâti par Thémistocle. Ensuite, traversant le bazar, j'arrivai chez M. Fauvel.

Les adieux de Smaragdi, et mes rêveries, commencées à Marathon, poursuivies pendant ma marche solitaire, m'avaient plongé dans une invincible mélancolie. Après quelques heures de repos, je pris un petit Sophocle parmi les livres poudreux de la bibliothèque de M. Fauvel, et je m'échappai d'Athènes; je gagnai les déserts du Céramique par-dessus les décombres de la porte Dipyle. Là, nourrissant mes méditations du souvenir de tant de nobles tombeaux qu'on ne reconnaît même plus à leurs ruines, je portai mon triste hommage aux cendres dispersées de Périclès; car, je le disais avec l'ami de Cicéron : « Athènes ne me plaît pas autant par ses magni- « fiques édifices et ses chefs-d'œuvre de l'art « antique que par la mémoire des grands hom- « mes et l'aspect des lieux où ils habitaient, s'ar- « rêtaient et dissertaient; mon goût pour eux va « même jusqu'à me faire rechercher la vue de « leurs sépulcres [1]. » Enfin j'allai fouler aux pieds les pierres qui furent la tour de Timon le Misanthrope, et j'atteignis Colone, où mourut OEdipe, que j'avais choisie pour but de ma promenade; jamais, en effet, je ne m'étais senti plus disposé à pleurer sur les infortunes d'Antigone. La voie d'airain, le bois sacré des Euménides, leurs autels, le temple de Neptune, ont laissé quelques vestiges sur une éminence qui domine le cours du Céphise, et surtout à une place nue et nive-

---

[1] Me quidem ipsæ illæ nostræ Athenæ non tam operibus magnificis, exquisitisque antiquorum artibus delectant, quàm recordatione summorum virorum, ubi quisque habitare, ubi sedere, ubi disputare sit solitus : studiosèque eorum etiam sepulcra contemplor.

Cic., de Legibus, liv. II.

lée qui rappelle le concours des peuples et les monuments de leurs premiers cultes. Dans cette patrie de Sophocle, tout s'animait pour moi de la voix du grand poëte. Il me semblait qu'il me disait lui-même comme le chœur des Coloniates au roi aveugle :

« Étranger, vous êtes arrivé dans la contrée
« de l'Attique, si renommée par ses beaux che-
« vaux; dans la brillante Colone, séjour déli-
« cieux. C'est là que le mélodieux rossignol aime
« surtout à chanter dans les verdoyantes vallées.
« C'est là que le lierre au noir feuillage forme
« une ombre impénétrable aux rayons de l'astre
« divin, et unit des arbustes à mille fruits et de
« grands arbres dont les vents et les hivers res-
« pectent les rameaux. C'est là que sous les va-
« peurs éthérées, le narcisse au calice éclatant
« fleurit chaque jour; là, des fontaines qui jamais
« ne sommeillent, portent leurs eaux errantes
« au courant du Céphise......; et le Céphise,
« à son tour, promène ses flots limpides dans
« les campagnes dont il hâte la fécondité [1]. »

---

[1] . . . . οὐδ' ἄϋπνοι
Κρῆναι μινύθουσι

J'admirais avec quelle complaisance et de quelles merveilleuses couleurs Sophocle peignait sa patrie. Tous les vrais poëtes ont aimé leur pays; tous l'ont embelli des charmes de leur brillante imagination; tous lui ont prodigué les trésors de leur génie, comme si, craignant de se séparer à la tombe de la terre qui fut leur berceau, ils cherchaient à l'associer ainsi d'avance à leur immortalité. Je venais de lire les mêmes vers que Sophocle, *accusé d'enfance pour son grand âge*, dit Plutarque, récita devant ses juges. *Le cantique en pleut merveilleusement à l'assistance,* continue Amyot : le vieillard fut absous, et accompagné chez lui avec grandes acclamations de joie. La postérité devait ratifier la sentence du tribunal et du peuple d'Athènes; comme le monde littéraire devait tout entier applaudir à cette divine poésie.

>Κηφισοῦ νομάδες ῥεέθρων
>Ἀλλ' αἰὲν ἐπ' ἤματι
>Ὠκυτόκος πεδίων ἐπινίσσεται
>Ἀκηράτῳ ξὺν ὄμβρῳ
>Στερνούχου χθονὸς . . . .
>
>SOPHOCLE, OEdipe à Colone, act. II.

Je revins lentement par le chemin de Thèbes ; Sophocle m'avait appris que la route était assez longue (μακρὰ κέλευθος). Je retrouvai les remparts de la ville moderne, en laissant à gauche les débris de l'antique porte Hippades.

L'*Estafette* venait de mouiller au tombeau de Thémistocle. Je n'avais plus que vingt-quatre heures à passer à Athènes. Des nouvelles d'Europe inquiétèrent ma dernière visite au Parthénon ; l'ambassadeur, nommé capitaine des gardes, retournait en France ; il me donnait l'ordre de revenir au plus tôt à Constantinople, d'où il voulait m'envoyer par terre à Paris. J'allais quitter brusquement l'Attique, l'Archipel, le Bosphore ; j'allais aussi revoir, après cinq ans d'absence, ma famille et mon pays ; je ne savais si j'étais plus content que chagrin. Sous ces impressions récentes, je ne pus fermer l'œil de toute la nuit. Les ténèbres duraient encore quand je sortis de chez M. Fauvel ; les rues étaient silencieuses, obscures : la place déserte. Je vins m'asseoir à la hauteur où sont les moulins, en face du mont Icare, seule ombre qui parut autour de moi, parce qu'elle se détachait au loin sur un ciel étoilé. Peu à peu, pendant que je me livrais à de longues agitations intérieures, et que, préoccupé de projets d'avenir, de regrets et de songes, je ne comptais plus les heures, l'aube du jour s'annonça, grandit, et longtemps après elle, un rayon de soleil parti de l'Hymette courut jusqu'au Cithéron. Je rêvais toujours ; cependant le retour de la lumière et cet éclat du jour qui colorait sous mes yeux les montagnes, les champs et la cité, mêlèrent quelques impressions nouvelles à mes rêveries. Au milieu des chimères qui se pressaient dans ma jeune tête pour m'affliger et me réjouir à la fois, il y eut encore une pensée pour cette ville désolée que j'allais quitter, pour ces ruines qui, m'avertissant de la fuite des années, me disaient d'abréger mes longues espérances [1]. Or, comme j'avais l'habitude de retrouver mes plus intimes sentiments chez ces grands poëtes, si habiles inter-

---

[1] . . . . et spatio brevi
Spem longam reseces.

HORACE, liv. 1ᵉʳ, ode XI.

prètes de l'âme, je n'abandonnai mon observatoire qu'en redisant avec le Tasse :

> Muoiono le città, muoiono i regni,
> Copre i fasti, e le pompe, arena, od erba;
> E, l'uom d'esser mortal par che si sdegni [1].

Après ces solitaires et tristes jouissances, après ces méditations perdues dans le vague des nuits, mais dont je me souviens comme si elles m'agitaient encore sur les ruines de la ville de Thésée, je rentrai dans le petit monde d'Athènes et je repris le cours de mes devoirs et de mes observations.

Quelques dames à moitié grecques, *protégées françaises*, attendaient mes adieux. J'avais vu auprès d'elles de jeunes Athéniennes, Grecques tout à fait. Je remarquai de belles figures régulières et blanches, de grands yeux noirs, des toilettes riches et pompeuses; mais des tailles nonchalantes, des démarches endormies; enfin des voix

---

[1] Tasse, Jérusalem dél., ch. xv, st. 20.
« Tu verò dubitabis, et indignabere obire. »
Lucrèce, ch. iii, vers. 1058.

aigres et glapissantes, que le dialecte athénien, l'un des patois les plus corrompus de la langue vulgaire, rendait encore plus désagréables à l'oreille.

Athènes, pendant mon séjour, s'était enrichie de beaucoup de mes compatriotes. MM. Martin, consul général, Duparquet, Ledreux, de Paris, M. Lebrun, de l'Académie française, voulurent bien accompagner M. Fauvel dans sa visite à la Vénus de Milo, que j'avais sollicitée; je regrettai que M. Huyot, le célèbre architecte, retenu dans son lit par de violents accès de fièvre, se trouvât hors d'état de nous suivre. Nous partîmes un peu tard d'Athènes, que je quittai la nuit, comme M. de Châteaubriand, de peur de la trop regretter le jour. La lune se leva comme nous arrivions au Pirée.

L'*Estafette*, pour être plus tôt prête à appareiller, s'était mise à quelques encablures du socle de l'ancien lion qui dominait le port d'Athènes, et qui, maintenant du haut de la grande colonne de la *Piazzetta*, veille sur le canal de Venise. Dès que la chaloupe nous eut conduits à bord, je me hâtai de faire dresser sur le pont les deux blocs de la statue, et rajuster sa chevelure détachée. M. Fauvel voulut d'abord la contempler à la lueur de la lune; puis on apporta des flambeaux. Le vieux consul ne se lassait pas de tourner autour de ce chef-d'œuvre de la sculpture antique, d'en expliquer artistement les beautés, le grand caractère, et l'époque. J'ai déjà dit ces détails, et si je les répète complaisamment, c'est qu'il les redisait lui-même avec enthousiasme à chacun de nous. Enfin ma Vénus obtint de mes compatriotes réunis les suffrages les plus complets et les plus unanimes. « Je suis venu en Grèce, « jeune comme vous, me dit M. Fauvel, en com- « pagnie d'antiquaires passionnés, lesquels ont « vieilli dans leurs investigations; mais ni M. de « Choiseul, notre patron, ni eux, ni moi, nous « n'avons jamais rencontré sur notre chemin une « telle bonne fortune. »

J'éprouvai une peine sincère en me séparant de M. Fauvel; j'espère pour lui qu'il ne partagea pas ce vif sentiment de regret; sa vie eût été trop triste, s'il eût dû s'affliger au départ de chaque voyageur reconnaissant.

CHAPITRE VINGT-CINQUIÈME.

SMYRNE.

LA MYSIE. LA BITHYNIE.

MOUDANIA.

(1820.)

—

« ¿ Pues hay cosa a la vista mas suave
« Que ver quebrando vidrios una nave
« . . Cuando corre veloz, sulca ligera;
« Y de los elementos amparada
« Vuela en las ondas, y en los vientos nada ? »

CALDERON., el Purgatorio, jor. I.

Y a-t-il rien de plus gracieux à voir qu'un vaisseau, quand il s'élance avec vitesse, sillonne légèrement les mers dont il brise le cristal, et, protégé par les Éléments, nage dans les vents, et vole dans les ondes?

Je n'allais plus qu'à la hâte, obligé de rétrécir mon itinéraire et d'en retrancher tout ce qui ne me ramenait pas directement à Constantinople.

Je ne puis dire avec quels vifs regrets je dus renoncer à voir Éphèse, sur laquelle j'avais tant compté; Samos, qui complétait si bien mon cours des îles de l'Archipel; enfin, le passage de Smyrne à Troie par le canal d'Antandros, qui devait me montrer Mitylène et quelques plages peu visitées de l'Asie Mineure. Je m'étais même créé certaines chimères sur cette dernière excursion, dont je faisais, dans mon esprit, une sorte de voyage de découverte. «Dieu, dit Homère, «n'accomplit pas toutes les pensées des hommes[1].» Ma route, désormais rapide et circonscrite, m'offrait plus de privations que de plaisirs.

Le 22 septembre, nous partîmes du Pirée dans la nuit. Les premières lueurs et le calme du matin nous trouvèrent à une centaine de toises de la côte septentrionale d'Égine. Nous étions en face du mont Panhellénien. C'est là que la fille d'Asope, dénoncée par Sisyphe, fut surprise, dit l'archevêque Mélétius, avec ce *libertin* de Jupiter (ἀσελγής). Égine fut aussitôt métamorphosée

---

[1] Ἀλλ' οὐ Ζεὺς ἀνδρεσσι νοήματα πάντα τελευτᾷ.
Homère, Iliade, ch. xviii. v. 357.

par son amant en cette île que nous voyons; Sisyphe fut condamné à rouler éternellement une roche dans le Tartare, et on éleva à Jupiter le magnifique temple qui frappait mes regards. En bonne morale, qui donc fut le plus coupable des trois ?

Ces grandes colonnes blanches du temple de Jupiter Panhellénien, ressortant sur la verdure des taillis, sont d'un merveilleux effet. L'architecture en est pompeuse. « Vous voyez, en face « de nous, ce temple si élevé où conduisent de « longs gradins. Il appartient à Jupiter [1]. » Ainsi dit le roi Æaque, fils de la nymphe Égine, aux envoyés athéniens; et je lisais ensuite avec admiration cette description terrible de la peste d'Égine, où Ovide a lutté quelquefois heureusement contre Thucydide et Lucrèce.

Vers midi, nous sortons du golfe d'Athènes. Un vent de sud-est nous fait passer rapidement devant le cap Colonne et Macronèse. Nous nous

---

[1] Templa vides contra, gradibus sublimia longis :
Juppiter illa tenet.
OVIDE, Métam., liv. VII, v. 587.

trouvons le soir dans cette espèce de grand lac que forment, avec Sunium et les montagnes de l'Eubée, les îles de Zéa, de Gyare et d'Andros. C'est là que commence la mer de Myrto, « sillon- « née, suivant l'expression d'Horace, par des na- « vigateurs tremblants [1]. » Le soleil se couche derrière le mont Pentélique, au milieu de sombres nuages. Placés ainsi à notre poupe, ces nuages, selon le pilote, nous promettent une heureuse et prompte traversée; en effet, nous filons huit nœuds par une brise directement favorable : nous doublons dans la nuit le dernier cap de Négrepont, la pointe de Bardia, village de l'île d'Andros, et nous fendons la vaste plaine de l'Archipel, là *où s'élèvent les plus hautes vagues*, dit *le Poëte*; car c'est ainsi que Platon, Lucien, Diodore, désignent Homère, comme si ce titre de poëte ne pouvait appartenir qu'à un seul homme.

Nous sommes de bonne heure devant Ipsara. Ipsara, île pierreuse et étroite, d'où devait partir, comme d'Hydra et de Spezzia, ses deux fidèles

---

[1] Myrtoum pavidus nauta secet mare.

HORACE, Ode 1.

sœurs, l'étincelle qui alluma l'incendie de la révolution grecque et qui éclaira son triomphe. A peine connue de l'antiquité sous le nom de Psyra, elle commençait depuis quelques années à s'enrichir de son commerce et à se faire une renommée par la bravoure et l'expérience de ses matelots. Cette île, fière de sa population, exiguë sans doute, mais intrépide et exercée aux luttes maritimes, voisine de l'Asie et de Smyrne, sentinelle de la Grèce, dominait au loin la mer Égée. Nous avançâmes vers Ipsara, assez près pour en voir le port encombré de barques pontées et de bricks marchands, la petite ville aux maisons blanches pressées, et ce monastère Saint-Nicolas, qui, plus tard, transformé en citadelle, devait ensevelir sous ses décombres quelques courageux Ipsariotes et plus de mille de leurs ennemis. — Après Ipsara, nous passons en vue du cap Noir, et des champs de Cardamyle que Scio nous montre sur sa côte occidentale.

Avant le soir, nous avions reconnu le continent d'Asie et atterré un peu au-dessus des campagnes d'Érythrée. De là, quelques bordées heureuses nous firent doubler le promontoire

Argenne, le *Carabournou* des Turcs, et côtoyer les derniers versants du mont Mimas *aux cimes élevées* (ὑψικρήμνοιο[1]). Nous venions d'échapper à ce détroit que Nestor redoutait au retour d'Ilion. « Ménélas, dit-il, nous trouva à Lesbos, « comme nous délibérions sur notre navigation « future. Fallait-il, passant au-dessus de Chio, « nous diriger sur l'île de Psyra, la laissant à notre « gauche; ou bien prendre au-dessous de Chio, « auprès du Mimas, père des vents? Le dieu que « nous consultâmes nous ordonna de *couper* « *droit* sur l'Eubée par le milieu de la mer[2]. » Le mont Mimas, me disait le pilote, est toujours redouté des navigateurs insulaires. Ses cimes sont le séjour favori des nuages qui portent la tempête. Ce n'était pas la première fois que notre pilote se trouvait d'accord avec Homère, et la réputation de cette montagne n'a pas changé depuis Nestor jusqu'au pilote *Yorgos* de Milo.

---

[1] Homère, Épigr. sur Neptune, vers. 5.

[2] . . . . καὶ ἠνώγει πέλαγος μέσον εἰς Εὔβοιαν Τέμνειν.

Homère, Odyssée, liv. III, v. 175.

Nous suivîmes les sinuosités du golfe de Smyrne, portant nos regards sur les forêts de pins du Mimas, célébrées dans la Pharsale (*Pinusque Mimantis*), et sur ses vallées ombreuses qui descendent jusqu'à Clazomènes. La distance qui séparait cette ville, de Téos, patrie d'Anacréon, n'est que de sept ou huit milles : et le grand Alexandre avait formé le projet d'unir par un canal creusé dans cette direction les deux golfes de Scio et de Smyrne. Aujourd'hui, la petite hauteur qui domine ces ruines doit offrir une vue ravissante sur les eaux du grand lac de Smyrne, d'un côté, et sur le petit archipel de Scio, de l'autre. Pomponius Méla dit, avec une heureuse lucidité de description, que Téos et
« Clazomènes, baignées, unies et limitées par la
« mer, sont adossées l'une à l'autre, de telle sorte
« que se touchant, elles font face néanmoins à
« deux golfes opposés[1]. »

---

[1] Hinc Teos; illinc Clazomena : et quia terga jungunt confinio adnexa maris, diversis frontibus diversa maria prospectant.

Pomponius Mela, ch. xvii.

Nous dépassons, à l'entrée de la nuit, les îles de Bourla, désignées successivement sous mille noms divers ; *Péristérides,* îles des Colombes, *Laguses,* îles des Lièvres, *Alopéges,* îles des Renards : elles sont encore célèbres par l'abondance du gibier qu'inquiètent uniquement les équipages des vaisseaux en relâche. Les brises défavorables nous ayant contraints de mouiller à quatre milles environ en dehors du château de Smyrne, vieille forteresse, moins ruinée que tant d'autres citadelles turques, je ne pus débarquer à Smyrne que le 24 septembre, après avoir dépassé les bas-fonds des sables amoncelés par l'embouchure de l'Hermus. Parti de l'Attique, j'avais atteint l'Ionie en quarante-deux heures. Il semblait que les vents et les ondes eussent compris tout l'intérêt que je mettais, cette fois, à presser ma course.

Je quittai à Smyrne *l'Estafette,* qui devait reprendre son rang dans la flotte stationnaire du Levant. La gabarre *la Lionne,* détachée à son tour, devait ramener l'ambassadeur en France. On attendait à chaque instant ce vaisseau, sur lequel j'avais compté pour me rendre à Constantinople; mais, pendant trois jours, je ne vis rien venir qu'un vent de nord direct, lequel fermait à toute navigation le détroit des Dardanelles et la mer de Marmara. Je me déterminai alors à prendre la voie de terre, et à gagner, à travers l'Asie Mineure, l'échelle de Moudania sur la Propontide, d'où le trajet maritime jusqu'au Bosphore était possible à peu près en tout temps : ce passage m'était d'ailleurs tout à fait familier, pour l'avoir pratiqué maintes fois, quand j'allais à Brousse, au mont Olympe, ou aux eaux thermales de Tchekerdgé.

Pendant ces jours d'une longue attente, je logeais à Smyrne chez le consul général de France, lequel venait de s'installer sur le bord de la mer, vers l'endroit des faubourgs appelé *la Pointe*, dans la jolie maison du gouverneur récemment décapité. Les petites répugnances délicates qu'on peut, en pareil cas, éprouver en Europe, n'atteignent pas en Orient; d'ailleurs, n'avais-je pas, sur le Bosphore, en face de la mer Noire, habituellement dormi sous les poutres du grand palais de bois que la Sublime Porte donna à la

France impériale, après l'avoir confisqué sur le malheureux prince Ypsilanti?

Animés des mêmes goûts, nous abrégeâmes, M. David et moi, le temps de nos conférences consulaires, pour donner tous nos loisirs à nos entretiens sur les lettres de notre âge et des âges passés. Le consul, habile et judicieux critique, connaissait à fond cette littérature qui sut vivre, je n'oserais dire fleurir, pendant nos tristes révolutions; il avait écrit dans les feuilletons des grands journaux périodiques, maîtres de l'opinion littéraire alors plus qu'aujourd'hui. Il avait connu Lebrun, Ducis, Chénier, Andrieux, Fontanes, et surtout Delille. Cette époque, ou cette phase de notre littérature, méprisée de nos audacieux novateurs, n'était pas, ne leur en déplaise, sans quelque prix. M. David voulut bien entremêler à ses leçons de critique quelques lectures d'un poëme qu'il achevait, l'*Alexandréide*; et j'aimais à entendre dire, sur les ruines de l'*Homéréum*, grand portique dédié à Homère, les vers suivants :

> Et toi, des nobles cœurs, divinité chérie,
> Toi qu'Homère invoqua dans sa belle patrie,

Muse, quitte à sa voix les rives du Mélès,
Les grottes du Sipyle, et les bois de Thalès.

Nous allions, en commentant et en récitant l'un à l'autre les vers de nos grands poëtes, tantôt sur une colline en dehors de l'enceinte de la ville moderne, visiter les débris du théâtre de l'antique Smyrne : de là, nos regards passant par-dessus les cyprès du champ des morts, et les rues bruyantes de la populeuse cité, dominaient le golfe, ses îles, les campagnes de l'Hermus, les premières plaines de l'Éolie, et s'arrêtaient, vers le sud, aux sommets du mont Pagus et du Coryce; tantôt nous cherchions les frustes enchâssés dans les murs de la citadelle, et nous regardions défiler sous nos pieds les longues caravanes des chameaux chargés des trésors de l'Inde et de la Perse.

Je voulus surtout voir les grottes d'Homère et le cours du Mélès. Je devais ce pèlerinage à ma pieuse admiration pour le divin poëte. J'avais vu à Scio les lieux qu'il habita; j'avais aperçu le rocher de l'île d'Ios où fut, dit-on, déposée sa tombe; il me restait à connaître son prétendu berceau. Quelques jeunes dames, au langage et au costume grecs, n'ayant d'européen que le titre de *Protégées*, que leur donne notre orgueil national, mais dont la grâce et la beauté sont tout ioniennes, eurent la fantaisie de nous accompagner dans cette excursion poétique. Nous partîmes ensemble du village de *Bournaba*, où elles habitent au milieu des orangers fleuris et à l'abri des platanes. La route fut d'abord aride et pierreuse. Nous trouvâmes peu d'eau et peu d'ombrage aux rives du Mélès. C'était donc là ce *fleuve aux belles ondes*, ainsi le désigne Pausanias : ce fleuve que Solinus nomme *le premier des fleuves de l'Asie*[1]. Quel magique ascendant exerce donc, au travers des siècles, ce puissant Homère, pour faire oublier à de tels géographes l'Euphrate et le Gange? Maintenant, le Mélès, dans la saison pluvieuse, peut à peine faire tourner les deux roues d'un moulin. Je ne voulus y voir, néanmoins, que le divin fleuve qui présida à la naissance d'Homère, et je bus quelques gouttes de ses eaux en l'honneur du poëte. On me fit remar-

---

[1] Inter flumina Asiatica facilè præcipuus amnis.

SOLINUS, ch. XLIII.

CHAPITRE XXV. 485

quer ensuite un rocher escarpé, une sorte de niche tumulaire creusée dans le roc, enfin les caves qu'on nomme *grottes des Nymphes.* Nous reprîmes la route de Smyrne, peu frappés de ces antiquités douteuses, et devisant avec nos jeunes dames, bien plus des plaisirs agités d'un hiver de Smyrne que de souvenirs mythologiques. Nous passions sur des plaines cultivées en partie, puis sur les sables et les cailloux du Mélès; quelquefois sous de beaux ombrages : quelques rameaux montraient déjà les teintes de l'automne; le bruit des feuilles sèches sous nos pieds mêlait à nos discours comme à nos silences une sorte d'impression mélancolique qu'il est très-doux de lire dans les grands yeux des filles d'Hélène et d'Aspasie.

Je laissai à Smyrne mon domestique, la Vénus de Milo, et mon chien, lesquels devaient passer à bord de *la Lionne,* et me rejoindre à Constantinople. Je partis le 27 septembre, à cheval, précédé d'un Tschirudgi (*conducteur*) et d'un janissaire. J'oubliais de dire que tout pressé que j'étais, j'eus encore le temps d'avoir à Smyrne un violent accès de fièvre, troisième et dernière suite de ma nuit passée sur le sable du Nil. Mon impatience d'arriver n'ayant fait jusqu'ici que ralentir ma course; et comme d'un autre côté je ne pouvais, en aucun cas, aller plus vite que ne le voulait mon cheval destiné à me porter pendant quatre grandes journées, je pris le parti de faire trêve à mes élans impétueux d'obéissance et de vélocité : et j'essayai de jouir encore à mon aise des dernières heures de ce voyage qui allait sitôt finir.

Sortis de l'enceinte et des faubourgs de Smyrne, qui fut, selon Philostrate, *la plus belle des villes sous le soleil*, et où ne restent plus les vestiges de cette magnificence, je passai d'abord, à côté de quelques ponts détruits par les torrents de la mauvaise saison, de petits ruisseaux que les premières pluies de l'automne avaient réveillés. La route suivit longtemps une large plaine chargée des chaumes jaunis de la moisson finie, et des germes déjà verts de la moisson future. Ici les campagnes, riches et fécondes, s'animaient sous la voix du laboureur. Ce n'était plus le sol raboteux et stérile du Péloponèse; ce n'était pas tout à fait la fertilité de la Syrie; les champs que je longeais portaient les traces d'une culture récompensée, et le chemin s'ombrageait de beaux mûriers et de grands platanes.

En gravissant la première hauteur qui allait me séparer du bassin de Smyrne, je jetai un dernier regard vers la ville et le golfe, un dernier soupir vers les campagnes d'Éphèse que je n'avais pu voir, et que le mont Pagus me cachait à l'horizon ; puis, descendant le revers de la colline, je dis adieu à la molle Ionie.

Après quatre heures d'une marche assez pénible, aux rayons d'un soleil ardent, et concentré dans les premières vallées qui précèdent la montagne, nous fîmes halte à Yaka-keui, petit hameau caché dans les feuillages. L'orge pour les chevaux, la pipe pour le Tschirudgi, du café pour le janissaire, et quelques fruits pour moi, ranimèrent nos forces. Bientôt après nous commençâmes à nous élever le long du mont Sipyle, patrie de la triste Niobé. Je cherchais des yeux, autour de moi, la statue de la plus malheureuse des mères ; « car maintenant, parmi les rochers
« et les cimes solitaires du Sipyle, là, dit-on, où
« se trouvent les grottes des nymphes qui vont

« danser sur les rives de l'Achéloüs, l'infortunée
« Niobé, changée en pierre par les dieux, semble
« nourrir encore ses douleurs [1]. » Ces paroles
qu'Achille adresse à Priam, en présence du cadavre d'Hector, pour essayer de consoler ce pauvre père par la comparaison d'autres maux plus grands encore que ses maux, m'avaient toujours ému jusqu'au fond du cœur.

En avançant sur la route frayée par les caravanes, des arbres robustes me couvrirent d'abord sous l'épaisseur de leurs rameaux; puis des arbousiers, des vignes rampantes, des taillis où se montraient encore quelques fleurs du cytise dans sa seconde saison; ensuite des bruyères fleuries et des genevriers. Notre ascension lente et circulaire dura longtemps; enfin, quand j'atteignis le dernier plateau du Sipyle, et son revers septentrional, j'avais encore une heure de soleil, suivant l'expression turque.

L'air était d'une grande transparence à cette hauteur, et la vue parfaitement belle. A ma gau-

---

[1] Ἔνθα, λίθος περ ἐοῦσα, θεῶν ἐκ, κήδεα πέσσει.

HOMÈRE, Iliade, liv. XXIV, v. 617.

che, les plaines de l'Éolie s'abaissaient jusqu'à la mer de Phocée; un peu plus loin, les collines de Pergame; à droite la vallée du Pactole, Sardes, le royaume de Crésus et la Méonie; devant moi, dans le lointain, *Ak-hisar*, bâti sur les ruines de Thyatire; sous mes pieds, la ville de Magnésie, et le cours de l'Hermus; et par-dessus les vallons et les vastes campagnes de la Mysie, je voyais blanchir à l'horizon les neiges de l'Olympe. De là, revenant vers l'est, mes yeux suivaient la chaîne de ces hautes montagnes qui, liées entre elles par le Termèse, le mont Cadmus et le Tmole, se penchant vers l'Ionie pour embellir Smyrne, vers Éphèse et Milet pour y verser les flots du Méandre, unissent les deux géants de l'Asie Mineure, l'Olympe et le Taurus.

A mesure que je descendais vers Magnésie, la grande scène m'échappait. L'air devenait froid; le soleil avait disparu; les objets commençaient à se confondre dans la plaine, et la fumée du soir s'élevait du toit de quelques cabanes dressées sur les flancs du Sipyle. Je songeais à ce terrible combat de Magnésie, qui fit tomber la puissance d'Antiochus le Grand, et livra l'Asie Mineure aux Romains: je me ressouvenais d'Annibal et de Scipion, les deux génies de la guerre, lesquels, pendant cette catastrophe, rapprochés sur le sol de l'Asie comme pour lutter encore, languissaient, le premier dans la Lycie, bloqué par la flotte des Rhodiens, le second malade dans la ville d'Élée. La bataille du mont Sipyle fut si sanglante, que trente mille hommes et Scipion l'Asiatique exterminèrent cinquante mille soldats du roi de Syrie. Je ne veux pas croire, malgré toute la gravité des historiens qui la rapportent, à cette horrible boucherie : ma pensée se détourne avec dégoût de ces guerres de conquête et de révolution si funestes à l'humanité. J'aime mieux porter mon souvenir sur ce malheureux Antiochus, lequel, peu de jours avant sa chute, apprenant dans sa ville de Thyatire, dont j'apercevais les ruines au fond des campagnes, que Scipion était malade à Élée, lui renvoya son fils pour adoucir ses souffrances, « et ce présent ne fut pas seulement bien doux au cœur d'un père, dit Tite Live, mais encore cette joie fut favorable à sa santé [1]. » Or, ce jeune

---

[1] Non solùm animo patrio gratum munus, sed corpori quoque salubre gaudium fuit.

TITE LIVE, liv. XXXVII, ch. 37.

fils de Scipion était le futur destructeur de Carthage.

Il n'était pas tout à fait nuit quand j'entrai à Magnésie; en voyant ses maisons sales et délabrées, je n'aurais jamais deviné, sans le secours de mes cartes géographiques, que le Pactole aux flots d'or (χρυσορρόας), depuis longtemps réuni à l'opulent Hermus (*turbidus auro,* ainsi l'appelle Virgile) coulait tout entier dans la plaine, et que tous deux concouraient à enrichir et à nettoyer les rues et les bazars de la ville.

« Seigneur, me dit le janissaire, en entrant au « kan de Magnésie, profitez bien des douceurs « de ce beau caravansérai; vous n'aurez pas tou- « jours un si bon gîte. » Faut-il dire ce que mon janissaire entendait par ce si bon gîte? C'était un long portique soutenu par quelques piliers, et donnant sur une cour obscure. D'étroites cellules, sans jour et sans air, ouvraient sur ce portique; vrais cachots d'une noire prison, où il n'y avait ni divan, ni chaise, ni lit, ni table.

On dressa bien tard dans cette galerie un plateau d'étain, autour duquel nous nous couchâmes sur une vieille natte, mon janissaire et moi.

Un peu plus loin était une seconde table où mangeaient un Turc et trois femmes à demi voilées. Le pilaw, unique plat que l'on nous servit, avait déjà disparu sous les doigts du janissaire plus que sous les miens, quand mon voisin vit ma détresse; et sur un de ses signes, une femme, assise sur le même tapis que lui, se leva, et vint me prier au nom du maître, avec quelques compliments orientaux, de m'approcher de leur repas. J'acceptai avec reconnaissance et empressement. « Prends place, ami, me dit le Turc; j'ai
« appris que tu es Français, et j'ai été autrefois
« bien traité dans ton pays; je suis allé à Mar-
« seille et à Lyon pour mon commerce de soie-
« ries, et je vis à Brousse. » J'avais souvent parcouru les quartiers et les rues de la ville de Prusias; je parlai de son heureuse situation, de ses mosquées et de ses fontaines, ce qui redoubla les politesses du marchand et la bienveillance des dames. Peu à peu, une sorte d'intimité s'établit; les voiles blancs qui recouvraient le menton et le front des convives, tombèrent comme par hasard, et je vis à côté du négociant l'élégante figure et les yeux noirs d'une charmante jeune

fille, devant laquelle les deux autres femmes gardaient une attitude respectueuse. Elle était vêtue des plus brillants tissus de la fabrique de son père; une ceinture de *Schalli* rose resserrait les plis de sa robe qui tombait jusque sur de jolis pieds renfermés dans des babouches brodées en or, et terminées en pointe. « Puisque tu « connais Brousse, seigneur Français, me dit la « jeune Bithynienne, juge si je dois regretter « dans ce vilain pachalik de Magnésie, les bazars « et les bains de la ville où je suis née. » — « Je « t'y ramènerai bientôt, ma fille, interrompit le « Turc; tu sais que je n'ai plus que pour peu de « jours à acheter des soies ici, et à y vendre mes « étoffes. » — « Bah! reprit-elle, ces jours sont si « longs! je meurs d'ennui; pourquoi ai-je con-« senti à ce voyage? mais apparemment c'était « dans ma destinée, ajouta-t-elle avec un soupir; « *ce qui est écrit sur le front ne peut manquer* « *d'arriver* [1]. » Après ce proverbe prononcé d'un air boudeur, la jolie Turque nous donna une espèce de sorbet qu'elle venait de composer avec

---

[1] Bascha iazilemisch olan guelmek vadzibdir.

une pâte de sucre et de cannelle, apportée dans des conserves; « Nous n'avons ici, nous dit-elle, « que l'eau bourbeuse de la rivière; ce n'est pas « comme à Brousse, où sont les sources les plus « fraîches, et la glace de la montagne; » puis elle jeta de l'essence de roses sur la barbe de son père, sur mes habits et sur mes mains. Le vieux marchand, un peu embarrassé des façons extra-musulmanes de sa fille, me dit seulement : « Ami « Français, c'est mon unique enfant : elle voyage « toujours avec moi; elle a l'habitude de dire et « de faire tout ce qu'elle veut; je me souviens « que c'était à peu près ainsi chez toi, parmi les « femmes de France. » Après les remercîments dus à une si cordiale hospitalité, je me retirai dans ma triste cellule; on y avait porté un peu de paille sur laquelle j'étendis les couvertures de mes chevaux; ma selle me servit d'oreiller. Comme ma porte ne fermait pas, le janissaire se coucha en travers pour la barricader. Je m'endormis profondément, et mes songes commençaient à s'embellir de l'image de la jeune Bithynienne, quand je fus réveillé par l'inexorable conducteur.

Je quittai Magnésie à quatre heures du matin; passant successivement l'Hermus, les chaussées antiques et modernes que ses inondations fréquentes ont rendues en tout temps nécessaires, et les longs marais de la plaine. Le jour vint, et j'admirai les belles campagnes de la Mysie. Dans ces régions heureuses habitent, j'ai presque dit, règnent les *Cara-osman-oglou*, famille quasi-souveraine et héréditaire, que la Sublime Porte a grand soin de confirmer dans sa juridiction, et d'investir à chaque génération nouvelle du pachalik de Magnésie. « Nous autres Musulmans, dit le terrible « Giaffir, tyran d'Abydos, nous ne faisons pas « grand cas des races, si ce n'est de la famille « de Cara-Osman, la première parmi les Tima- « riots sujets de l'Empire, laquelle n'a jamais « changé et ne changera pas [1]. » Cette petite dynastie ne compte que de sages magistrats, d'ha-

---

[1] We, Moslem, reck not much of blood;
But yet the line of Cara-osman
Unchanged, unchangeable hath stood
First of the bold Timariot bands.

LORD BYRON's, bride of Abydos.

biles cultivateurs, des observateurs fidèles des lois de l'Empire, et de fervents disciples de Mahomet. Ne serait-ce pas d'une de leurs branches, établie à Constantinople, que parle l'historien Cantemir, quand il désigne la famille la plus illustre de l'Empire ottoman, chez qui le Grand Seigneur dîne deux fois chaque année? Il ajoute que les hommes de cette lignée, façonnant à leur guise le dogme de la légitimité, n'ont que des esclaves et des concubines, pour ne pas mêler leur sang avec un autre sang illustre, et surtout afin d'éviter le danger de voir la race s'éteindre dans le cas où le nombre des femmes légitimes, permis par le Coran, viendrait à s'épuiser sans héritier mâle; or, il n'y a plus de risque avec des concubines en nombre indéfini. Ceci est une sorte d'hérédité semi-légitime, variété du genre, que je me flatte de faire connaître en Europe par ces détails, et que je recommande aux méditations de tous ceux qui, depuis trente ans, y ont créé, détruit, et recréé pour redétruire tant de légitimités et d'hérédités.

Je m'arrêtai à onze heures au village de Palamo, près d'un ruisseau que les Turcs nomment comme le Simoïs, Mendéré-Sou (*eau de la vallée*); mais point d'autre trait de ressemblance avec le fleuve divin. Il ne doit pas sa naissance *aux mille sources* du mont Ida [1], et il n'y a jamais eu de Troie sur ses bords. J'arrivai à Yaléga, petite ville dépendant encore du pacha de Magnésie, comme le soleil se couchait derrière les montagnes d'Ilion. Route de quatorze heures.

Le 29, nous nous remettons en selle à trois heures du matin; des brouillards froids et humides nous enveloppent longtemps. On s'arrête au village de Gourkeui, limite des pachaliks de Magnésie et de Brousse. C'est à peu près là que finissait autrefois la Mysie, et que la Bithynie commençait, avant que Rome, et plus tard Byzance, eussent mêlé et confondu sous un seul sceptre tous ces royaumes. Les plaines que je traverse portent les traces d'une grande fertilité. J'y vois des vignes chargées des plus beaux fruits; partout on nous offre les grappes dorées du

---

[1] Ἴδης ἐν κορυφῇσι . . . . πιδηέσσης.

Homère, Iliade, ch. xi, v. 182.

muscat; les Turcs eux-mêmes cultivent quelques-uns de ces riches vignobles; je n'ai pas l'indiscrétion de leur demander s'ils se contentent de manger le raisin en automne, et s'ils ne s'occupent pas aussi un peu à le boire en hiver. Vers le soir, j'arrive à Mansoura, après avoir passé quelques vertes collines et de fraîches vallées. Étape de quinze heures.

Aveuglément soumis aux ordres de mon Tschirudgi, il me dit de partir à minuit, et je pars sans murmurer. Il m'en coûtait un peu cependant de renoncer ainsi à ce sommeil qui, pour se venger des courtes heures de la nuit, me gagnait parfois le jour sur mon cheval, au point de me désarçonner. Deux heures après le lever du soleil, nous faisons halte à Sousougherlé, et je me promène longtemps sur le sable et les cailloux du ruisseau que M. de Châteaubriand a pris pour le Granique.

Le Granique, suivant Strabon (et le récit des historiens d'Alexandre s'accorde merveilleusement avec celui du géographe), prend sa source dans le mont Ida, et se jette dans la Propontide, entre Cysique et Lampsaque. Or, le mont Ida restait bien loin à notre gauche quand le grand écrivain, et moi, quinze ans après, nous suivions la route de Smyrne à Constantinople; la rivière qui passe à Sousougherlé vient des hautes collines que nous avions à notre droite, filles des ondulations que l'Olympe prolonge vers l'Asie Mineure; enfin ces mêmes eaux que M. de Châteaubriand voyait couler à Sousougherlé, perdues dans la rivière de Mikalitza, dont il fait une ravissante description, devaient le porter plus tard sous le nom du Rhyndaque, à la Propontide, où l'attendaient des spectacles si magnifiquement décrits.

Au reste, s'il advient que par cette rectification dont M. de Châteaubriand a sans doute, bien avant moi, reconnu la justesse, je le prive de l'honneur d'avoir vu le Granique, je demande à faire observer que je me soumets bénévolement aux mêmes regrets. Le cri de ma conscience de voyageur a dû être bien puissant pour donner au disciple la hardiesse de s'élever une fois contre les paroles du maître.

J'étais dans l'après-midi à Mikalitza; j'y passai quelques heures, me promenant dans les rues obscures et presque désertes de la ville. Ensuite, j'allai voir couler les eaux du Rhyndaque; enfin je revins à un kiosk assez élégant où mon dîner m'attendait. Ce fut un des meilleurs repas que j'aie faits en Orient. Mon hôte, propriétaire du kan de Mikalitza, et du kiosk où je reposais, avait pris à tâche de me faire connaître toutes les ressources de la cuisine turque. C'était du mouton coupé menu, et braisé sur des olives, des pigeons farcis d'amandes, des cailles en pilaw, des poissons du lac, au poivre et à la cannelle, des concombres au lait, des gâteaux, des fruits, des sorbets de cerise et d'orange.

De Mikalitza, remontant les bords du fleuve, je vins le passer à Lopat, sorte de petite Genève qui domine l'issue du Rhyndaque hors du lac d'Abouillonte, l'ancienne Apollonie, comme la grande Genève voit s'échapper le Rhône.

Après une courte station sur les bords du fleuve et du lac d'Apollonie, nés tous deux des neiges et des sources du mont Olympe, je continuai ma route par un ciel étoilé, mais sans lune. Nous cheminions en silence, dans l'obscurité, à travers de grandes plaines et de petites collines. Vers une heure du matin, je m'aperçus que nous n'étions plus sur une route frayée, mais bien au milieu des bruyères et des herbes. J'en avertis le janissaire, et le Tschirudgi avoua que nous avions perdu la droite ligne. Pendant trois heures, nous cherchâmes inutilement chacun de notre côté, quelque cabane d'où l'on pût nous remettre dans la bonne direction; nos cris ne réveillaient que des oiseaux cachés dans des buissons, et quelques perdrix qui fuyaient sous nos pieds. Enfin, un chien aboie dans le lointain, et nous reconnaissons la hutte d'un berger qui nous accompagne pendant près d'une lieue, et nous indique une nouvelle route vers Moudania. Nous nous étions trop écartés de notre première direction pour pouvoir la reprendre. Nous marchâmes jusqu'au jour dans les vallées et les derniers coteaux qui vont s'inclinant vers la mer. Je passai sur un petit pont le fleuve échappé de l'Olympe, qui baigne la ville de Prusias. C'est maintenant l'Ufer-Sou; c'était autrefois l'Horisius : et, comme le soleil se levait, j'arrivais sur le haut de la dernière colline, près de la mer, d'où ma vue s'élançait jusqu'aux ombres bleuâtres qui marquent, à l'horizon, la ligne des côtes européennes. De là, par-dessus la Propontide, j'apercevais les aiguilles de Sainte-Sophie et les minarets de la mosquée d'Achmet, droits et menus comme ces fils blancs qui, dans les jours de sérénité, s'allongent et se détachent aux rayons du soleil, sur l'azur des cieux.

Je débouchai sur la plage, un peu au-dessous du joli village de Triglia, et longeant le rivage de la mer, j'entrai à Moudania. Nos dernières étapes avaient cessé d'être régulières; l'erreur de notre guide ayant doublé le temps de notre marche nocturne, nos petits chevaux, forts et solides, nous avaient portés treize heures sans relâche. J'ai compté cinquante-huit heures de route de Smyrne à Moudania.

Moudania est le port de Brousse; et Brousse, ancienne capitale de l'empire ottoman, est une des plus belles villes de la Turquie asiatique. Entourés des monuments de leur antique puissance, au centre de leurs vieilles mosquées, les Musulmans y sont cependant moins fanatiques que dans toute cette Asie qu'ils considèrent comme leur patrie véritable et leur incontestable propriété. Rigides observateurs de leur loi religieuse, ils ne boivent que l'eau de leurs mille fontaines; et néanmoins, ils ont en général, à Brousse, des mœurs douces et bienveillantes. « Mes accusateurs, dit Démosthènes, prétendent « que, comme je ne bois que de l'eau, je dois « être une sorte d'homme difficile à vivre, et « d'humeur acariâtre [1]. » Les ondes qui s'échappent de l'Olympe n'ont pas la triste vertu des sources du mont Hymette.

Un vent violent s'opposait directement à la sortie du golfe; les vagues se couronnaient d'écume; aucune barque ne voulut mettre en mer, et je dûs passer la journée du 1er octobre à Moudania. La ville ne m'était pas inconnue; dès que je me sentis un peu remis des fatigues de la longue route et de l'insomnie, j'allai revoir le docteur Kelli, médecin franc établi depuis trente ans en Bithynie; puis des négociants français et grecs que j'avais cherchés dans mes précédents

---

[1] Λέγονται ὡς ἐγὼ μὲν ὕδωρ πινῶν, εἰκοτὼς δυσκολὸς καὶ δυστρόπος εἰμὶ τὶς ἄνθρωπος.

DÉMOSTHÈNES, 6e Philippique.

voyages. On m'apprit les nouvelles du pays : la production des soies avait été très-abondante; il y avait eu affluence d'Asiatiques et d'Européens aux sources minérales de l'Olympe; on disait tout bas que le nouveau pacha de Brousse allait être appelé à la lieutenance de l'empire; son prédécesseur immédiat à Brousse occupait alors ce poste si envié, et avait remplacé lui-même l'ancien pacha de Brousse, Dervish-Effendi, comme si la capitale de la Bithynie était devenue l'école et la pépinière des grands vizirs.

Le 2 octobre, le vent ayant faibli, pendant que je disposais mes bagages dans mon bateau, et que je m'enorgueillissais de suivre ainsi l'exemple d'Alcinoüs, roi des Phéaciens, « lequel « s'occupa lui-même de placer les trésors donnés « à Ulysse sous les bancs de la barque, de ma- « nière à ce qu'ils ne gênassent point les mouve- « ments des matelots quand ils se serviraient des « rames [1]; » au moment où j'allais partir, je re-

---

[1] Αὐτὸς ἰὼν διὰ νηὸς, ὑπὸ ζυγὰ, μή τιν' ἑταίρων
Βλάπτοι ἐλαυνόντων, ὁπότε σπερχοίατ' ἐρετμοῖς.

HOMÈRE, Odyssée, liv. XIII, v. 21.

CHAPITRE XXV.

connus sur le rivage un prêtre grec que j'avais vu quelquefois chez l'archevêque d'Éphèse; il revenait des eaux de Tchekerdgé, et ayant appris que je venais de noliser un piadet pour Constantinople, il me priait de lui accorder une place à côté de moi jusqu'aux îles des Princes. J'y consentis avec joie; je savais que le pappas Méléti était un homme d'esprit et d'érudition. Nous nous embarquâmes aussitôt. Ce fut avec beaucoup de peine que nos huit rameurs atteignirent la pointe de Bos-Bournou, autrefois le cap Posidion, qui sépare la mer de Nicomédie du golfe de Ghemlé, l'antique Cius.

Nous nous traînâmes encore pendant quelques heures, malgré une mer houleuse, le long des rivages de Kisil-Kaïasi, passant lentement les coteaux et les petites vallées que le mont Arganthon abaisse vers la plage. Arrivé au village de Katirli, l'équipage, épuisé de forces, déclara ne pouvoir passer outre. C'est là que s'embarquent chaque jour les blocs de glace arrachés à la haute région de l'Olympe; enveloppés de feutre, ces glaçons descendent sur le dos des mulets à Katirli, d'où un service régulier de bateaux les emporte pour rafraîchir les breuvages du sérail et de la grande ville.

J'allai, accompagné du pappas Méléti, voir défiler sur la colline ces caravanes de mulets. Nous revînmes ensuite sur la grève solitaire « où les « longues vagues écumeuses mouraient en bruis- « sant » à nos pieds [1]. Le prêtre grec me racontait sa vie. Il était moine de l'ordre de Saint-Basile; il avait habité les couvents du mont Athos, dont il me dépeignait la solitude et les austérités. Il avait obtenu du Synode de mêler quelques voyages aux méditations de la vie ascétique; il avait vu l'Italie et Vienne. Il savait très-bien le latin. « C'est en Europe que j'ai appris cette langue, « me dit-il; en Orient, elle est à peine connue. « Les Grecs la négligent : d'abord, parce que « l'étude élémentaire en est longue et difficile; « ensuite, un peu par mépris : car enfin nous « fûmes les devanciers des Romains, leurs modè- « les, et presque leurs pères dans les lettres..... « Je voulais surtout voir Paris, et apprendre le

---

[1] Ἐν καθαρῷ, ὅθι κύματ' ἐπ' ἠϊόνος κλύζεσκον.

HOMÈRE, Iliade, ch. XXIII, v. 60.

« français; mais vos révolutions m'en ont empê-
« ché......... Il me faudra donc mourir sans
« avoir lu Rousseau et Voltaire, dont j'ai tant
« entendu parler. » — « Eh quoi! répliquai-je,
pappa Méléti, si je regrettais de ne pas connaître
assez le grec pour lire vos sophistes modernes et
vos hérésiarques, ne me consoleriez-vous pas de
ce léger malheur?......... Mais puisque rien
ne nous écoute, que la mer et le vent, *nil nisi*
pontus et aer, êtes-vous donc avide d'une de ces
révolutions nées de l'athéisme, qui ensanglan-
tent le monde, et d'où il ne sort que malheur
et confusion? Je vous croyais plus sage. » —
« Oh! bien au contraire, me répondit le pappas
« Méléti; quand nous viendra ce changement
« tant souhaité (et le jour ne peut en être loin),
« ne vous y trompez pas, c'est à la religion seule
« que nous le devrons. Vous le voyez, dans cette
« attente, tous nos vœux se tournent vers le
« Nord...... Les Russes tiennent de nous leur
« religion, et nous sommes les plus antiques
« chefs de leur culte. Une fraternelle communauté
« s'est jurée entre nous, dès les premiers siècles de
« notre église; les czars ont toujours eu mission

« divine pour opérer cette réunion sous un seul
« sceptre; et c'était un devoir dont chaque em-
« pereur grevait la conscience de son successeur,
« jusqu'à Pierre Ier. — Les Français, qu'un épi-
« sode de leurs guerres saintes avait placés sur
« le trône de Constantinople, n'ont pu s'y main-
« tenir, domptés par l'attrait de la beauté, la
« mollesse du climat, et par des mœurs nouvel-
« les. — L'empire latin n'ayant plus de romain
« que le nom, la discipline des armées, l'admi-
« nistration des provinces s'étant tout à fait cor-
« rompues, nos chefs ne purent opposer aux
« barbares d'Asie qu'un gouvernement sans force
« et une milice énervée. — Les Russes tentent
« d'autres voies pour parvenir à la domination
« de ces mêmes provinces que les Romains ont
« longtemps, et les Français passagèrement oc-
« cupées. C'est lentement que se prépare leur
« triomphe; mais il est assuré. Les Turcs, dont
« on méconnaît en Europe l'habile politique,
« sont peut-être le seul peuple qui eût su retar-
« der ce triomphe aussi longtemps. Gardant
« quelque chose de la générosité du sang tartare,
« et puisant une sage modération dans le Coran,

« les ministres turcs, ou pour mieux dire, leur
« directeur suprême, permet les cultes étrangers.
« Il protége hautement notre rit contre les pré-
« tentions de nos frères chrétiens; cette marche
« est sage et adroite, mais elle a fait son temps.
« Aujourd'hui, le croissant qui couronne le dôme
« de Sainte-Sophie doit tomber devant la croix
« de Constantin. Malheureusement, je suis trop
« vieux pour voir ce beau jour où les Grecs,
« réunis aux Russes, chanteront sous les voûtes
« de la grande église : Δοξὴ ἐν ὑψίστοις Θεῷ, καὶ ἐς
« τὴν γῆν εἰρήνη, *Gloire à Dieu dans les cieux, et*
« *paix sur la terre.* » En disant ces mots, le vieillard enthousiaste s'était mis à chanter les paroles
grecques, comme à la liturgie. . . . . Nous
continuâmes sur un ton plus calme, et revenus
à la barque, nous y reposâmes jusqu'à minuit.

A cette heure, l'équipage reprit la mer; un
vent d'est souffla des montagnes de Nicomédie;
nous atteignîmes de bonne heure l'île de Calki.
« Venez vous délasser sous les ombrages de notre
« joli couvent de la Triade, me dit le caloyer;
« vous y trouverez une hospitalité franche et
« douce, et, si je ne me trompe, vous éviterez

« ainsi l'orage qui se prépare. » — Je vous remercie, pappa Méléti, lui répondis-je ; mais un de ces poëtes latins, dont les Grecs ne font pas grand cas, a dit, en revenant, comme nous, de la Bithynie : « Oh ! qu'y a-t-il de plus doux pour « le voyageur lassé d'une course lointaine que de « voir finir ses inquiétudes, de sentir son esprit « dégagé de tout fardeau, de s'asseoir au foyer de « sa maison et de reposer sur le lit qu'il a tant « regretté ! cela seul peut le dédommager de « toutes ses fatigues.... [1] » J'étais assez jeune pour trouver je ne sais quoi de piquant à citer des vers de Catulle à un moine grec.

Je continuai ma route, et, pendant que je prenais quelques notes sur mes causeries avec le pappas Méléti, le tonnerre gronda, les nuages s'amoncelèrent sur la Propontide : nous étions à la hauteur de Chalcédoine et au milieu des

---

[1] O quid solutis est beatius curis !
Quùm mens onus reponit, ac peregrino
Labore fessi, venimus ad Larem nostrum,
Desideratoque acquiescimus lecto.
Hoc est, quod unum est pro laboribus tantis.

CATULLE, Carm. XXXI, v. 7.

éclairs, quand nos rameurs abordèrent précipitamment au rivage : tirant à terre la barque, ils la couchèrent sur le côté, la soutinrent à l'aide de leurs avirons, tournèrent sa carène contre la tempête et me firent asseoir avec eux sous cet abri improvisé qui nous garantit de la pluie et de la grêle. Cette manœuvre nautique m'était entièrement inconnue.

L'orage passé, quelques minutes suffirent pour nous relancer en mer; je longeai les cyprès de Scutari, la tour de la Jeune Fille (*Keus Skelessi*), et, saluant le sérail, j'abordai à l'échelle de Topanhé. Là, j'échangeai aussitôt mon lourd piadet contre un de ces caïques à trois paires de rames, légers coursiers du Bosphore; plus rapides que les bateaux à quatorze rames destinés aux ambassadeurs, et même que les barques à vingt-deux rames, privilége des grands vizirs, ils ne le cèdent en vitesse qu'au piadet impérial, qu'agitent vingt-huit ailes dorées [1]. En moins de

---

[1] . . . . . εὗρε' ἐρετμά, τά τε πτερὰ νηυσὶ πέλονται.

« Ces rames faciles à manier, qui sont les ailes des vais-
« seaux. »

HOMÈRE, Odyssée, liv. XXIII, v. 272.

deux heures, je remontai les courants du Bosphore, et, vers la nuit, je mis pied à terre au palais de France, à Thérapia. Il y avait près de cinq mois que j'avais quitté Constantinople.

CHAPITRE VINGT-SIXIÈME.

CONSTANTINOPLE.

APPRÊTS DE DÉPART.

(1820.)

—

« Determinei de assi nos embarcarmos
« Sem o despedimento costumado;
« Que postoque he de amor usança boa
« A quem se aparta, ou fica, mais magoa. »

CAMOENS, Lusiade, ch. vi, st. 93.

Je résolus de partir sans les adieux accoutumés; car, bien que ce soit un usage louable en amitié, il n'en est que plus douloureux à celui qui part, comme à celui qui reste.

J'AURAIS beaucoup à dire sur Constantinople que j'ai si longtemps parcourue, et tant étudiée. Quatre ans d'un séjour assidu dans cette belle capitale m'ont fait connaître ses mosquées, ses bazars, ses ports, ses grandes places, ses rues sombres, ses ruines de tant d'époques, et peut-être quelques-uns de ses mystères. Le large fleuve du Bosphore n'a pas dans tout son cours, sur l'une ou l'autre de ses rives, un kiosk impérial, un palais arménien, turc ou grec, un carrefour obscur, une fontaine et un bocage que je n'aie plus d'une fois visités. Mais je rougirais de grossir le nombre de ces feuilles de tant de souvenances, vrais haillons mal cousus que j'ai mis comme les rapsodes, mes prédécesseurs, sous la protection d'Homère. Un jour, si mon journal et mes volumineuses notes sur Constantinople me paraissaient dignes de quelque attention, je pourrais tenter de les produire. Maintenant, je borne à ces voyages tous mes récits; c'est assez pour moi, et c'est peut-être trop pour les autres.

Arrivé à Péra deux jours avant le marquis de Rivière; je devais en partir vingt-quatre heures après lui; et pendant que son vaisseau lui faisait voir l'Archipel et la Méditerranée, j'allais traverser l'Europe pour le rejoindre à Paris. Je me hâtai de remettre à l'ambassadeur un compte rendu de la mission que le roi m'avait confiée. J'en avais dressé, par chapitres, des dépêches détaillées et nombreuses. Là, se trouvaient toutes les idées politiques, toutes les conjectures de l'avenir, toutes les utopies qui, dans les rêveries de mon voyage, et les accès de mon zèle, s'échappaient de ma jeune imagination : puis des notions positives, des considérations commerciales, et quelques plans dont l'exécution me paraissait utile aux intérêts de mon pays. M. de Rivière porta lui-même mes travaux au duc de Richelieu, lequel, passionné pour l'Orient, les plaça, à son tour, sous les yeux de Louis XVIII. Le roi et son ministre m'en parlèrent avec bonté. Il en fut question un jour ou deux à l'hôtel des affaires étrangères, un peu moins longtemps qu'aux Tuileries : ensuite, ils passèrent je ne sais où ; et on aurait bien de la peine aujourd'hui à en retrouver la trace. Cependant quelques projets favorables à notre influence politique et commerciale, projets dont je me flatte en secret d'être le promoteur, ont reçu leur application, amenés bien moins par la lecture de mes rapports que par la force des choses. Et tout ceci, je le dis sans la moindre amertume. Tant d'écrits plus importants sont allés mourir dans les mêmes obscurs et impénétrables abîmes! Ce n'est la faute à personne : les heures passent si vite! D'ailleurs, certaines idées ne vivent qu'un jour comme la rose et même comme la fleur du lis. Puis-je exiger du temps que, pour moi seul, il arrête la fuite des années, et qu'il suspende le cours des ondes de l'oubli?

Tout près de rompre pour toujours mes longues familiarités avec le Bosphore, Byzance et ses habitants si divers, je voulus revoir successivement les beaux lieux dont je faisais le but de mes courses favorites, *les Eaux douces* où j'avais assisté à de si brillantes fêtes, l'Atméidan, les ruines du palais de Bélisaire et les bois de cyprès qui entourent les magnifiques tombes d'Eyub. L'avenue qui conduit au champ des morts de ce faubourg vénéré, est couverte de ces boutiques aux mille couleurs, délices des petits enfants turcs, où l'on ne vend que des hochets : n'était-ce pas déjà Paris? et la *rue de la Folie* ne mène-t-elle pas au *cimetière du Père Lachaise?* Je revenais ensuite par la rade profonde vers le sérail, et passant les élégants palais impériaux des deux rives, je portais mes adieux à Kandili, ma promenade de prédilection ; là, où le Bosphore semble soumettre tous ses flots à ce village silencieux et solitaire. La prairie de Buyuk-Déré et ses beaux platanes eurent aussi quelque part à mes regrets; enfin, je voulus dominer encore une fois les plaines nuageuses de la mer Noire, et adresser un dernier hommage aux Cyanées, témoins de mes longues chasses et de mes plaisirs.

Je ne puis détacher ma pensée de ce festin fatal auquel j'assistai chez le prince Callimaki, ancien Hospodar de Moldavie. Les portes grecques, que la crainte et les mœurs orientales tiennent presque toujours fermées aux Européens, s'étaient ouvertes pour moi. C'était près de la pierre où Médée broyait ses poisons, dans ce grand palais qui fait face au Bosphore, et qui regarde par-dessus le détroit, la délicieuse vallée de Tokat, comme la montagne du Géant. On célébrait les noces de la jolie princesse Ralou Callimaki avec un hetman Moldave. Nous étions soixante conviés autour d'une table opulente.

Les archevêques de Césarée et d'Éphèse, les princes et princesses Morusi, Soutzo, la nombreuse famille des Callimaki, les Spathars, les Postelnicks, enfin, le patriarche Grégoire qui venait de terminer la cérémonie du mariage. Tout à coup le canon d'un vaisseau français, mouillé à Thérapia, retentit dans le Bosphore où l'artillerie turque a seule le droit de gronder. Le drapeau blanc, que, de nos fenêtres, nous voyons flotter sur le palais de l'ambassade, s'abaisse et s'élève trois fois pour répondre. On se regarde; on me demande pourquoi ces honneurs inusités. Je ne savais que dire : mais à l'instant un janissaire est introduit. Orné de son casque de cérémonie au long feutre, il s'avance gravement vers moi, me remet un billet de l'ambassadeur, et, debout, appuyé sur son bâton blanc, il attend mes ordres. Ces lignes me disaient qu'un fils du malheureux duc de Berri venait de naître pour perpétuer la race antique et légitime de nos rois. Je traduis en grec la grande nouvelle : aussitôt on m'entoure; la joie éclate sur tous les visages : chacun veut lire l'heureuse lettre. Les princes agitent leurs verres pour boire à la santé de l'auguste enfant ; la jeune épouse sourit au doux augure de la naissance d'un fils annoncée pendant le repas du jour de ses noces. « Honneur et gloire à la « France, me crie le patriarche Grégoire d'une « voix éclatante, voilà le repos du monde assuré! » . . . . Six mois encore, et cette voix va s'éteindre. Ces princes vont tomber sous le glaive ou le lacet. Ces princesses, chargées de diamants et de fleurs, s'échapperont veuves et mendiantes vers les terres étrangères : leurs filles, les plus jeunes et les plus belles, seront vendues et esclaves, les archevêques décapités, le patriarche Grégoire pendu ! . . . . Plus tard, le torrent des révolutions qui roule tant de sang dans ses flots, ne devait pas même épargner le janissaire, témoin inattendu de nos joies. . . . . Bientôt aussi, ce prince, qui vient de voir le jour, entouré de tant d'espérances et de vœux, ce fils de saint Louis et de Henri IV, sera, malgré son jeune âge et son innocence, chassé de son royaume, exilé de sa patrie, et menacé de la mort comme un odieux ennemi. Enfin, atteint moi-même par de tels

revers, je devais rester presque seul, parmi tant de convives, pour pleurer leurs destinées évanouies. . . . .
. . . .
. . . .
. . . .

M. le marquis de Rivière partit pour la France le 29 octobre. Je fus témoin de ses adieux à la grande ville où il venait de résider pendant près de cinq ans. Il eut l'estime profonde de ce peuple musulman, juste appréciateur des vertus sociales, des nobles dévouements, et surtout des sentiments religieux. Il emporta de Constantinople de vifs regrets et des vœux sincères. Quant à ce qu'il a emporté de moi dans une patrie meilleure, mon cœur le sait, mais ma voix ne saurait le dire. Il a laissé dans ma mémoire reconnaissante une grande image, et des souvenirs que le temps ne peut effacer.

Cependant, je voulais résister à cette affligeante pensée que je considérais pour la dernière fois ces belles mers, ces îles et ces montagnes de l'antique Byzance. Peut-être ma carrière diplomatique, commencée quand j'étais si jeune, me laissait-elle espérer que je retournerais un jour en Orient. Je ne savais pas qu'on ne voit guères deux fois de si lointains rivages, et surtout qu'après les avoir parcourus sous le prisme d'une imagination heureuse, avide d'illusions et de chimères, il ne faut pas venir plus tard, leur demander des jouissances que la raison et l'âge désenchantent, et y chercher d'affligeantes réalités. Toutefois, j'essayais de me tromper moi-même et les autres, en promettant à mes amis un retour prochain, et en me dérobant à nos adieux.

CHAPITRE

VINGT-SEPTIÈME.

LA ROMÉLIE ET LA VALACHIE.

ANDRINOPLE ET BUCHAREST.

(1820.)

Le soleil reviendra demain les visiter ;
Et moi, c'est pour jamais que je vais les quitter.

MICHAUD, Printemps d'un proscrit, ch. III.

Je partis de Constantinople le 30 octobre vers midi. Lorsque, après avoir passé les fleuves Barbysès et Cydaris réunis dans la vallée *des Eaux douces*, j'atteignis la colline au-dessus d'Eyub, je me retournai pour adresser un dernier adieu à la plus belle ville du monde, aux ruines du palais de Constantin, aux grands murs des empereurs, aux dômes resplendissants des mosquées, et à ces mers étincelantes sous les feux du jour. Encore un pas, et je me trouvai au milieu des bruyères arides, dans la haute plaine ondulée que termine sur la Propontide le village de San-Stephano. Des sentiers battus l'un près de l'autre, quelques vestiges assez rares de la roue des *Arabas*, indiquent la route; je la suivis jusqu'à la masure d'un derviche, où j'avais résolu de passer la nuit. Cet asile m'était familier; combien de fois n'avais-je pas dormi sous son ombre, quand je venais chasser dans les solitudes de *Kutchuk-tchekmedgé!* Je voulais revoir le vieux Turc qui nous donnait de si bon cœur sa pauvre hospitalité, et qui se mêlait parfois à nos joyeuses soirées. Je me promenai seul et pensif sur les bords du lac. Il était couvert d'oiseaux sauvages, de foulques et de plongeons, comme au temps où je venais les poursuivre. Maintenant ces plaisirs d'une jeunesse heureuse ont fait place aux soucis d'une destinée incertaine.

Je franchis, le lendemain au lever du soleil, les grands et petits ponts construits par Sélim pour faire écouler dans la mer de Marmara les eaux qui sortent des grandes forêts de la Thrace. Ma suite se compose d'un guide, de l'expérimenté Mustapha, que j'avais choisi pour son zèle et son activité éprouvée, parmi les janissaires veillant à la porte du palais de France, et de deux domestiques : cinq personnes et six chevaux.

Dans les plaines de Kombourgas je rencontre une bruyante troupe de jeunes garçons vers lesquels le janissaire s'élance, usant de son fouet à droite et à gauche : le petit bataillon se débande, et fuit à toutes jambes par les champs voisins, en nous accablant d'injures. « Seigneur, me dit « Mustapha, ces petits misérables que vous voyez « si bien courir et parler, ce sont les muets et les « boiteux qui demandent l'aumône dans tous les « quartiers de Constantinople; je ne les vois ja- « mais sans colère. » Nous laissons à gauche une bourgade grecque, assez heureusement située sur une colline penchée vers la mer, et nous entrons à Sélivri après neuf heures de route.

Pendant que mon souper se préparait à l'unique taverne de Sélivri, je vis arriver sept ou huit cavaliers par la route d'Héraclée. Trois seulement pénétrèrent dans le hangar où j'étais établi. L'un d'eux, d'une figure pâle, d'un corps amaigri, paraissait approcher de l'âge de quarante ans : couvert de vêtements somptueux, il marchait le premier, et semblait être pour les deux autres un objet de respect autant que de surveillance. On apporta un grand plateau d'étain autour duquel nous nous assîmes sur nos talons. Le nouvel arrivé prit place sur un coussin qu'on emprunta pour lui à un divan du voisinage. Il mangea peu, et garda le silence. De temps en temps quelque soupir s'échappait de sa poitrine oppressée, et ses yeux erraient sur les murs de la taverne, comme si sa pensée n'était pas avec nous. Je me tus aussi, et je prêtai peu d'attention à la conversation insignifiante de nos janissaires. Nous nous levâmes bientôt, il me souhaita tristement une nuit heureuse; je mis la main sur mon cœur, en lui adressant le même vœu, et je ne le vis plus.

« Savez-vous, Effendi, » me dit le jour suivant le maître de l'auberge; « savez-vous avec qui « vous avez soupé hier ? » — Non vraiment, mais

ce doit être un homme bien malheureux. —
« C'est Vély, l'ancien pacha de la Morée, le fils
« du vizir d'Ianina; il a fait sa paix avec le pa-
« dischah qui l'envoie résider dans l'Anatolie. »
Ainsi donc je venais de voir un fils de la belle
Émineh et du féroce Ali-Pacha. Pour lui comme
pour son frère Mouctar, la paix avec la Porte ne
fut qu'un acheminement vers la mort. Le tyran
eut encore le temps d'apprendre la fin de ses
malheureux enfants, et de dire : « Ils avaient
« trahi leur père, oublions-les. » Mais, à côté du
Néron de l'Albanie, apparaît, dans cette dernière
tragédie de l'Épire, la jeune et noble figure du
fils aîné de Mouctar. « Ali, s'écria-t-il, quand tous
« tes amis te quittent, ton fils Hussein ne t'aban-
« donnera pas. » Innocente victime de seize ans,
qui sut mourir avec courage et gloire auprès du
sanguinaire vizir, quand sa famille périssait dé-
shonorée sous le lacet impérial !

Je me trouve de bonne heure au village de
Kinikli, et je fais halte à Tchorlou, qui est à peu
près une ville. Le chemin, tracé par les pieds des
chevaux sur de vastes bruyères, sans arbres,
sans bornes et sans clôtures, ne quitte pas la

plaine. De temps en temps on passe devant plusieurs maisons rapprochées, dont rien n'explique la réunion, ni un ruisseau, ni une mosquée, ni des champs plus fertiles. On aperçoit à droite la ligne des montagnes de la Thrace, et vers le sud, à l'horizon, les monts Ganées qui entourent Rodosto. Je m'arrête le soir à Caristran.

Le 2 novembre, la pluie commence dans la nuit. Je dormais dans une étable, au grand déplaisir de quelques pauvres vaches que j'en avais dépossédées et qui revenaient frapper à la porte. Il fallut quitter cet abri et braver les torrents échappés du ciel, qui faisaient, de la route plate et sans fossés, un lac d'eau et de boue. A Bourgas, après une heure de station, la pluie redouble; j'arrive le soir à un petit village bulgare nommé Kouleli. J'y trouve des œufs, des oignons et du beurre, comme dans tous ces hameaux que nous traversons. Je couche sur des nattes; c'est mieux qu'hier : en approchant de notre gîte, la route est devenue plus pittoresque; j'ai dû longer et gravir de petites collines, qui m'ont paru, malgré les brouillards, jeter quelque variété dans le paysage.

CHAPITRE XXVII.

Le 3 novembre, après un court repos à Kavsa, j'entre à Andrinople. De Constantinople ici, on ne compte que quarante-cinq lieues. J'ai mis près de quatre jours à les franchir sur les mêmes chevaux. La poste impériale, qu'un firman du Grand Seigneur met à mes ordres, commence, ou, si l'on veut, finit à Andrinople et ne va pas jusqu'à la capitale : bizarrerie administrative, aussi incommode qu'inexplicable, cachant peut-être quelque raison politique tout aussi difficile à justifier.

On parle assez peu d'Andrinople dans le monde; Byzance en est trop près : les souvenirs qu'on emporte du Bosphore ou l'impatience d'y arriver font négliger cette belle ville, à qui Constantinople, tête de l'empire, a cédé le titre de capitale de la Romélie. Elle a cependant aussi quelque antiquité dans son origine; de grands combats portent son nom, et le séjour des premiers sultans qui conquirent ces provinces de l'Europe l'a merveilleusement embellie. Je promets d'avance, au voyageur qui aura la rare fantaisie d'étudier Andrinople, quelques découvertes et des jouissances peu communes : ses bazars aux voûtes longues et élevées me parurent plus animés et plus brillants que ceux de Constantinople : je les aurais même préférés à Brousse, si je ne m'étais souvenu de ces abondantes fontaines d'une eau si pure que l'Olympe multiplie dans la ville de Prusias, et dont les places publiques, les bazars et les mosquées sont éternellement inondés.

Andrinople a une population de cent mille âmes. Elle partage avec la capitale le privilége de recevoir dans ses murs un détachement de la milice impériale des bostandgis et un des deux capitaines des gardes de Sa Hautesse. Ces deux bostandgi-bachis sont les seuls officiers du sérail qui aient le droit de porter la barbe et des babouches couleur d'orange.

La mosquée de Sélim II est un des monuments les plus curieux de l'architecture ottomane; la cour en est vaste et assez semblable aux vestibules des grands *dgiamis* de l'empire; la porte intérieure est d'une rare élégance et présente les détails les plus finis de la sculpture moresque : la hauteur de sa coupole, la largeur de ses voûtes, ses longs piliers et ses ornements la rapprochent de la mosquée d'Achmet, qui passe pour être plus grande que Sainte-Sophie; mais la *Sélimié* d'Andrinople possède, de plus que ses rivales, une fontaine qui jaillit à son centre, sous le dôme, et qui, retombant dans un large bassin, occupe incessamment l'écho intérieur de ce majestueux édifice.

La *Sélimié* se distingue surtout par les quatre plus beaux minarets qu'ait élevés l'islamisme. Ces flèches élégantes sont alignées aux quatre angles, dans une si exacte direction vers la Mecque, qu'en arrivant par la route de Sélivri, on est longtemps avant d'en apercevoir plus de deux : les balcons de leurs trois galeries, pratiqués à des hauteurs égales, sont formés de pierres percées à jour, et offrent mille festons variés. Deux cent cinquante-huit degrés de onze pouces m'amenèrent au plus haut étage. Trois escaliers distincts, ayant chacun leur entrée séparée dans la cour du temple, conduisent à la dernière galerie. Tous les trois, appliqués l'un sur l'autre en spirale, se suivent dans l'intérieur de cette aiguille si mince et si droite sans jamais se rencontrer ni s'entrelacer; le premier mène à la première galerie, d'où il monte à la seconde et à la troisième: le second n'a d'issue que sur le second étage; et enfin le troisième escalier s'élève sans s'interrompre jusqu'à la plus haute région. L'inclinaison en est très-rapide, et les paliers fort courts ne peuvent reposer les ascendants et descendants, péniblement occupés à se roidir sur les rampes ou à les gravir. Conception tout à fait originale et merveilleusement exécutée. Ainsi le Muezzin de la première galerie, s'il prend par méprise ou par distraction le troisième escalier du minaret, devra, après avoir monté deux cent cinquante-huit marches, en descendre cent cinquante pour appeler à la prière, du haut de son balcon accoutumé. Cette disposition intérieure ne se reproduit dans aucune mosquée de Constantinople, et n'existe ici que dans les deux minarets à l'ouest des deux autres.

Pendant que, bien vainement peut-être, je m'efforce d'expliquer, tels que je les ai vus et compris, ces hardis clochers à voix humaine, j'allais oublier de dire quel ravissant spectacle m'attendait à leur cime: la vaste plaine d'Andrinople se déroulait sous mes yeux, avec ses vergers, ses jardins et ses vertes prairies, où paissent les nombreuses cavales des Thraces, *amis des chevaux* ¹, ainsi les nomme Homère. L'œil suit au loin les sinuosités de la Toundja et de l'Arba, autrefois l'Agriane et le Tainare. Plus près des murs, l'Hèbre, coulant au milieu des pâturages, se cache sous le nom plus pastoral de Maritza. De longues lignes d'arbres, amants des rivages, marquent à la vue le cours des jolies rivières que l'Hèbre impétueux entraîne vers la mer de Samothrace, où je l'avais vu se perdre sous les remparts de la ville d'Énée, Énos. Dans les faubourgs paraît, avec ses tours antiques, le sérail des premiers sultans, quand ils venaient à Andrinople exercer aux conquêtes les légions de leurs braves janissaires; et, vers le nord, les montagnes du Balkan bordent l'horizon.

Je vis l'archevêque grec, Proïos ². J'avais eu

---

¹ Homère, Iliade, ch. XIII, v. 4.

² L'archevêque d'Andrinople, Proïos, après avoir professé la philosophie et la physique au collège grec de Kourou Tschesmé sur le Bosphore, parvenu aux premiers honneurs du Synode, fut égorgé dès l'origine des troubles de 1821.

déjà quelques relations avec ce dignitaire. Il dirigeait avec succès le système d'éducation de ses compatriotes. « Le collége d'Andrinople, me di-
« sait-il, existe de temps immémorial ; le dernier
« patriarche, Cyrille, aujourd'hui exilé au mont
« Athos, homme d'une grande érudition, y a
« passé sa jeunesse. Notre ville, vous le voyez,
« est vaste ; mais le commerce languit, et la pau-
« vreté est générale : nous avons donc établi des
« écoles gratuites pour l'enseignement religieux et
« l'instruction primaire. Les instituteurs, soumis
« à des inspecteurs de notre choix, sont entre-
« tenus à nos frais ; les enfants qui ont appris à
« lire et à écrire, et qui souhaitent un plus haut
« degré d'instruction, passent dans le collége pu-
« blic, où, sous la direction de trois professeurs,
« ils étudient le grec ancien, la grammaire, la
« poésie, la rhétorique et la philosophie. Jus-
« qu'ici Andrinople n'exige pas d'exercices plus
« complets. » De ces détails on peut conclure que l'éducation des Grecs n'était pas négligée en 1820, dans ces régions barbares : n'y aurait-il point par hasard quelque pays de l'Europe, civilisée, fort en arrière d'Andrinople ?

CHAPITRE XXVII.

Le 5 novembre, je pars avec neuf chevaux de poste et deux guides. Notre allure a changé. Ce n'est plus un pas lent et monotone, c'est le grand trot animé des Tatares (*courriers*) que nos petits chevaux thraces maintiennent pendant six ou sept heures. Je passe l'Hèbre sur un pont à Mustapha-Keupru, et, après le premier relai d'Eyibibdgé, je le traverse de nouveau, mais cette fois à gué : l'eau monte jusqu'à nos selles ; ce passage est impraticable dans la saison des pluies. Le fleuve promène ses ondes limpides sur un lit de cailloux et de sable ; son murmure a je ne sais quoi de triste dans ces campagnes solitaires, *respondent flebile ripœ*, comme lorsque la lyre et la tête d'Orphée roulaient au milieu de ses flots, et que les rochers du rivage répétaient : *Eurydice! Eurydice!*

Nous quittons la vallée de la Maritza pour prendre, au milieu de quelques coteaux, la route qui mène directement aux fourches du Balkan. Je couche à Koyanlou, village bulgare ; je m'établis sous un hangar couvert de chaume, soutenu par deux rangs de perches ; cela s'appelle une maison. On y allume un grand feu dont la fumée sort, quand elle veut, par une ouverture pratiquée au centre de la cabane; on m'apporte du lait de jument, des fromages de chèvre, et je me souviens que je suis dans la patrie des Hippomulges et des Galactophages; c'est ainsi qu'Homère désigne ces Thraces, *les plus justes des hommes* [1], qui savent traire les juments et se nourrir de lait. Il les nomme aussi *nations inanimées*; et le sévère Strabon commente cette parole équivoque d'une façon toute galante, quand il dit que le poëte faisait allusion à ces hommes parmi les Gètes qui n'avaient point de femmes, et se soumettaient, pour plaire aux dieux, aux plus cruels sacrifices. Or, ce n'est pas vivre, que de vivre loin des femmes, et le géographe explique ainsi et maintient l'exactitude de l'épithète homérique. Il est vrai d'ajouter que si quelque tribu fanatique et farouche méconnaissait l'empire de la beauté, le commun des Thraces y était passablement sensible, et les paroles que le comique Ménandre met dans la bouche d'un de ces barbares, me rappelaient les

---

[1] Homère, Iliade, loc. cit.

harems que je venais de quitter. « Personne chez
« nous n'épouse moins de dix ou onze femmes,
« quelquefois douze. Celui qui n'en a que quatre
« ou cinq est, à nos yeux, un malheureux qui
« ne connaît pas les douceurs de l'hyménée, et
« passe presque, dans notre pays, pour un gar-
« çon [1]. »

Ces souvenirs classiques m'étaient venus en
regardant entrer et sortir six ou sept femmes,
jeunes et vieilles, aux jambes nues, lesquelles
nous présentaient des fromages, des galettes
cuites sous la cendre, et des gâteaux de maïs
qu'elles retournaient sur des charbons. Après
avoir fait le ménage et étendu quelques nattes,
elles se couchèrent pêle-mêle avec nous autour
d'un grand feu, les pieds dirigés vers la flamme.
Ce feu dura toute la nuit, et éclaira la chaumière
où tous dormaient profondément.

Le lendemain, longeant de grands taillis de

---

[1] Ἂν τέτταρας δ' ἢ πέντε γεγαμηκὼς τύχοι
  Καταστροφή τις, ἀνυμέναιος
 Ἄθλιος, ἄνυμφος, οὗτος ἐπικαλεῖτ' ἐν τοῖς ἐκεῖ.
      MÉNANDRE, Fragments.

chênes au feuillage jauni, et une plaine plate et humide, j'avance d'une traite jusqu'à Zahara, ville de douze mille âmes, habitée presque exclusivement par des Turcs mêlés de quelques juifs. Dans les faubourgs, on s'attroupe à mon passage; on lance mille injures et des pierres à mon costume européen. Je ne tiens compte des injures ; mais une pierre ayant atteint mon cheval, je me fais conduire au palais de l'Ayan (gouverneur), à qui je déduis mes griefs. Celui-ci, à la vue de mon firman, m'offre de faire donner la bastonnade aux chefs du quartier témoin et acteur dans la scène dont j'ai à me plaindre; il veut, en outre, me confier à une garde d'honneur pendant mon séjour à Zahara. Je remercie négativement, et je dis à l'Ayan que pour punir les excès du passé, comme pour réprimer de pareils délits à l'avenir, je m'en rapporte parfaitement à sa sagesse. Ma modération a un plein succès, on m'accompagne avec toutes sortes d'égards jusqu'au kan de la poste, et je quitte Zahara.

J'entre dans une gorge étroite et montueuse; parvenu à la haute plaine, je cours jusqu'à

Keusanluk, patrie des roses, que j'atteins à huit heures du soir. A peine descendu de cheval, je suis assailli par des marchands arméniens et turcs; chacun m'offre des flacons d'essence, des confitures de roses, des feuilles sèches, des pâtes, des colliers. L'un est, dit-il, le pourvoyeur du sérail; l'autre s'honore d'avoir été le fournisseur de je ne sais plus quelle sultane Validé; « le pacha « d'Andrinople ne s'adresse qu'à moi, » m'explique un troisième; je cède enfin, et j'ajoute à mes bagages une collection complète des produits parfumés de Keusanluk.

Le 7 novembre, je passe de grands champs de rosiers, où se montrent quelques feuilles encore vertes, mais pas une fleur; et je m'arrête à Schipka avant de gravir le Balkan. Le jour est superbe; les campagnes que j'observe attentivement depuis Andrinople appartiennent sans doute à ce royaume de Thrace que les habitants efféminés de la Grèce et de l'Asie Mineure appelaient des régions froides et barbares; mais pour nous, hommes de l'Occident, ces vastes plaines que l'Hèbre arrose, et que la chaîne de l'Hémus protége contre les frimas du Nord, seraient plutôt comme nos belles provinces intermédiaires, puisqu'elles en ont la température et la fertilité.

Après une ascension de deux heures et demie, j'arrive au sommet de l'Hémus; je n'avais au-dessus de moi que quelques cimes glacées et inhabitables.

Ulteriùs nihil est nisi non habitabile frigus [1].

Des couches de neige peu épaisses y blanchissent déjà le sol. La vue est immense; on aperçoit sous ses pieds toutes ces montagnes secondaires, filles du Balkan, qui s'inclinent vers l'Euxin et la Propontide. On domine les campagnes du Philippopoli et le cours de l'Hèbre; on compte les cimes de Rhodope; mais dans ce grand demi-cercle, les objets trop éloignés se confondent, et les lignes, obscures comme des nuages, se mêlent avec eux à l'horizon. *Tantùm campi jacet!*

Je ne vis point la mer Adriatique, comme je

---

[1] Ovide, Tristes, liv. v, élégie iv, v. 51.

CHAPITRE XXVII. 545

l'avais un peu espéré dans ma confiance en la véracité de Pomponius Méla. Pour ne pas donner un démenti complet à ce savant géographe, je me figurai avoir entrevu le pont Euxin. C'était ma dernière station topographique ; je jetai encore un regard vers les plages orientales et les ondes lointaines de la mer Égée, qui brillaient à l'horizon comme une ligne d'argent. Puis, triste et résigné, je m'enveloppai de mon manteau, et descendant rapidement le revers septentrional du Balkan, je me livrai aux brouillards, aux frimas et aux boues.

Je traversai quelques torrents nés de l'Hémus, la petite ville de Grabova, des collines froides et embrumées, et je vins coucher au village bulgare de Dranova. Là, pour la première fois, parmi les enfants qui m'entouraient curieusement, je m'étonnai de remarquer un grand nombre de chevelures du blond le plus pâle, quand les hommes et les femmes n'avaient que des cheveux bruns ou noirs. Mon janissaire que je questionnais sourit d'abord, puis il se mit à soupirer : « Voilà les fruits de nos guerres avec les Russes, « me dit-il ; c'est ce qu'ils nous ont laissé après

« eux. Qu'Allah nous préserve de les revoir ! »
Et huit ans plus tard les Russes passaient encore à Dranova pour y revenir bientôt sans doute.

Le 8 novembre, je côtoie longtemps les bords humides de la rivière Jantra, l'ancien Jatros, qui se forme des eaux échappées du Balkan, baigne la capitale de la Bulgarie septentrionale, et va se perdre dans le Danube. J'entre de bonne heure à Ternova, résidence des anciens rois bulgares, puis de quelques patriarches indépendants. Le conducteur me fait remarquer, sur les montagnes qui ceignent la ville, de grandes forêts respectées des bûcherons. Là, vivent au milieu des fontaines de lait, des vieillards habiles dans l'art des sortiléges, et des magiciennes dont il cite des prodiges effrayants.

Au kan de Ternova où je ne passai qu'une heure, m'attendait une réception tout à fait distinguée. On me conduisit dans un kiosk élégant, orné de divans recouverts de jolies étoffes de Brousse; et l'on me servit aussitôt, l'un après l'autre, une douzaine de plats turcs assez recherchés. Enfin, quand je demandai à reconnaître toutes ces prévenances, on me répondit que mon firman obligeait le maître de la poste à nourrir le voyageur, et que je ne devais rien. Je fus d'autant plus surpris de cette coutume impériale, que je n'avais rien soupçonné jusque-là de mon privilége; au reste, le maître du kan de Ternova, pour avoir fidèlement exécuté l'esprit et la lettre du commandement sublime, n'y perdit rien; et le *Bakchich* (Étrenne) fut proportionné au mérite de son accueil.

Je chemine longtemps dans les montagnes revêtues de ces arbres séculaires qui font peur au guide; j'atteins au bout d'une longue plaine le hameau de Bélaï, où je trouve, sous la chaumière d'un bûcheron, une hospitalité peu commode sans doute, mais très-bienveillante. Là, couché avec sa famille, près d'un large foyer qui brûle toute la nuit, je ne puis m'empêcher de regretter ces coutumes primitives et patriarcales que je vais échanger contre la défiance et l'avidité des auberges de l'Europe. Je repasse en mon esprit ces amis si affectueux que je rencontrai sur les rivages de Scio et de Rhodes, les tendres bénédictions du prélat de Tyr, à l'ombre de sa cabane archiépiscopale, la franche obligeance de l'Arabe Abou-Gosh sous sa tente, surtout l'accueil de Smaragdi à Marathon : partout, depuis la hutte de boue du Féllah laboureur dans la vallée du Nil jusqu'à la maison de bois du bûcheron des forêts bulgares, je retrouve ces soins généreux d'un frère envers son frère : il semble qu'on ait appris et qu'on n'ait jamais oublié dans ces déserts les belles paroles du grand poëte : « Les hôtes et les pauvres sont des « envoyés de Dieu [1]. »

Le lendemain, le jour est froid et sombre : c'est déjà l'Europe : je m'arrête au village d'Oubretané; deux heures après, je me promène sous les murs de la forteresse de Rutchuk, grande ville turque et pachalik frontière, en attendant qu'on me trouve une barque pour passer le fleuve. Je traverse le large Danube en une heure, à la voile, par un vent presque contraire. Débarqué à Giourgevo, ville fortifiée qui fait face à Rutchuk, j'y prends deux voitures qui

---

[1] . . . . πρὸς γὰρ Διός εἰσιν ἅπαντες
Ξεῖνοί τε, πτωχοί τε· . . . .

HOMÈRE, Odyssée, ch. XIV, v. 57.

m'amènent dans la nuit à Daé, premier relais valaque : la neige et la pluie augmentent : on établit mon lit sur un long poêle chauffé, qu'on double d'un matelas.

Le 10 novembre, mon cortége est composé de cinq chariots de poste attelés chacun de quatre chevaux : me voilà roulant sur des roues, allure que j'avais tout à fait oubliée depuis cinq ans. Les chars valaques, où tout est de bois, vont d'une très-grande vitesse ; on ne peut guère s'y asseoir que les jambes croisées à la turque sur quelques brassées de paille dont on les munit à cet effet. La route, pavée d'arbres couchés en travers, soumet le voyageur aux plus rudes secousses ; et, comme ce n'est d'un bout à l'autre qu'un bourbier épais, le galop des chevaux me couvrait d'une croûte de boue que j'avais d'abord la bonhomie d'essuyer à chaque éclaboussure ; je me résignai bientôt à n'en rien faire, c'eût été le labeur des Danaïdes, comme dit le proverbe grec [1]. J'arrivai au consulat de France, tellement

---

[1] Τὸ λεγόμενον δὴ τοῦτο εἰς Δαναΐδων τοὺς ἀμφορέας ἐκχέομεν πίθους.

ALCIPHRON, Épître II.

caché sous une couche de terre valaque, fortement détrempée, que j'étais absolument méconnaissable. J'avais passé l'Ardgis sur un pont de bateaux, et, dans l'enceinte de Bukarest, la Dombovitza, rivière boueuse, qui salit la ville au lieu de la nettoyer.

D'Andrinople à Bukarest, il y a quatre-vingt-deux lieues : il m'avait fallu plus de six jours pour ce trajet, les pluies ayant constamment retardé ma marche.

Je passai quatre jours à Bukarest. J'étais chargé d'une mission politique auprès du prince Alexandre Soutzo, nommé, depuis peu de temps, hospodar de Valachie. Ce sage vieillard me parut connaître l'Europe presque aussi bien que les mystères de la Sublime Porte et les troubles intérieurs du Fanal. J'allai à la cour. J'y retrouvais mes voisins du Bosphore et les jolies *Cocconitzas* de Constantinople; mais ici elles ne parlaient plus grec; elles balbutiaient le français. J'assistai à un dîner de deux cents couverts en l'honneur de quatre mariages qui se célébraient le même jour. La fille cadette du prince régnant brillait par sa douce figure entre les jeunes épouses. La musique valaque ou tsigane, aigre et discordante, alternait, pendant le festin, avec une troupe italienne peu exercée; vers le dessert, à un signal donné, les deux orchestres s'étant réunis, on porte, au bruit de cette effroyable harmonie, la santé des quatre heureux couples. Au même instant, des Arnautes armés de poignards se précipitent sur de grandes forteresses de sucre placées aux deux bouts de la table. Des centaines de serins et de chardonnerets s'échappent à la fois de ces citadelles qui les cachaient à nos yeux, et, poursuivis par les Arnautes, ils s'abattent sur les convives en leur livrant des distiques amoureux, écrits en grec littéral et vulgaire, et attachés à leurs cols. Deux mois après cette fête, le prince Alexandre Soutzo mourut dans son lit, fin assez rare pour un dignitaire grec, et le prince Ypsilanti passait la frontière; quelques étincelles, que j'avais vues briller dans l'ombre, allaient incendier la Valachie et la Grèce.

C'est tout ce que je dirai de Bukarest, ville qui n'est plus l'Orient sans être déjà l'Europe; il n'y a là ni poésie ni grands souvenirs.

J'achetai pour le reste de mon voyage une petite calèche allemande qu'on attela de huit chevaux, conduits par deux postillons; un Arnaute me précédait dans un chariot de poste; la route est partout inondée de l'eau des pluies. Je traverse Polentina, Floresti, Kirtzinova, et j'arrive à Pitteste, résidence d'un Ispraunick. La neige et la boue se disputent les plaines : je remonte quelques vallées; mon souvenir ne me retrace, dans ces longues et tristes heures, que la jeune Valaque, si jolie sous ses haillons, qui me conduit, pieds nus, à la cascade de l'Ardgis, et rougit quand j'ai peine à comprendre son langage.

A Salakro, huit chevaux ne suffisent plus pour traîner ma calèche, une des plus légères de l'espèce; on leur adjoint six bœufs et dix hommes munis de cordes et de pieux pour suspendre la voiture sur les précipices et la faire glisser d'un rocher à l'autre. Deux Valaques à cheval, armés de haches, me précèdent afin de dégager la route des arbres tombés. Je fais quatre lieues en huit heures; je passe la rivière Aultou dans un bac, et je couche chez le Vatach (primat) de Quéïnen.

Enfin, le cinquième jour, après avoir compté

cinquante lieues depuis Bukarest, j'atteins la Tour Rouge, et j'entre aussitôt au lazaret.

Je passe les trois journées de ma quarantaine dans cette espèce d'étuve, où chaque tissu de mon bagage, chaque feuille de mes papiers suspendus en l'air, sont constamment exposés à des feux purificateurs et à des exhalaisons salubres. Pendant ces tristes loisirs, je me promène, vers le milieu du jour, accompagné d'un garde sanitaire, dans le ravin étroit et sauvage de Rothen-Thurn; et quand, le soir, j'entends mugir sous ma fenêtre grillée les flots du torrent, ou que la pluie bat le seuil de ma porte, je pense à la Grèce.

Enfin ma prison s'ouvre, je m'élance à travers les derniers flots de vinaigre et les tourbillons de la fumée du genièvre; je vole à Hermandstat; de là, traversant aussi vite que je le puis (et c'est encore bien lentement) la Transylvanie, Témeswar et le Bannat, la Hongrie et Bude, je parviens à Vienne, d'où, reprenant ma course, je passe à Munich, Augsbourg, Ulm, Stuttgard et Carlsruhe; je m'arrête enfin, le 7 décembre, sur la rive droite du Rhin.

Je traverse à pied le pont de Strasbourg, et me jetant à genoux sur la terre de France, comme Agamemnon au retour de Troie, j'embrasse avec transport le sol de ma patrie.

Καὶ κύνει ἁπτόμενος ἣν πατρίδα[1]..

Trois jours après j'étais à Paris.

Post-scriptum. Maintenant, si parmi ceux qui auront eu la bonté de me lire, il est quelque ami des voyages qui désire placer dans sa mémoire d'heureux et d'impérissables souvenirs; s'il en est que l'Orient, plus accessible chaque jour, appelle à lui par l'attrait de sa grande et neuve nature, qu'il ne s'effraye pas d'une si lointaine pérégrination; mes pas lui ont tracé une voie facile qu'il pourra sans doute prolonger et élar-

---

[1] Homère, Odyssée, ch. IV, v. 522.

gir plus qu'il ne m'était donné de le tenter . . .
et ce voyage si complet alors, qu'on n'oublie
plus de la vie, que lui faut-il pour l'accomplir?
Six mois de temps et deux cents louis. (*vieux
style.*)

Qu'il sache surtout que les ennuis de la police et
les embarras de la douane ne sont à redouter que
dans les pays civilisés et libres. Que dès son arrivée
en Turquie, un firman, qu'on ne refuse jamais à
Constantinople, lui vaudra protection, sécurité,
respect, j'ai presque dit obéissance. Qu'il se sou-
vienne, s'il fait de Jérusalem sa première pensée,
que l'accès en est aisé; que, du bord du vaisseau
qui l'aura conduit à Jaffa, il ira dans la même
journée dormir sous les voûtes des pèlerins, à
l'ombre du Saint-Sépulcre. Enfin, comme il n'y a
en Syrie, en Palestine, et même en Grèce, aucune de ces auberges *fashionables*, où chaque
voyageur est sûr de retrouver les habitudes et
les agréments de son propre foyer; s'il ne se
croit assez dédommagé de sa sobriété forcée et
de sa patience, par ce beau climat, ces grands
aspects, ces nobles vestiges des temps antiques:
qu'il songe que pour étudier et apprécier les

peuples de l'Orient, il faut se soumettre à leurs coutumes, et participer en quelque chose, à leurs vertus.

FIN DU SECOND ET DERNIER TOME.

TABLE DES CHAPITRES

DU TOME SECOND.

                                                  Pages

CHAP. QUATORZIÈME. Jérusalem. Ses environs. Ville de Juda.................................... 1

CHAP. QUINZIÈME. La mer Morte. Le Jourdain. Jéricho. Bethléem.................................. 33

CHAP. SEIZIÈME. Derniers jours à Jérusalem. Le père Muñoz. Lettres de M. de Châteaubriand....... 71

CHAP. DIX-SEPTIÈME. Les couvents de la Terre Sainte. Leur constitution. Possessions et prérogatives des catholiques protégés par la France........... 101

CHAP. DIX-HUITIÈME. Départ de Jérusalem. Abdallah, chef de Wehhabbis. Jaffa................... 145

CHAP. DIX-NEUVIÈME. L'Égypte.................. 167

    I. Alexandrie et le Nil...................... 169

    II. Le Caire................................. 192

    III. Les Pyramides........................... 208

    IV. Retour à Alexandrie. Méhémet-Ali.......... 235

CHAP. VINGTIÈME. Rhodes. Plaine de Krémasti. La fontaine Rodini............................. 259

TABLE DES CHAPITRES.

Chap. vingt et unième. L'Archipel. Candie. Paros. Naxos. Syra.................................. 291
Chap. vingt-deuxième. L'Attique. Le cap Sunium. Le Pirée. Athènes........................... 335
Chap. vingt-troisième. Corinthe. Argos. Égine.... 365
Chap. vingt-quatrième. Le mont Hymette. Homère. Marathon. Smaragdi........................ 437
Chap. vingt-cinquième. Smyrne. La Mysie. La Bithynie. Moudania............................... 471
Chap. vingt-sixième. Constantinople. Apprêts de départ.. 513
Chap. vingt-septième. La Romélie et la Valachie. Andrinople et Bukarest...................... 525

FIN DE LA TABLE DU SECOND ET DERNIER TOME.

ERRATA

DU SECOND VOLUME.

Page 67. saints innocents : *lisez* Saints-Innocents.
— 81. qui est aujourd'hui : *lisez* qui est maintenant.
— 87. *En note*. reciso e Monco : *lisez* reciso e monco.
— 151. qui vint se rendre : *lisez* qui vint se livrer.
— 151. pour leur obtenir : *lisez* pour leur ménager.
— 193. officiers de l'empire : *lisez* officiers de l'Empire.
— 197. dunes à la gauche du fleuve : *lisez* dunes.
— 283. ce lourd bagage : *lisez* ce pesant bagage.
— 332. d'une ancienne statue : *lisez* d'une statue antique.
— 389. sans l'avoir voulu, peut-être : *lisez* sans l'avoir voulu peut-être.
— 477. population, exiguë : *lisez* population exiguë.
— 484. c'était donc là : *lisez* c'était pourtant.
— 522. affligeante pensée : *lisez* triste pensée.
— 544. du Philippopoli : *lisez* de Philippopoli.